从五千年历史的兴衰成败中
反观现实社会的世相百态

世界上下五千年

【世界历史一本通】

赵文彤◎编著

中国华侨出版社
·北京·

图书在版编目（CIP）数据

世界上下五千年 / 赵文彤编著. — 北京：中国华侨出版社，2020.1

ISBN 978-7-5113-8064-7

Ⅰ. ①世… Ⅱ. ①赵… Ⅲ. ①世界史—通俗读物

Ⅳ. ①K109

中国版本图书馆 CIP 数据核字（2019）第 227566 号

● 世界上下五千年

编　　著 / 赵文彤

责任编辑 / 黄　威

责任校对 / 孙　丽

封面设计 / 环球设计

经　　销 / 新华书店

开　　本 / 670 毫米×960 毫米　1/16　印张 /17　　字数 /197 千字

印　　刷 / 香河利华文化发展有限公司

版　　次 / 2020 年 3 月第 1 版　2020 年 3 月第 1 次印刷

书　　号 / ISBN 978-7-5113-8064-7

定　　价 / 42.00 元

中国华侨出版社　北京市朝阳区西坝河东里 77 号楼底商 5 号　邮编：100028

法律顾问：陈鹰律师事务所　　　　　　编辑部：（010）64443056　　64443979

发行部：（010）64443051　　　　　　传　真：（010）64439708

网　址：www.oveaschin.com　　　E - mail：oveaschin@sina.com

众所周知，人类大约有 300 万年历史，但人类的文明史却只有短短数千年。在漫长的历史时期，人类都处于蒙昧混沌的状态，只掌握了两项技术：一是制作石器，二是钻木取火。人类凭借简单的发明创造，逐渐摆脱了茹毛饮血的野蛮状态。人类真正意义上的文明史起始于原始社会末期，随着生产力的提高，有了物资剩余，人类起了贪念，于是产生了阶级分化和阶级社会。

洪荒时代的史前文明结束后，在地球上出现了四大文明古国，即古巴比伦、古埃及、古印度、古中国。除地处北非的古埃及外，其余的三大文明古国都诞生于亚洲，足见亚洲历史之悠久。在腓尼基语的语境中，亚洲有一个非常诗意的名字，被誉为"东方日出之地"，欧洲大陆则被描绘为"西方日落之地"。这也许是古代腓尼基人根据太阳东升西落的自然现象，总结出的一条智慧谚语。但从人类文明历程的角度分析，人类社会的早期文明确实缘起于亚洲。

在同一历史时期，四大文明古国取得的成就遥遥领先于其他国家。可惜的是这些发祥于大河流域的文明，大多没能传承下来，除中国外，其他文明都因为外族的入侵，渐渐衰落和覆灭了。在西亚，古巴比伦的空中花园早已消失在沙漠的烟尘中；在南亚，古印度的本土文化经过异族的轮番摧残，已经销声匿迹；在非洲，古埃及留给后世的文化遗产屈指可数，只剩下古老神秘的金字塔和复杂难解的象形文字，先民们创造的辉煌灿烂的文明成果不复存在。除了四大文明古国外，最吸引人的当数位于中美洲的玛雅文明，玛雅人在天文、数学等方面的成就登峰造极，但在其他方面比较弱，文明进程长期停留在石器时代的原始社会时期。不幸的是，玛雅文明最后也陷落了。

文明古国的陷落，意味着新兴文明的崛起。大河文明由于自身的局限性和外族入侵等原因，渐渐退出了历史舞台，代表西方文化的海洋文明兴起了。蓝色海洋文明以古希腊、古罗马为源头，倡导的是开放、自由、民主的理念。古希腊、古罗马都是奴隶制国家，却都有了民主政治的雏形。它们的文化传统和政治理念对欧洲大陆乃至整个世界，产生过无可估量的影响。雅典的民主牧歌、斯巴达人的怒吼、罗马人征服地中海的壮志雄心，虽已经成为历史的幻影，我们仍然能感受到它们的存在。

罗马帝国崩溃后，欧洲大陆变成了日耳曼人的天下。日耳曼人的部落首领纷纷拥兵自立，建立起无数个大大小小的王国。这些王国就是英国、法国、德国、意大利、西班牙（西班牙是日耳曼人的一支西哥特人和多国人种的混血）、俄罗斯（俄罗斯人为日耳曼的一支维京人后裔和东斯拉夫人的混血）等欧洲国家的前身。早期的日耳曼人被罗马定义为蛮族，他们人高马大、体格健壮、勇武好战，文化比较落后，大部分时间热衷于厮杀和抢地盘，把整个欧洲拖入了长达千年的黑暗时代。在这千载岁月中，欧洲各国的君主都在想方设法加强君主专制制度，王族和贵族之间斗争不休，王族成员内部也时常争权夺利，境外烽火连天、血流成河；境内充满了尔虞我诈和刀光剑影，无论走到哪里，都找不到一片净土。

在封建时代，日耳曼文明远远不及古希腊、古罗马文明光辉夺目，但随着时间的推移，日耳曼人也在不断成长进步。英国设立了议会，逐渐确立了君主立宪制度，有了法治意识；法国爆发了思想启蒙运动，传播了民主自由观念；意大利成了文艺复兴的策源地，高举人文精神的大旗，以复古的名义向封建思想发起了强有力的挑战；俄国的彼得大帝放眼世界，在政治、军事、文化、经济、教育等领域进行了大刀阔斧的改革……觉醒后的欧洲，展现出了全新的精神面貌。在大航海时代和工业革命时代，欧洲人不仅突破了地域的局限，完成了航海壮举，而且实现了技术大爆炸，一手缔造了现代文明。崛起后的欧洲诸国对亚洲、非洲、拉丁美洲国家疯狂掠夺，在世界范围内广建殖民地，给当地人民带来了深重的灾难。

亚洲国家，比如韩国、日本，在古代深受中国儒家文化影响，近代主动向西方国家学习先进技术和先进理念，吸收了东西方文化的精华部分，通过不懈地努力奋斗，成为后起之秀。客观来说，亚洲诸国的历史进程比较缓慢，由于受地理环境和传统文化的影响，在漫长的历史时期，都没有突破性发展，直到步入近代文明社会，才有了可喜的变化。

北美、中美、南美国家都比较年轻，文化比较多元，这些国家的居民多为白人殖民者、黑人和印第安人的混血，是新航路开辟以后才诞生的新人种。美国的历史虽然不长，但却是个移民大国，人口数量超过 3 亿人，经济繁荣，科技发达，位于大洋洲的澳大利亚历史虽短，但也有自己的文化特色，已进入发达国家行列。

本书以时间轴为主线，以地理环境为辅线，以引人入胜的历史故事和惊心动魄的历史事件为载体，讲述了各国文明的兴衰史及人类社会文明的发展历程，内容生动翔实，语言深入浅出，是一本值得细细品赏的读物，希望能陪伴您度过一段愉快的阅读时光。

目 录
CONTENTS

第一章

萌芽之始，曙光乍现

——史前伊甸园

史前文明是人类的童年，它烂漫纯真、纤尘不染，带着一丝懵懵懂懂的青涩，就像上帝刚刚造好的伊甸园一样美好。那时人类的大脑尚未开化，不能进行复杂的思考，男男女女都像亚当夏娃那样单纯。人们喜欢分工协作，男人带着木石工具外出打猎，女人结伴采集，老弱病残留守山洞。收获的食物一律平分，谁也不会斤斤计较，自私自利、心怀鬼胎的人几乎是不存在的。尽管生存条件恶劣，大家还是彼此友爱，互帮互助，没有火的日子里，一起茹毛饮血，有了火种，便围坐在篝火旁，一起烤炙食物、借火取暖。后来人类发明了农业和畜牧业，不用跑到远处采集，不用辛苦狩猎，就能吃到粮食和肉类，生产生活方式为之改变。这就意味着人类的童年时期即将结束，阶级社会即将开始。

人类的文明，是从敲打一块石头开始的

与地球上的其他生物相比，人类的优势实在不明显，视力不及雄鹰、奔跑速度比不上猎豹、嗅觉不如犬类发达、听力连野兔都比不上，我们没有尖利的爪牙，没有可以隐身于环境的保护色，没有超常的爆发力，单薄弱小、躯体娇嫩，置身于莽莽苍苍的森林荒野，显得那么脆弱可怜，似乎随时都有可能成为某些野兽的美餐，但为何我们没有被残酷的自然界淘汰，反而成了地球的主宰，万物的灵长呢？

因为我们善于假物。从远古时期开始，我们的祖先为了弥补自身的劣势，便创造和发明了各种各样的工具，凭借聪明才智，在弱肉强食的丛林中艰难地生存了下来。最先出现的工具是用石头制成的。那些俯拾皆是、平凡无奇的石头，是最早的加工材料，我们的祖先利用一双巧手，把它们打磨成各式各样的形状，应用在狩猎、战斗、取食、切割等各个方面。自从和石头打交道的那天开始，人类便有了自己的文明——石器文明。

毫无疑问，生存是文明的基础，我们的祖先创造石器文明是为了更好地适应和改造世界。我们人类的牙齿远没有动物的牙齿锋利，不能像凶禽猛兽那样轻而易举地撕咬开猎物，所以必须借助工具。我们的祖先于是就把形形色色的石头加工成带有刃面的利器，用以切割和撕裂动物的皮肉。开刃的石头不仅质地坚硬，而且具备致命的杀伤力，可以用于猎杀野兽。人类的肌肉远不如豺狼虎豹发

石器

达，如果徒手和大型动物搏斗，必然会丧命。手里有了石器工具，就好比拥有了重型武器，将迅速提升我们的战斗力。许多庞然大物便败下阵来，成为我们的盘中餐。

当然，这种战斗通常是多对一而不是一对一，即便我们有了武器，仍然不能单打独斗，必须团结协作，依靠集体的力量，才能成功杀死比我们强壮庞大的动物。石头让我们变得强大，同时改变了我们的生活方式，加速了我们的进化历程。自从和石头结下了不解之缘，我们人类就具备了其他物种所不具备的优势，从某种程度上克服了自身的生理缺陷，得以从生物链的底端爬到生物链的顶端。等到我们的祖先制造出了更复杂、更具杀伤力的工具，连重达千钧的猛犸象都不是我们人类的对手。

在石器文明时期，我们的祖先获取了丰富的肉食，并开始学习制作衣服。衣服最原始的功能是御寒和保护肌肤，不是为了美观，也不是为了遮羞。它样式简单，实用耐穿，材质较为单一，一般是用兽皮或树叶、草叶制成。生活在热带丛林的人类，普遍穿草裙，栖息在寒温带的人类，到了冬季，一定会制作暖和厚实的兽皮衣服，这时石器就会派上用场。人们会用锋利的石片小心翼翼地将坚韧牢固的兽皮从捕获的猎物身上剥离，在上面凿出一个头部大小的洞，然后往身上一套，一件冬衣就做成了。随着技术的进步，人类又学会了打结、绑扎和缝制，慢慢加工出了密不透风、舒适保暖的衣服。

　　纵观人类进化的历史，石器占据非常重要的地位，我们的文明是从敲打一块石头开始的，没有当初的世纪一击，就没有日后辉煌灿烂的文明。我们对石头的依恋和利用，贯穿了整个文明进程。除了吃穿以外，它还影响我们生活的各个方面。人类活动所涉及的大部分领域，都与石头有着紧密微妙的关系。

　　随着技术的革新和文明的进步，冰冷粗糙的石头不仅拥有了夺目的光彩，而且被赋予了不朽的艺术生命力。恢宏雄伟的石砌建筑、美轮美奂的大理石雕塑、刻入石头的法律条文，以一种独特的方式封存了人类文明的印记，它们是历史悠久的活化石，是一部部会说话的史书，是凝固时间的魔盒。如今我们观赏粗糙的打制石器、略微先进的磨制石器，会不由得联想到早期人类活动的历史，观看埃及的金字塔、罗马竞技场、中国万里长城、维纳斯雕像，则会惊叹于祖先的创造力和智慧，联想到有关考古学、美学、史学方面的内容。显然，在满足了最基本的生存条件以后，我们的祖先有了复杂的精神追求，他们把自己的欲望、希冀、审美都融入了石头，然后用石头垒砌成了一道时空长廊，通过陈列林林总总的作品，向我们述说着他们曾经有过的光辉岁月、昔日的渴望以及孜孜不倦的探寻与追求。

火种带来的光明与智慧

　　自从有了火，人类便脱离了茹毛饮血的野蛮状态。火的出现，对于人类文明的发展，有着非比寻常的意义。我们的祖先从认识火到使用火，经历了非常漫长的历程。他们最先接触到的火焰来自大自然，在某个电闪雷鸣的时刻，天空忽然降下带电的"火球"，把森林里的树木烧着了，伴随着噼啪作响的燃烧声，空气里弥漫着一股奇异的焦香味，刺眼的光焰把周围照得分外明亮。我们的祖先被眼前这种诡异的现象吓呆了，不敢近前一步，甚至主动绕开了火堆。

不知从什么时候开始，好奇心战胜了恐惧，当又一团火焰从天而降时，我们的祖先勇敢地走了过去，小心地观察那团会发光发热的东西，甚至伸出手去触摸，结果被灼伤。第一次与火亲密接触的经历是不愉快的，简直就是一场噩梦。在被火舌灼痛的那一刹那，我们的祖先迅速缩回了毛茸茸的手，从此对火敬而远之。过了很久，雷电再次点燃了树木，熊熊的大火烧掉了一小片森林，动物们拼命奔逃，老弱病残者没有躲过那场天灾，变成了烧焦的烤肉。我们的祖先幸存了下来，被扑鼻而来的肉香味吸引，不由得垂涎欲滴，于是情不自禁地捡起灰烬中的烤肉，撕下一小块放到嘴里咀嚼，惊喜地发现烤熟的肉远比血淋淋的生肉美味。

我们的祖先喜欢上了香喷喷的烤肉，从此欲罢不能，恨不能顿顿吃烧烤，对生鲜再也提不起兴致了。为了改善伙食，我们的祖先开始学着利用火。保存火种并不是一件容易的事，需要有人守在火堆旁，不断地往里面添加干燥的柴草、树枝，稍不留神，篝火就熄灭了。我们的祖先小心翼翼地侍奉着那团脆弱的火苗，到了夜里也不敢懈怠，边打瞌睡边下意识地添加柴火。即便如此，仍然时刻面临着失去火种的危险。有时是因为柴薪不够用，有时是因为一场突如其来的风把火焰吹灭了，有时则是因为碰上了阴雨天气草木都淋湿了，不能燃烧。这些突发情况，令我们的祖先大为头痛，在没有火的日子里，他们不得不愁眉苦脸地咀嚼难以下咽的生肉，望眼欲穿地渴盼着下一场天火的降临。

照看火种

一旦得到了天火，我们的祖先必倍加珍惜，不敢让它暴露在野外、继续经受风吹雨打，小心翼翼地把它转移到了山洞里，然后在旁边堆砌石块，以便维持火势。对于原始人来说，有了火种就有了希望。他们用火烹饪食物，增强体能；用火照明取暖，对抗黑暗和寒冷；用火驱赶凶猛的野兽，保护自己的族群不受伤害。自从学会利用火，人类便获得了极大的解放，吃上了香喷喷的熟食，就不用耗费大量的时间切割咀嚼生肉，时间变得宽裕起来，闲暇时大家围绕在篝火旁，一边享受火焰带来的温暖，一边分享各自的故事，渐渐地有了共鸣，有了情感沟通的需要，经过漫长的磨合，逐渐产生了一种默契，语言便诞生了。

从日常生产生活的实践经验中，我们的祖先掌握了摩擦生热的原理，学会了钻木取火，历史进入了崭新的阶段。掌握了人工取火的技能，就意味着可以随时随地生火，再也不用可怜巴巴地祈求老天赐予火种了，也不必不舍昼夜地看守火堆耗费心神了。由于熟食的营养更容易被人体消化吸收，学会用火以后，我们的祖先几乎天天都能吃到熟食，身体变得越来越强健，智力与日俱增，大脑迅速发育，脑容量不断扩大。

天寒地冻时，我们的祖先便借火取暖，用以御寒的浓密的毛发就显得有些多余，不知不觉就慢慢退化。他们的体毛变得越来越稀少，但却足以对抗外面的严寒。因为他们不仅有了兽皮衣服，有了火堆，身上还积累了厚厚的脂肪，从此不再惧怕低温和寒风。在别的动物啼饥号寒的时候，我们的祖先过得丰衣足食，丝毫不为未来担心。

从某种意义上说，人类的点滴进步都离不开火的运用。智慧的产生更是与火有着千丝万缕的联系。我们的祖先用火炙烤加工食物，手擎火把的一刹那，就已经进化成了一种更高级的物种，得以与其他动物区别开来。认识火，使用火，是人类迈向智慧阶梯的第一步。人类从火光中获取了永恒的光明和不灭的希望；从火光中认识了世界、认识了大自然、认识了自己；从火光中源源不断地汲取了智慧的养料，丰盈了头脑，开启了心智。

火带来了革命，带来了奇迹，使人类的生活方式发生了翻天覆地的改变，使人类的文明有了飞跃性的发展。毫无疑问，火是促使人类从低级阶段向高级阶段进化的关键元素，如今我们能拥有如此发达的文明，创造出如此绚丽璀璨的文化，火的作用不容小觑。

我们驯服了动植物，还是动植物驯服了我们

人类学会了使用石器和人工火，生活条件得到了极大的改善。每天花上几个小时的时间外出打猎或者下水捕鱼，就能满足日常的食物供应。那时地广人稀，自然界有取之不尽、用之不竭的资源，丛林里、荒原上到处奔跑着成群的野生动物，猎物无比丰富，我们

的祖先从不用为吃喝发愁。他们经常挥舞着棍棒、长矛、石斧等简单工具驱赶、杀死猎物，然后集体分享美餐。

　　年轻健壮的男子个个都是狩猎高手，几乎每次出猎都能满载而归，从不会让女人和老人失望。女人也并非总是坐享其成，她们通常会成群结队地到外面采摘野果和植物的块茎、块根，竭尽所能地丰富族人的食谱，希望能以自己的绵薄之力为族群做一份贡献。比起惊心动魄、险象环生的狩猎活动，采集活动显得平和许多，妇女们不必面对被野兽袭击的危险，不必死死地盯着目标，可以在一种非常放松的状态下获取食物。她们悠然地漫步在长满野花和绿树的森林里，嗅闻着大自然清新的气息，一边谈笑风生，一边手到擒来地摘取果实，心情无比惬意。

　　后来，全球气候变冷，许多动物没能熬过酷寒的冬季，纷纷灭绝了，动物资源减少了，可是世界人口总量却大大增加了。这就意味着依靠传统的猎食方式，我们的祖先已经吃不饱。过剩的人口，逼迫着人类改变谋生方法。正当我们的祖先愁苦不堪、无计可施的时候，一个意外的发现，解了燃眉之急。有一天，妇女们带着采集来的果实、种子、根块进入了山洞，可能是因为走得太过急促，也可能是因为回到家里欢欣雀跃，动作幅度太大，不论是出于何种原因，一些果实、种子掉落到了山洞附近的土壤里。

　　过了几日，下过一场新雨，天气渐渐变得暖和起来，那些不经意掉落的种子在雨水的滋润下，竟然发芽了。有个妇人偶然瞥见了那棵稚嫩的幼芽，不免啧啧称奇，忍不住把这个惊天的发现告诉给了同伴。顷刻间，幼苗旁边聚拢了许多副面孔，女人们七嘴八舌地议论着，一时弄不清楚这片嫩绿的植物是怎么从地底下冒出来的。同样的现象反复出现多次，妇女们终于知道植物发芽的秘密，于是抱着实验的心态，故意把种子扔到洞前的土壤里，让它接受阳光雨露的滋养，结果跟她们预想中的一样，土里拱出了一片新绿。

随着时间的推移，那棵幼芽慢慢地长大，变得枝繁叶茂，并开出了芬芳馥郁的花朵，到了金秋时节，结出累累硕果。妇女们欣喜若狂，热情高涨，种下更多的植物，收获更多的果实，把家门口的那片空地变成了农田。从此不用出远门就能得到各式各样的野果和植物块茎，食物瞬间变得唾手可得。男人们认为，必须扩大农田的规模，以免养活更多的人口，自告奋勇地担当起了苦力的角色。

最初农业耕作模式是粗放型的，播下种子任由植物自己生长，收获比较有限。后来人们发现肥料能够促进植物生长，于是发明了刀耕火种的传统农业技术，具体做法是先把一大片树木全部砍倒，然后纵火焚烧，清理出空地，用掘土工具挖出一排排小坑，撒上植物种子，以土填满，以天然草木灰作肥料，为作物施肥。等到土地的肥力下降时，就把农田移到别处。农

原始农业

业文明初期，人们仍然以渔猎和采集为业，随着技术的进步，农作物的产量逐渐增加，传统的采集业和渔猎业地位有所下降，人类进入了农耕时代。

以前，男人打猎，女人采摘野果，各司其职，男人并不比女人优越。女人既能从事生产劳动，又肩负着抚育后代的责任，对族群的贡献更大，因此最初出现氏族部落的时候，女性占据主导地位。人类社会处在母系氏族时代。自从踏足农业领域，男性的优势凸显，他们魁梧高大，身强力壮，特别适合从事繁重的体力劳动，在

农业生产中占据绝对主导地位，从此女性的地位一落千丈，父系氏族时代开始了。

有趣的是，女性发明了农业，却被自己的发明赶下了历史舞台，由核心角色变成了相夫教子的配角，直到数千年以后才慢慢摆脱不利的地位。第一个观察植物发芽的妇女，当她托着腮帮冥思苦想、渴望洞穿其中奥秘的时候，如果预知到了未来，不知是否还有勇气思考、实践，播种农作物。无论如何，农业文明的出现，帮助人类缓解了生存危机，对于全人类来说，是一种莫大的福祉，虽然它是以女权的衰落为代价的。

原始畜牧业

有了农业以后，人类得以从粮食和水果中摄入大量的维生素和其他营养物质，但肉食仍是必不可少的。肉食含有丰富的蛋白质和脂肪，能给人体提供不少热量。在漫长的历史时期，我们的祖先都是靠狩猎获取肉食的，许多人在狩猎活动中流血受伤，负伤过重就会当场身亡。也就是说，狩猎并不是一件愉快的事情，一旦进入猎场，就好比与死神签下契约，随时都有可能被死神带走。为了减少伤亡的发生，我们的祖先发明了畜牧业，开始尝试着圈养野生动物，养到膘肥体壮时宰杀取食。从动物身上，人类可以获取皮革、奶制品、鲜肉，衣食住行的条件大大改善。有时家养的动物多得吃不完，我们的祖先就把它们驯化成宠物和家畜。农业和畜牧业发展到一定阶段，人类不需要到处迁徙，就能获得蔬菜、水果、粮食、肉类、奶类等资源，于是开始搭建房屋，过上定居生活，人口密集处渐渐形成了村落。

第二章

两河文明的摇篮
——美索不达米亚平原

　　位于美索不达米亚平原的两河流域文明，被公认为是世界上最早的古文明。在幼发拉底河和底格里斯河的乳养下，弱小的人类慢慢成长起来，体格日益强健，智慧与日俱增，于是发明了文字、法典，书写了史诗，创建了帝国，建造了美轮美奂的空中花园，在多个领域成就斐然。可是创造辉煌文明的先民，再也不是头脑混沌的原始人，他们有了欲望，有了野心，开始迷恋财富和权力，为此一次次发动军事战争，开启了征服与被征服、杀戮与被杀戮的野蛮历史。

　　可见文明和野蛮只是一种相对的概念，粗野的原始人创造不出高度发达的文明，但彼此心怀善意，步入阶级社会以后，生产力水平大幅度提升，聪明的人类有足够的时间和精力发明创造，遗憾的是，开化之后人类迅速丢掉了赤子之心，露出了凶蛮贪婪的本性，从此执迷不悟，人类再也回不到从前。

苏美尔人的奇风异俗和泥版天书

万物由水而生，水孕育了多姿多彩的生命，也造就了人类早期的文明。四大文明都是在适合作物生长的大河流域诞生的。举世瞩目的美索不达米亚文明便是幼发拉底河和底格里斯河交相碰撞的产物。曾几何时，两条蜿蜒绵长的河流，裹带着滚滚泥沙和丰沛的水量，冲积出一片大平原，给那片贫瘠的土地带来了勃勃生机，从根本上改变了当地的生态环境和生态系统。

在犹太人的记述中，美索不达米亚是一个流淌着奶与蜜的美丽地方，是一个令人心驰神往的天堂，传说中的伊甸园就是以它为雏形创造出来的。在我们的想象中，那片欣欣向荣、美丽富饶的大平原，不但拥有沃野千里的优美景致和旖旎动人的风光，还留下了大量早期人类活动的印记，每年都会吸引无数的游客赶来观光，必然美不胜收。可是历经岁月沧桑，它早已不是昔日的模样，美索不达米亚的气候环境与史书中的描述已大相径庭，部分地区荒凉干燥，极目四望，到处都是戈壁沙丘，有一种诗意的苍凉，但我们仍然可以想象当年的胜景。那里曾经水渠纵横、花木葱茏，田连阡陌，人烟繁盛，鸡犬相闻，堪为人间乐土，处处都有欢笑声。

早在远古时期，苏美尔人便发现了这块风水宝地，在两河流域的下游定居了下来，创建了自己的家园。他们先是在水肥土美的沼泽地带耕种作物，然后在幼发拉底河流域兴建水利工程，将滔滔不绝的河水引入农田，大力发展种植业。人们聚居的地方形成了大大小小的村镇，后来又出现了以城市文明为核心的城邦。在两河流域的南部地区，城邦星罗棋布，每个城邦的人口都不多，具有小国寡民的特点。各城邦之间经常互相攻伐，混战不休，削弱了自身的实力，为日后外敌的入侵埋下了伏笔。

苏美尔人聪明能干，体格健壮，直鼻子，大眼睛，一般不留胡须，平时赤脚走路，喜欢在脚腕上、腿上装饰玛瑙串珠或者各色琉璃制品，走起路来叮当作响，还能制造出流光溢彩的错觉。男子上身赤裸，下身着裙，一般披着斗篷或披肩，裙摆处和披肩用流苏装饰。面料比较高档，以清爽透气的亚麻布和厚实耐穿的羊皮、羊毛为主。苏美尔人比较随意、率性，婚恋观念较为前卫，闪婚闪离的现象在社会上十分普遍。因此，民间有一句俗语说："高兴便结婚，转念便离婚。"法律规定，男子要想离婚，必须支付一迈纳银子给妻子作为补偿，假如他娶的是一个寡妇或者是结过婚的女人，可以省掉一半的银两。一迈纳银子的价值与三个奴隶相当。

苏美尔人的法律，对女人的贞洁提出了要求。法典规定，已婚女子若与其他男人有不正当关系，将被判处死刑。如果一个有夫之妇，被控通奸，需纵身跳进波涛汹涌的幼发拉底河证明清白，当场溺水身亡了，说明她有罪，如果没活活淹死，说明她是清白的，控诉她的人须支付 20 锡克尔的白银作为赔偿，赔偿金由受害人的丈夫领取。

苏美尔人的法典是用楔形文字写成的，而楔形文字是世界上最古老的文字，可见苏美尔人是一个早慧的民族。楔形文字结构复杂，由音节符号和音素符号两部分构成，包含 600 多个符号，经常使用的符号约为 350 个。一旦掌握了规律，你会发现，这种文字其实并不难懂，比如"天"加"水"就是"下雨"的意思，"鸟"加

"卵"就是"出生"的意思，"眼"加"水"就是"哭泣"的意思，"牛"加"山"指的是出没于山林间的野牛。

楔形文字

文字是刻在软泥版上的，笔是用平头芒秆做成的，书写时，泥版是湿的，不必太过用力，便能清晰地留下痕迹，笔力由粗到细，自然流畅，犹如木楔压出的形状，所以才被称之为楔形文字。书写完成之后，把泥版架在火上烘干，就大功告成了。一块软泥版大约有两斤重，假如要记录的内容太多，就需要使用多块软泥版，制成一页页书，这可是个力气活，没有一定的体力是很难完成的。通常这种泥塑的书页会被整整齐齐地摆放在木架上，以便随时取用。编纂书籍的人都是满腹学问的社会精英。阅读书籍的学生清一色都是贵族子弟。

文字诞生以前，人类只能采用结绳记事的方式保存信息，不利于信息的传播和交流。有了文字以后，人类不仅可以详细地记录历史，还能随心所欲地表达更复杂的内容和情感，并把自己得来的宝贵经验、智慧成果传达给其他人。苏美尔人发明楔形文字，对于人类文明的演进意义重大。后来，楔形文字流传到了西亚各国，成为一种通用文字，对西亚的历史产生了无可估量的影响。楔形文字当中已经出现了数百个音节符号，可惜没有演变成拼音文字，由于它的语法太过复杂，学习起来非常耗费脑力，所以在流传了2000年以后，便被易于辨认和使用的字母文字取代了，自此湮没于历史长河中，沦为废弃的天书。直到19世纪中期，考古学家和文字学者们重新把目光聚焦在了那些神秘的文字符号上，它才得以重见天日。

称雄于世的阿卡德帝国

截至公元前 3000 年，两河流域如雨后春笋般地先后涌现出 12 个独立城邦国家，各城邦为了争夺土地、奴隶、灌溉权，陷入旷日持久的争霸战，战争的阴云长年不散。直到公元前 2371 年，温马王卢伽尔-扎吉西凭借强大的武力征服了各城邦，完成了统一大业，苏美尔地区才结束了纷乱动荡的历史，可惜好景不长，这位雄才大略的君王还没有来得及好好享受眼前的辉煌战果和盛世局面，胜利果实就被闪米特人萨尔贡一世窃取了。苏美尔人被外来入侵者打败，或死于战争，或被迫远走他乡，部分留下来的人和闪米特人共同创建了阿卡德帝国。

萨尔贡一世是一位非常具有传奇色彩的人物。母亲是一位女祭司，年轻时不甘寂寞，偷尝了禁果，意外怀孕，生下了萨尔贡。也就是说萨尔贡是母亲偷情的产物，父亲不知其名，是一个地地道道的私生子。他的到来一度令母亲感到不快和恐慌。女祭司害怕事情败露，遭到惩罚，把刚刚出生的孩子装入苇篮中，顺水漂走，结果被一个叫阿齐的汲水者救下了。善良的阿齐将萨尔贡抚养长大，对他视若己出。

起初，萨尔贡在基什王的皇家园林里干活，做事非常卖力，在他的苦心经营下，花长得非常好，如霞似锦，一片绚烂，因此受到了基什王乌尔扎巴巴的赏识，由一个侍弄花花草草的园丁先后晋升为司酒官和宫廷侍卫。在为皇家贴身服务的那段日子里，他展露出了惊人的才华，得以步步高升，逐渐成为烜赫一时的权臣。

有一天晚上，萨尔贡梦见自己戴上了王冠，取代了乌尔扎巴巴，这才发现自己多么渴望荣登宝座，开创一番伟业。他的野心被乌尔扎巴巴察觉，乌尔扎巴巴不能容忍臣子觊觎国王的宝座，决心杀掉萨尔贡，他甚至在一块石板上写下了处死萨尔贡的命令。恰在此时，踌躇满志的卢伽尔-扎吉西怀着荡平天下的雄心，率军攻打基什，乌尔扎巴巴无力迎战，弃城逃跑。兵荒马乱之际，萨尔贡也离开了基什。

萨尔贡一世铜像

基什沦陷，国王不知所终，国家群龙无首，萨尔贡看到了机会，作为股肱之臣，他对基什的政治、军事情况了若指掌，在军中很有威望，他充分利用这一优势，接纳了前来投奔的溃军，兴建了阿卡德城，并步步为营篡夺了王位。掌权之后，他马上动手组建了一支训练有素的常备军，准备讨伐苏美尔人。士兵们的妻儿老小大都困在了基什，没能及时逃出，他们都想杀回去营救家人。

当时卢伽尔-扎吉西正沉浸在胜利的喜悦中，对外敌疏于防范。他初步统一了苏美尔世界，击败了强盛无比的基什，成为两河流域首屈一指的霸主，正值春风得意时，他没有意识到，他的霸权并不稳固，随时都有可能受到严峻的挑战。由于政治条件不成熟，他没有建立起真正大一统的庞大帝国，只是初步建立了松散的联邦式国家。

　　萨尔贡果断出击，率军攻下了乌鲁克，将其夷为平地，苏美尔人很震惊。乌鲁克是苏美尔地区较大的城邦，面积足有 1100 英亩，人口多达 50000 人。在战火的荼毒和蹂躏下，这座人声鼎沸、繁荣昌盛的大城市瞬间化为一片废墟。萨尔贡的报复远远没有结束，紧接着他发动了更大规模的战争，誓言要吞并整个苏美尔，成为令所有人战栗的征服者，于是闪米特人的自卫战争就演变成对外侵略扩张战争。萨尔贡在位期间，陆陆续续发动了数十次远征。他的军队能征善战、骁勇无敌、所向披靡，打得苏美尔人望风而逃。常备军中的每一位士兵都是经过严格选拔出来的，个个善于射箭，几乎箭无虚发，还练就了一身格斗的本领，平时负责保卫国王，充当禁卫军，战时奔赴沙场，浴血杀敌。萨尔贡凭借这支虎狼之师打败了多个苏美尔城邦，苏美尔人节节溃败，兵败如山倒。

　　关键时刻，苏美尔人仍忙于内战。拉格什城邦不肯臣服于卢伽尔-扎吉西，卢伽尔-扎吉西容不下这颗眼里的沙子，愤然兴兵讨伐。双方展开了激战。这一仗打得非常惨烈，拉格什士兵死伤惨重，几乎全军覆没。从事不同职业的平民纷纷应征入伍，临时组成杂牌军应急。卢伽尔-扎吉西一心想要消灭拉格什的有生力量，无暇顾及闪米特人，因此没有出动大规模军队镇压萨尔贡。为了摆脱腹背受敌的窘境，卢伽尔-扎吉西决定和萨尔贡谈判。

　　正所谓一山难容二虎，两个雄心勃勃的政治人都笃信"卧榻之侧，不容他人安睡"的道理，谁都不愿意放弃两河流域的统治权，在这种情形下，谈判是很难取得成果的。卢伽尔-扎吉西争强好胜，锋芒毕露，不愿做出让步，萨尔贡则咄咄逼人，态度强硬，执意要凌驾于对方之上，经过一场唇枪舌剑的争吵之后，谈判宣告破裂。萨尔贡立即调兵遣将，大举进犯苏美尔。当时卢伽尔-扎吉西已经攻克了拉格什城，但城邦中的臣民誓死不肯屈服。卢伽尔-扎吉西无可奈何，只好暂时撤离了拉格什，集中力量迎击萨尔贡。他迅速纠集了 50 个城邦的联军，与萨尔贡的常备军展开了决战。

由于远途行军，苏美尔联军疲惫不堪，士气低迷。萨尔贡果断抓住有利战机，对苏美尔联军发动了突然袭击。苏美尔人被打得措手不及，主力部队迅速瓦解，卢伽尔-扎吉西兵败被俘。骄横的萨尔贡在这位苏美尔英雄脖子上套上了狗项圈，粗暴地把他拖到了圣城尼普尔神庙，在众目睽睽之下将其烧死。卢伽尔-扎吉西死后，苏美尔人沦为了亡国奴，彻底退出了历史舞台。闪米特人闪亮登场，开启了属于自己的新纪元。

闪米特人是犹太人和阿拉伯人的祖先，曾经在人类历史上留下了极为浓墨重彩的一页。萨尔贡作为闪米特人的伟大领袖，注定会被历史铭记。他不仅带领族人收复了基什，还统一了两河流域，征服了苏美尔地区，创建了庞大的军事帝国——阿卡德帝国。随后，萨尔贡又发动了一系列对外军事战争，武力征服了叙利亚和土耳其的部分地区，大大拓展了势力范围，骄傲地自诩为"四方之王"。

由于一再推行穷兵黩武的政策，国内矛盾激化，发生了暴动。年过半百的萨尔贡被围困在了阿卡德城内。他指挥若定，出动禁卫军平息了那场暴动。56 岁那年，萨尔贡死在了任上，被后世尊为萨尔贡大帝。他的女儿用饱含煽动色彩的笔调总结了他传奇的一生，作诗曰："你的怒吼，让大地为之颤抖。"人们在赞颂他的丰功伟绩的时候，彻底将苏美尔人遗忘了，苏美尔人是两河文明最早的缔造者，创建了光辉灿烂的文化，涌现过卢伽尔-扎吉西那样的英雄，可惜内部不团结，在彼此挞伐了千年之后，为外来文明所灭，留给后世以无尽的唏嘘叹惋。

巴比伦的兴衰荣辱

萨尔贡创建的阿卡德帝国延续了 200 多年的国祚后，被蛮族古提人消灭。古提人文化相对落后，原本是逐水草而居的游牧民族，入主美索不达米亚之后，没能在两河流域建立起大一统的集权制国家，对苏美尔地区控制力较弱，苏美尔城邦逐渐恢复生机，悄然复兴起来。后来乌鲁克城邦的国王乌图赫加尔领导苏美尔人推翻了库提人的统治，将这群外来入侵者逐出家园。不久，乌尔城邦的国王乌尔纳姆向乌图赫加尔宣战，一举击败了乌鲁克城邦，并吞了各个城邦，征服了美索不达米亚地区各股势力，创建了乌尔第三王朝。

苏美尔人在沉寂了两个世纪后强势崛起，重现辉煌，本以为可以实现伟大的民族复兴，熟料最后却为别人做了嫁衣。没过多久，阿摩利人（闪米特人的一支）入侵美索不达米亚，摧毁了乌尔第三王朝。苏美尔人彻底被轰下世界历史舞台，踉踉跄跄谢场，他们的复兴之梦随风而逝，留下的遗迹掩埋于黄沙厚土之下，一切不复存在。

阿摩利人在旧址上创建了巴比伦城，古巴比伦文明兴起。汉谟拉比国王建立权力高度集中的君主专制制度，颁布《汉谟拉比法典》，把帝国带向了强盛。汉谟拉比驾崩后，帝国分崩离析，不断受到外族蚕食入侵，最后被亚述人（闪米特人的一支）吞并。亚述人生活在巴比伦城的北面，骁勇彪悍，十分善战。早在公元前 8 世纪，就已经建立起了一个实力强大的军事帝国，他们不仅征服了巴比伦，而且还侵占地中海沿岸的大部分地区，将中东的大片领土纳入自己的版图。

亚述的宫殿宏伟高大，金碧辉煌，无比奢华，是成千上万的奴隶辛苦修建而成的。奴隶们多半都是战俘，他们辛苦劳作的时候，脚下拖着沉重的铁镣，身体被锁链系在一起，旁边站着全副武装的卫兵，每时每刻都处在严密的监视下。亚述人作威作福没多久，就遭遇了灭顶之灾。生活在巴比伦的迦勒底人（闪米特人的一支）联合米提亚人（印欧人种）合力打败了亚述人，闯入亚述首都尼尼微。联军提着滴血的长矛，高举着盾牌，凶神恶煞地杀进来，血洗了这座繁华富庶的城市，男女老幼均遭到了血腥屠杀，连不谙世事的幼童都没能幸免。末代国王辛沙立希孔陪着高大巍峨的宫殿葬身于火海。亚述帝国被拔根而起，彻底从地图上消失了。

迦勒底人擦干手上的血污，在巴比伦建立一个崭新国家，取名为新巴比伦王国。国王把巴比伦城打造成固若金汤的堡垒，城墙高大坚固、蔚为壮观，护城河很深，城门多达百扇，全部都是用铜做成的。城内有一座雄伟壮丽的皇宫，皇宫里修建了一座美轮美奂的皇家花园，被后世誉为世界七大奇迹之一，它就是传说中的空中花园。

巴比伦空中花园

空中花园并不设在空中，这个引人遐想的名字是翻译的笔误造成的，人们把希腊文中的"突出"一词，理解成了悬吊，想当然地认为这座巧夺天工的御花园应该高耸入云，乍一看去就仿佛凌空架造的一般。实际上空中花园是建在地面上的，相传是尼布甲尼撒二世赠送给王后米蒂斯的礼物。民间至今流传着一段浪漫的爱情故事：

美丽动人的米底的公主米蒂斯嫁给了尼布甲尼撒二世，虽然集万千宠爱于一身，却总是闷闷不乐。尼布甲尼撒二世不明白王后为何总是愁眉不展，焦急地问其缘由。米蒂斯叹息着说："我的家乡山林苍翠，芳草萋萋，繁花遍地，可这里什么都没有，放眼望去，一马平川，连不起眼的小山丘都见不到，我多么想看到故乡的山岭秀峰和蜿蜒起伏的盘山小道啊。"

尼布甲尼撒二世心领神会，为了一解妻子的相思之苦，依照米底山区层峦叠嶂的特点，打造了一座错落有致的阶梯式花园，在园内种满了幽香醉人的奇花异草，又铺设了盘旋曲折的山间小道，小道旁流水飞泻，水声潺潺，泻玉吐珠，煞是美丽。花园中央是一座高高的城楼，凭高远眺，犹如在半空中俯瞰世界，好景尽收眼底，好不惬意。尼布甲尼撒二世的用心良苦没有白费，他终于博得了美人的嫣然一笑，两人在花园里携手漫步，花前月下卿卿我我，感情更加甜蜜了。

近代考古学发现，事实上空中花园并不在巴比伦，而在距离巴比伦400公里以外，它并非由尼布甲尼撒二世建造，缔造者另有其人。有人认为它是叙利亚国王专门为自己的爱妃修建的，有人认为它是亚述国王的皇家园林。总之空中花园与尼布甲尼撒二世毫无瓜葛。历史上的尼布甲尼撒二世并没有传说中的那样浪漫多情，他在位时，新巴比伦王国空前强大，动辄对外用兵。尼布甲尼撒二世率兵大举入侵巴勒斯坦，夺取了圣城耶路撒冷，灭亡了犹太王国，把大批大批的犹太人抓到巴比伦当奴隶。犹太人在异国他乡饱受奴役，度过了一段非常凄惨的岁月，史称"巴比伦之囚"。执政晚期，尼布甲尼撒二世出兵埃及，继续发动侵略战争。

经过数十年掠夺式战争，新巴比伦王国变得非常富有和强盛，首都巴比伦城成为一座人口超过十万的大都市，来自各地的商人络绎不绝，战俘和奴隶的数量急剧增长。但繁荣的背后潜藏着巨大的危机。外族奴隶不甘受压迫，反抗奴隶主的暴动风起云涌，本族的广大贫民破产后，纷纷沦为奴隶，内部阶级矛盾日益尖锐化。尼布甲尼撒过世后，新巴比伦王国的政局陷入动荡，先后有八个国王被废黜，其中两个大权旁落的国王被弑杀。

波斯大军兵临城下时，巴比伦的奴隶主互相之间明争暗斗，整天争权夺利，尔虞我诈，各显其能，得势之后，便醉生梦死，纵情享乐，他们天真地以为巴比伦城高池深，就无法被外敌攻克，从来没有认真想过如何御敌。巴比伦王子举办夜宴，聚众狂欢的那天晚上，波斯帝国的国王居鲁士争分夺秒地修建水坝，把护卫巴比伦城的幼发拉底河引向一边，军队越过干涸的河床，神不知鬼不觉地潜入城内，和城里的商人里应外合，兵不血刃地占领了巴比伦。新巴比伦王国灭亡，享国88年，锦绣宫阙，高墙铜门，统统化为荒丘上的焦土，光芒万丈、绚烂耀目的巴比伦文明昙花一现，如流星般瞬间湮灭，只剩下了数不清的动人传说。

兵不血刃的征服者——居鲁士大帝

巴比伦的征服者居鲁士大帝是一个胃口极大的野心家，与其他入侵者不同的是，他不满足于派驻总督，巧取豪夺，通过收取赋税获得经济上的收益，从踏足美索不达米亚的那刻起，就准备直接攻陷巴比伦，鸠占鹊巢，充当统治者。用他自己的话说，就是他更倾向于以巴比伦主人的身份统治这个地区。

居鲁士命途多舛，身世离奇，刚出生就差点死在襁褓中。据史料记载，他的祖父米底国王阿斯提阿格斯做了一个诡异的噩梦，梦见女儿生出的孩子将取代自己，加冕称王，成为亚细亚霸主。为了消除后顾之忧，他毅然把女儿许配给了性情柔顺似水、地位低微的波斯王子，以便降低外孙篡夺王位的可能性。可是女儿身怀六甲的时候，他又做了一个可怕的噩梦，梦见长长的葡萄藤缠绕着，从女儿肚子里拱出，不断地疯狂生长，枝叶遮天蔽日，几乎笼罩了整个亚细亚。阿斯提阿格斯国王崩溃了，决定小外孙一出世，就毫不留情地把他杀死。

居鲁士刚出生，就被一个叫哈尔帕哥斯的大臣抱走了。阿斯提阿格斯国王下令将他处死。哈尔帕哥斯望着怀抱里娇弱粉嫩的婴儿，实在不忍心下手，就把孩子转交给了一个老实巴交的牧民，命令对方将孩子扔到荒山野岭，任其冻死饿死。牧民的妻子恰好小产，生下了一个死胎，夫妻俩于是悄悄收留了嗷嗷待哺的居鲁士，将自己死去的孩子交给了哈尔帕哥斯。居鲁士的养母，即牧人的妻子，名叫斯帕科，这个词翻译过来就是母狼的意思，所以人们都说居鲁士是喝着母狼的乳汁长大的。

居鲁士很小的时候，就显露出了狼性，10岁那年他和小伙伴玩角色扮演的游戏。居鲁士扮演国王，其他的孩子扮臣子或仆人。他当众鞭笞了一个公然违抗自己命令的贵族公子。这件事情传得沸沸扬扬，居然由坊间传入了宫廷，阿斯提阿格斯听说有个孩子假扮国王，恶狠狠地体罚不臣者，大为震惊，立刻下令介入调查，居鲁士的身份暴露了。宫廷祭司宽慰阿斯提阿格斯说，居鲁士已经在游戏中加冕为王，不会再度登临国王的宝座。阿斯提阿格斯信以为真，将外孙送回了波斯。

居鲁士长大后，率领波斯人统一了十个部落，并暗中联络哈尔帕哥斯，希望和对方联手消灭米底王国。当时哈尔帕哥斯因为违抗君令，没有杀死居鲁士，受到了追究，年仅13岁的独生子惨遭毒手。哈尔帕哥斯痛苦万分，毅然走上了复仇之路。取得了哈尔帕哥斯的支持后，居鲁士宰杀羊牛，犒赏三军，发动了对米底的战争。战争进行了三年，他终于拿下米底都城，灭亡了米底王国，建立了波斯帝国。

居鲁士大帝

建国后，居鲁士东征西讨，南征北战，不断开疆拓土，剑指小亚细亚，吞并了吕底亚王国，然后率领大军长驱直入，把战火燃烧到爱琴海畔，征服完希腊人，又忙着征伐腓尼基和巴勒斯坦，不久又把目标投向巴比伦王国。巴比伦城城池坚固，易守难攻，国王听到敌兵压境的消息，一点也不紧张，他认为只要开闸放水，就能把敌人统统淹死。

守军报告波斯人攻城的消息时，国王斩钉截铁地下令放水，随后无所顾忌地呼呼大睡。半夜时分，被侍卫吵醒，侍卫慌慌张张地告诉他，波斯大军已经冲进巴比伦了，过不了多久就会打进皇宫。国王不信："一派胡言，波斯人又没长翅膀，怎么可能忽然从天而降？"侍卫费尽唇舌才让他相信，军报准确无误，巴比伦城确实危在旦夕。国王马上调动军队抵抗。可惜一切太迟，整个巴比伦已经被居鲁士的军队占领了。

这场攻城之战，居鲁士酝酿已久，他早就听说巴比伦的商人和祭司对国王推行的政策极为不满，趁着人心浮躁之机，花重金收买城内的富商和祭司，双方达成了交易。居鲁士许诺会给他们提供更多的发财机会，条件是他们必须做内应，配合自己攻城。在利益的诱惑下，许多人做了卖国贼，协助敌人修建大坝，将汹涌不息的河水引向另一个方向，并亲手打开城门，将波斯大军放了进来，巴比伦沦陷。

居鲁士遵守承诺，保障富商的利益，推行重商政策，积极开拓市场，让这群主动献出城池的人个个赚得盆满钵满。波斯人入侵巴比伦，除了商业显贵获益外，犹太人也得到了实惠。居鲁士占领巴比伦以后，释放了数以万计的犹太俘虏，允许他们重返家园。为此，犹太人一直对这位征服者感恩戴德，把他看成自己的解放者和最伟大的异族首领。

居鲁士得到了巴比伦，却并不满足，继续对外征战，在遥远的西亚，与马萨革泰人进行了一场生死决战，结果出师不利，被敌人擒获，死在了战场上。这位不可一世的君王至死不愿低下高贵的头，结果被砍掉脑袋。波斯人把他的尸体运回国安葬。居鲁士的一

生就此落幕，但他的故事却千载流传，至今引人遐思。他是所向无敌的征服者，雄狮般的人物，一手埋葬了巴比伦文明，却阴差阳错地成了犹太人的解放者。他在战争中实现了自己的价值，在战争中悲壮地死去，走完了自己传奇的一生。

第三章

北非之梦

——古埃及文明

　　发源于北非和尼罗河流域的古埃及文明，是四大古文明之一。埃及人发明了象形文字和纸莎草纸，建造了巍峨高大的金字塔，制作了一具又一具千年不朽的木乃伊，给后世留下很多珍贵的文化遗产。在古埃及，一切的创造活动都与法老有关。古埃及人认为，尊贵的法老是神灵的化身，万物的生长、社会的繁荣、国运的兴衰都取决于法老，只要法老稳居御座，埃及就会永远井然有序，永远辉煌强盛下去。古埃及崇尚伦理和人治，法老的意志代表最高法律，因此没有留下像《汉谟拉比法典》那样的法律文献，这是不及两河流域文明的地方。

　　古埃及文明最令人迷恋之处，在于先民们对生命的热爱和对死亡的重视，他们虽然做不到生如夏花之绚烂，死如秋叶之静美，但普遍能做到随遇而安，活着的时候乐于认真过好每一天，死神来临时，能安然地离开。

沙漠与长河的激情碰撞

古埃及文明是世界上最为独特的古老文明，它诞生的地理环境十分特殊，周围几乎被沙漠覆盖，气候恶劣，奔腾不息的尼罗河贯穿全境，每到雨季，河水猛涨，滔天的洪水将淹没埃及30％的土地，两岸的谷地平原瞬间沉没在水下，仿佛消失了一般，等到河水退去，吸饱了水分的土地留下厚厚的一层淤泥，变成了天然肥料，埃及人在上面精工细作，培植农作物，缔造了农业文明。因此，从某种意义上说，璀璨夺目的古埃及文明就是尼罗河的赠礼。

早在数千年以前，埃及人便掌握了河水涨落的自然规律，推算出尼罗河泛滥和退潮的准确时间，适时地耕作和收获。每年七月中旬，天狼星闪耀天际，与日同辉的时刻，季风便会带来大量的降水，尼罗河水位迅猛上升，周围一片汪洋，一夜之间变成泽国，直到三个月后，河水轰然退去，人们才能看到陆地。这三个月的时间是埃及人的农闲时间。

十月中旬到次年三月中旬，是埃及人最繁忙的时节，因为进入了耕种季。原本干旱的土地被河水浸泡数月以后，变得松软肥沃，非常适合种植庄稼，就是靠着这种得天独厚的自然条件，地处非洲大陆、被荒漠包围的古老埃及，不仅少有饥荒，而且变成了一个大粮仓。

三月中旬以后，尼罗河水位持续降低，埃及日趋干旱，日照一如既往地充足，农作物生长成熟，埃及人开始忙着收获。夏季，尤其是到了七月上旬，埃及炎热干燥，土地皴裂，直到中旬，河水再次泛滥，才能恢复往日的生机。

埃及尼罗河

聪明的埃及人利用自然科学知识，琢磨出了一年三熟的耕作方法，不仅颐养了自己，而且在自然资源极其匮乏的条件下，创造了高度发达的古文明。提及古埃及，我们脑海里总是充斥着太多浪漫的幻想，它就像一部厚重泛黄的史书，包罗万象、精彩纷呈，散发着古典烂漫的气息，令人浮想联翩。

神秘古老的象形文字，粗糙而富有质感的纸莎草纸，无一不是伟大的发明。早在5000年前，埃及人就摆脱了结绳记事的蒙昧状态，发明了象形文字，这种文字是写在纸草上的。象形文字脱胎于图画、花纹，是一种非常原始的字体，由表意、部首、表音三部分构成，每个部分都是由图形表达的，一目了然，易于辨认。文字书写比较自由，没有严格的规范，可横写可竖写，可从左到右写，也可从右到左写，每行开端都以人头或动物头作标记，指示方向，因此比较容易判断文字的书写规律。

埃及人的纸张材料比较特别，是用纸莎草制成的。这种植物生长于尼罗河两岸，几乎随处可见，埃及人把它们采集下来作原料，经过一系列的工序制成草纸。草纸纹理粗糙，在上面写字或绘画，有一定的难度，只有少数学者和传统画师能使用它，因此，遗留下来的文字资料十分有限，显得更加弥足珍贵。

擅长写字绘画的埃及人，体貌特征非常有特点，他们全都是黑发黑眼，额头低矮，脸颊宽阔，皮肤是健康的古铜色，典雅之中不乏秀美。由于埃及气候较为炎热，不适合穿太厚太复杂的衣服，所以早期的埃及人穿着比较简单清凉，男人女人都穿短裙。男人的短裙其实就是一块垂直双膝的缠腰布，无须缝制加工，只需取一块方布围在腰上，用绳子或皮带绑紧即可。直至新王朝时期，埃及人的服饰才开始变得复杂化和多样化。除了缠腰布之外，还出现了拖到脚踝的长裙和齐膝的外衣，外衣腰部收紧，衣袖较短，精致而美观。三种服饰一般同穿。同一时期，束腰宽领宽袖长袍流行起来，成为埃及人的日常服饰。

古埃及人服饰

埃及人十分注重仪表，无论男人还是女人，都酷爱化妆，他们喜欢在眼部涂抹黑色或绿色的眼影，使眼睛看起来更加深邃有神。埃及人抹眼影一方面是为了修饰外貌，另一方面是为了抵御强光的照射。黑色眼影的构成成分是石墨、铜，埃及人认为这两种材料有益健康，可抵挡毒辣的阳光。

埃及人的化妆品非常丰富，有多种香料、香膏做成的护肤品和美颜产品。他们喜欢把自己涂抹得香喷喷的，然后披金戴银，装扮得珠光宝气。令人费解的是富人全都是秃子，天天戴假发，只有穷人才会留长发。这是因为富有的埃及人特别讲卫生，每天洗两遍澡，早晚各一次，每隔三日就要彻彻底底地清洁全身，举行重大活动前，必须沐浴更衣，不能有一丝一毫脏乱。

古时没有洗发水、沐浴露之类的洗涤用品，而头发胡子非常容易藏污纳垢，不易清洁，特别爱干净的埃及人只好把它们全部剃掉。剃光了头发实在不雅观，为了追求美，埃及人纷纷戴上了漂亮的假发。穷人不剃发也不戴假发，续留着自然长发，是因为他们每日都要从事艰苦的劳作，既要从事农业生产，又要为统治者修建各种宏伟的建筑，无暇料理假发，也不能过分讲究卫生。

埃及人去世之后，会用香料包裹尸体，用动物脂肪将头发定型，固定成卷曲状。用动物脂肪做成的发胶有一股奇异的香味，定型效果良好。为了拥有千年不朽的尸身，埃及人发明了独特的保存尸体的方法——制作木乃伊。法老归天后，都会被做成木乃伊。木乃伊的制作过程比较复杂，死者的内脏器官将逐一被摘取，分别存放到不同的罐子里，但心脏会继续保留在体内，埃及人相信心脏是灵魂的寄居处，绝对不能移除。

制作一具木乃伊花费不菲，要耗用不少香料、草药，包裹尸体的亚麻布平展开来，超过一千米，只有尊贵的法老和王亲贵族才有财力承担得起这么高昂的费用。穷人只能一切从简，寻求更经济的木乃伊制作方法，尸体的保存普遍不够完好，保存最好的木乃伊往往都是法老的尸身。埃及人如此执迷于尸体保鲜，甘愿为此耗费大量的心血，主要是与他们的生死观有关。埃及人普遍认为人的肉身死亡后，灵魂并不会随着生命的消逝而消亡，它永恒存在于宇宙中，将附着于尸身或雕像上。对尸体进行防腐处理，是为了让死者永生。

木乃伊

古埃及人的死亡观念异常复杂，他们制作木乃伊，用以歌颂永恒不灭的灵魂和伟大的生命，既看重死亡，也看重生命本身。可是大人物死后，常用侍从奴仆陪葬，他们并不认为这么做是一种残忍的谋杀，不认为是在无情地剥夺他人的生命，反而觉得地位卑贱的仆人，能追随主人长眠于地下，是一种莫大的荣幸。

在古代，埃及老百姓经常遭受鞭笞，鞭刑是一种非常常见的刑罚，但很少有人被处以极刑，死刑极为罕见。据官方资料记载，埃及在长达150年的时间里，没有动用过死刑。死刑适用于叛国罪、谋杀罪或其他不可饶恕的滔天大罪，其他罪名都不至于被处死。慎用死刑也能在某种程度上反映出埃及人的生命观和死亡观，他们重视死后的人生，也重视生前的世界。当然在等级社会中，平民的待遇永远都不能和至高无上的法老相提并论。

法老在世时，享尽人间极乐，事后被安葬在豪华的陵墓里，不受任何人打扰，甚至留下死亡诅咒："谁打扰了法老的安眠，死神就会降临在他的头上。"考古学家在探访法老陵寝的过程中，接二连三地离奇死去，使诅咒应验的论断甚嚣尘上，人们一度谈之色变，面对埃及古墓，从此望而却步。近代科学表明，所谓的法老诅咒是不存在的，只是陵墓中存在一种致命的霉菌孢子，会让人染上怪病，随之导致猝死。法老诅咒的奥秘虽然被破解了，但丝毫没有减弱古埃及文明的神秘色彩，也无损于它的吸引力。

尊贵卑微的分野——等级制度

古埃及与城邦林立的美索不达米亚不同，它很早就建立了中央集权制国家，管理制度完备，等级森严，拥有金字塔式的社会体系。站在金字塔顶端的无疑就是国家的最高统治者——法老。法老在希伯来文中，代指王宫、宫殿，后来演化成国王的特别称谓。

法老自诩为太阳神之子，尊贵无比，可以为所欲为，按照自己的意志统御臣民。他不仅掌握军政大权，具有神圣不可侵犯的绝对权威，还被奉为万世楷模，所有人都对他顶礼膜拜，官员们谦卑地跪倒在法老脚下，总是感到无比光荣和自豪，丝毫不觉得屈膝下跪是一种软弱可耻的行为，若能得到对方的允许，可以俯下身来亲吻他的脚，则会感到受宠若惊。法老之所以如此受崇拜，是因为在古埃及人的脑海里，君权神授的思想已经根深蒂固。在他们看来，法老并不是肉胎凡身，而是上天派来的使者，是太阳神的代言人。

法老为了加强自己头顶上的光环，会刻意保持一种神秘感和庄严感，他住在石头砌成的奢华宫殿里，有很多宽敞的庭院和粗大壮观的柱子，美轮美奂令人叹为观止。他发布最高指示的时候，通常站在极高的建筑物上，居高临下地俯视人民。建筑物内部设有隐秘的台阶，外面的人看不到，这样法老就可以忽然在高处现身，仿佛从天而降一样，使所有不明真相的人对他产生敬畏之情。

埃及法老像

为了保证自己的统治千秋万代地绵延下去，法老疯狂地追求子嗣，创立了一夫一妻多妾制度，册立一名皇后和数量众多的宫妃，以求生下更多的子女，巩固江山社稷。法老、皇后、法老的母亲和儿女，都处在社会顶层。王室成员因法老而显贵，得以锦衣玉食，占有国家最优质的资源。

毫无疑问，王族是第一等级的人，第二等级的人由维西尔、将军和祭司等人组成。维西尔是最高级别的官员，相当于一人之下万人之上的宰相，平时公务繁忙，定期向法老汇报国家大事，是每日的例行工作，其他工作职责主要有：将法老的旨意下达给各部门；起草各种诏令；处理税务工作；修建各种规模浩大的工程；兴修水利，发展农业生产；维护社会治安；等等。忙于内政事务时，还要抽出宝贵的时间接见外国的使节，充当外交大使，可谓是日理万机。每个省都有一个维西尔，由法老直接任命，维西尔直接对法老负责，类似于封疆大吏。

第三等级的人由中级官员组成。他们是信息的传递者，负责上传下达，接受上级的命令之后，将指令发布给士兵和其他专业领域的执行者。他们所得的俸禄不是金钱，而是食物和日用品。第四等级的人是由广大贫苦农民、仆人和奴隶组成，处在社会金字塔的最底层。底层人要定期向宫廷缴纳赋税，并承担徭役。

顶层社会的特权阶级通过剥削压榨底层人，攫取巨额财富。帝王将相、达官贵族不必付出劳动，就能享受奢侈的生活，他们的宅邸轩敞明亮，富丽堂皇，家具精美奢华，室内铺着色彩艳丽的地毯，箱子是用名贵的黑檀木做成的，家居装饰十分考究，黄金和铜随处可见，放眼望去，金光闪闪，异常气派。

穷人的住所通常比较寒酸，勉强能遮蔽烈日和风雨，不少人家徒四壁。对于农民来说，赋税过于沉重，徭役过于频繁，生活非常艰辛。有时农民要上交收成的60%，剩余的部分不足以养家糊口，有的人即便倾家荡产也交不起税。统治者严格控制人口流动，交不起税的百姓被牢牢地束缚在原来生活的土地上，无法逃跑。穷人唯一改变命运的方式，就是把希望寄托在下一代人身上，让孩子接受系统教育，长大后参加选拔官吏的考试，争取脱离原来的阶层，进入体制内部，从低级别的官吏做起，一步步进入官僚中高层。在当时，学而优则仕是一种普遍的思想。

境遇最惨的当然是奴隶。奴隶没有人权和民权，只是被当作会说话的劳动工具，饱受统治者的凌辱和欺压。据说法老王佩皮二世为了驱蝇，让奴隶们抹上蜂蜜，赤身裸体地站在自己旁边。这样讨厌的苍蝇就会密密麻麻地落在奴隶的身体上，法老就不会为这些小飞虫所苦了。

大多数奴隶都是由战俘转化来的。他们原本都是自由民，过着田园牧歌式的生活。忽然有一天，外国军队浩浩荡荡地进入了他们居住的村庄和城镇，摧毁了他们的家园，留下一片白地和焦土。他们还没来得及收拾残砖碎瓦，就被成群结队地掳掠到异地他乡、贩卖为奴。奴隶贩子像出售货物一样将他们高价卖出，不理会他们的哀号和哭泣。奴隶买卖一度十分活跃，不少商人从中牟利。法老托勒密二世在位时，禁止贩卖战败国的居民为奴隶，但仍然没有遏制住奴隶贸易的发展，许多唯利是图的商贩暗地里仍然在干着买卖奴隶的非法勾当，发了无数笔横财。

托勒密王朝时期，富贵人家的奴隶生活条件比农民优越。大部分繁重艰苦的劳动都是由农民和工匠承担的，这些人普遍穷困潦倒，饮食粗劣，天天以黑面包果腹。而富人家的某些奴隶则能吃得上白面包。为贵族和宫廷服务的奴隶，有许多晋升的机会，比平民更有前途。债务奴隶会随着债务关系的解除，恢复自由。也就是说，因为破产、负债沦落成奴隶的群体，只是暂时丧失人身自由，不必终身为奴。

奴隶和自由民的界限是可以打破的，无论是哪种类型的奴隶，被赎买后，可脱离原来的主人，获得自由。未被赎买的奴隶，属于主人的财产，一旦逃亡，将遭到追捕。为防止奴隶逃跑，主人会给他们套上写有"抓住我""我是在逃奴隶"等字样的铁环，有的还刻着主人的姓名和详细的家庭住址。身怀绝技的奴隶往往价值不菲，他们逃跑以后，主人会开出高价悬赏捉拿，甚至会动用官府的力量。正所谓重赏之下必有勇夫，走投无路的逃亡奴隶尽管会拼死反抗，但仍然逃不脱主人布下的天罗地网，自从踏上逃亡之路的那天起，就有无数的眼睛在搜寻他，有无数的亡命之徒渴望抓获他，所以奴隶想要逃到安全地带，过上正常生活，简直就是一种奢望。

悲情法老——统一埃及，败给河马

埃及第一位法老叫美尼斯，在他之前，法老和国王一词并没有合二为一，人们口中的法老代表的是皇宫里的宫殿，仅仅是对建筑的称呼而已。由于美尼斯雄才大略，统一了埃及全境，出于特别的敬意，人们不再称他为国王，改用象征王权的"法老"一词称呼他，法老才成了君主的称谓。

早在远古时期，尼罗河两岸就有了人烟。古埃及人凭借聪明智慧和辛勤耕耘，把河水沿岸的谷地变成了大粮仓。大约在公元前3500年，埃及从原始社会步入阶级社会，形成许多城邦，由于利益之争和意识形态的不同，不同的城邦之间经常互相攻打。当时埃及完全处在一片混乱无序的状态。埃及人疲于应战，腾不出时间发明创造，文明程度不高，无法和苏美尔人缔造的美索不达米亚文明相提并论。

城邦混战阻碍文明进程，统一势在必行。当时每个城邦都有自己的名称、都城，各自为政，相当于拥有独立主权的王国。在争霸战争中，一些实力较弱的城邦被兼并，最后只有两大独立王国存留下来，以尼罗河为界，南部被称为上埃及王朝，北部被称为下埃及王朝。前者崇尚白色，国王的王冠为炫目的亮白色，国徽是素雅洁白的百合花，国家的保护神是一只霸气的雄鹰。下埃及王朝崇尚红色，国王的王冠为宝石般夺目的红色，国徽是看似弱小实则无比强大的蜜蜂，国家的保护神是攻击性极强的动物——蛇。在数百年的时间里，两大王国一直以对峙的状态存在着，人们不禁在猜想，最后究竟是雄鹰吃掉了蟒蛇，还是沙漠之蛇吞噬了雄鹰。直到美尼斯横空出世，才有了答案。

美尼斯

美尼斯是上埃及人，出生在提尼斯州，长大后凭借非凡的胆识和良好的声望，被推举为该地区的部落首领。他不是唯一拥有统一埃及全境的首领。在当时，各地首领都渴望争夺更多的土地、人口和财富，许多人都怀有一统天下的抱负和野心，但因为个人能力有限，只能进行打打杀杀的游戏，没有成就王霸之业。美尼斯与这些只会做白日梦的野心家不同，他不仅拥有宏图大志，还具备拥有天下的实力，以雷霆万钧之势完成了州与州的兼并战争，统一了上埃及，并加冕为王。

大约在公元前 3100 年，美尼斯以武力征伐下埃及，双方在尼罗河三角洲展开了大会战，血战了三天三夜，美尼斯终于取得胜利，打垮了下埃及的军队。下埃及的国王屈膝称臣，摘下红色的王冠，双手献给胜利者美尼斯，象征两国合二为一。为了纪念这个伟大的时刻，美尼斯把决战的战场命名为"白城"，完成统一大业之后，将"白城"定为首都。"白城"就是今日的孟斐斯城。

美尼斯曾以"上下埃及之王"的双重身份，参加过两次加冕典礼，这种待遇堪称前无古人后无来者，让他感到无比自豪。美尼斯连续加冕两次，并非为了炫耀，而是为了照顾下埃及人民的情绪。长期以来，下埃及一直比上埃及富有，被来自贫困之地的军队征服，下埃及人心里很不服气。假如美尼斯只在上埃及举办加冕典礼，就代表他是以上埃及人的身份统治下埃及的。在下埃及再度加冕，意味着他既是上下埃及的统治者，也是下埃及的国王，下埃及的子民同样是他的人民，他将对所有人一视同仁。

针对上下埃及经济发展不平衡的特点，美尼斯在两地各设了一个国库，在财政方面，上埃及和下埃及都有独立核算的权力。为了进一步加强对下埃及的统治，美尼斯在下埃及兴建一个新的都城，并将新都定为国家政治、军事中心。美尼斯在位时期，埃及的面貌发生了翻天覆地的变化，纷乱的局面宣告结束，社会日趋安定，国家机构逐渐完善，人口增长迅速，医学、科学、文化等多个领域，都有长足的进步。

在成就面前，美尼斯陷入骄傲的情绪无法自拔。天长日久，这种骄傲渐渐转化成高度的自负和自恋，美尼斯把自己想象得至高无上，觉得作为一个前所未有的伟大人物，一个新纪元的开拓者，他理应享受最高荣耀，整个国家都应该以他为核心，围绕着他来运转。对此，臣服于武力和淫威之下的埃及人，从来就没有提出过质疑。不久，美尼斯便创建了以君主为核心的政治体系，不断地把自己神化，埃及人对他又敬又怕，不敢称呼他为国王，尊称其为法老。

传说，美尼斯以法老的身份统治了埃及60多年，他从未经历过英雄迟暮的悲凉，晚年仍然精力旺盛、壮心不已，经常外出打猎。有一天，他在郊外游猎，被一头凶猛的河马盯上了。河马对他发动了突然袭击。他还没来得及挣扎，就被这只体型巨大的哺乳动物硬生生拖入水中，接连呛了好几口水。他这才发现自己的肉身是多么虚弱无力，他老了，丧失了徒手和猛兽搏斗的力量，只能听天由命。他的侍从却不肯放弃，竭尽全力营救他，可惜一切都是徒

劳。美尼斯被抢救到岸上的时候，早已死去多时，尸体残缺不全，只剩下一小部分。

美尼斯因为武功赫赫，强悍骁勇，被称为蝎子王。蝎子是世界上毒性最强的动物之一，螯的末端带有螯针，螯针能释放出剧毒物质，人或动物一旦被刺到，会疼痛不止，进而抽搐、瘫痪，严重时将引起心脏骤停、猝然死亡或因呼吸衰竭窒息而死。人们称呼美尼斯为蝎子王，说明在绝大多数人眼里，他是一个不折不扣的狠角色。然而谁都不曾料到，这位桀骜不驯、好勇斗狠的蝎子王，最终会葬身于河马之口，死得如此突兀和惨烈。也许这种结局对他来说并不算糟糕，一代叱咤风云的大人物不可能平平淡淡死去，生要轰轰烈烈地燃烧，死要撼天动地，离奇而惨烈的死亡方式也许正符合他的性格。

尼罗河的女儿——埃及艳后

埃及最著名的人物非克利奥帕特拉莫属。克利奥帕特拉是一位女法老，因为风情万种、美艳绝伦，被称为埃及艳后。在莎士比亚笔下，她是一个风华绝代、性感妖媚的坏女人；在萧伯纳眼中，她是个任性妄为、放荡不羁的绝色佳人。罗马人对她又恨又怕，称她是诱惑男人误入歧途的花斑鳗、尼罗河畔的无耻荡妇，因为恺撒大帝和安东尼先后拜倒在她的石榴裙下，罗马的领土差点变成埃及的行省。然而在埃及人心目中，她却是集智慧与美貌于一身的杰出女政治家，她凭借无与伦比的美貌和高超的外交手腕，为埃及赢得了长达 22 年的和平，政绩可圈可点，非一般人所能及。那么谜一般的埃及艳后究竟是怎样一个人呢？

克利奥帕特拉是托勒密十二世奥莱特的女儿，自幼在膏粱锦绣的宫廷暖阁中长大，逐渐养成骄奢淫逸的天性。父亲临终前留下遗诏，指定她和异母兄弟托勒密十三世共享国政大权，共同统治埃及。按照当时的习俗，克利奥帕特拉和弟弟结为了夫妇，夫妻一块管理国家。在古代，埃及王室出于保证皇族血统的纯净的目的，允许兄妹通婚。克利奥帕特拉就是在这样的情况下出嫁的。兄妹俩染指最高权力以后，一直在争权夺利，都想赶走对方，自己大权独揽。经过一次次较量之后，托勒密十三世暂时占据了上风，克利奥帕特拉被驱逐出境。

失去权柄之后，克利奥帕特拉丝毫没有灰心，她默默地等待着机会，随时准备卷土重来。当时，罗马将军庞培为了躲避恺撒的追击逃到了埃及。恺撒闻讯而至，匆匆忙忙来到了埃及。听说埃及因为王位之争陷入内乱，担当起了调停者的角色。克利奥帕特拉得知罗马三巨头之一恺撒驾临埃及，连夜乘船赶到了亚历山大里亚（埃及古城，

埃及艳后

位于尼罗河口，是征服者亚历山大大帝创建的城市）。她顾不得喘息片刻，便开始梳妆打扮，用特制的香膏涂抹全身的皮肤，一丝不挂地裹在毛毯里，让仆人抬进恺撒的府邸。

打开毯子的那一刻，恺撒马上被眼前这个遍体生艳、风姿绰约

的女人迷住了。克利奥帕特拉貌可倾城，个性大胆，聪颖狡黠，古灵精怪，是一个非同凡响的女人，这种类型的女子恺撒从未见过，所以不可救药地爱上了她。克利奥帕特拉顺理成章地变成了恺撒的情妇。两人因为彼此吸引走到了一起，却各自打着自己的小算盘。克利奥帕特拉需要借助恺撒的力量夺回王位，恺撒则想把埃及变成自己的可靠盟友，利用埃及的资源实现自己的政治野心。

按照约定，恺撒出面斡旋，要求托勒密十三世终止对克利奥帕特拉的驱逐和流放，姐弟俩恢复共同执政的局面。托勒密十三世断然拒绝，因为厌恶外族势力干政，愤然出兵讨伐恺撒，双方在亚历山大城展开恶战。托勒密十三世败北，被溺死在河里。克利奥帕特拉成为埃及的实际掌权者，为了巩固地位，不久就嫁给了另一个异母弟托勒密十四世，夫妻俩共同治理埃及。

克利奥帕特拉野心勃勃，不仅想统治埃及，还想染指罗马。她把所有的希望都放在了强人恺撒身上。她时常陪伴恺撒泛舟尼罗河，两人一边赏景观光，一边耳鬓厮磨、卿卿我我，感情不断升温。恺撒意乱情迷，几乎成了埃及女王的俘虏。因战事需要，他依依不舍地离开了埃及，远征小亚细亚，之后返回了罗马。克利奥帕特拉为他生了一个儿子。恺撒得知后欣喜若狂。如果不出意外，他们的儿子将成为埃及和罗马的共同统治者。

公元前 45 年，克利奥帕特拉盛装前往罗马，弟弟托勒密十四世陪同。在罗马，克利奥帕特拉享受了极高的礼遇和热情的款待，晚上下榻于恺撒的私宅。恺撒为她修了一座庄严肃穆的神庙，还把她的黄金雕像放在了女神像身旁，这是一种无上的殊荣，说明恺撒已经把她看成罗马第一夫人。一年后，恺撒被元老院贵族合谋刺杀，克利奥帕特拉称雄罗马的美梦顷刻间化为乌有，她擦干了眼泪，失魂落魄地回到了埃及。回国后，她毒杀了托勒密十四世，把弟弟的王权转移给儿子，试图实现母子共治。

恺撒遇刺身亡后，安东尼执掌，成了罗马最有权势的人。公元前41年，安东尼派使者出使埃及，要求召见女王克利奥帕特拉。克利奥帕特拉乘坐镀金游船出发，前往安东尼所在的西利西亚。这艘船的尾楼包裹着闪闪发光的金片，船帆是用异常名贵的染料染制的，呈梦幻般的紫色，船桨外面镀着一层银，低调奢华，熠熠生辉。在航行的过程中，宝船流光溢彩，与下面的万顷碧波交相辉映，亦真亦幻，美得难以描摹。克利奥帕特拉装扮成爱神，慵懒地躺在垂着金丝线的薄纱帐内，美丽的倩影若隐若现，两边的侍从有节奏地摇着香扇，女仆伴着悦耳动听的鼓乐声划动着银桨。人们看得目瞪口呆。

安东尼应邀到船上会见克利奥帕特拉。他惊叹于埃及女王的美貌和智慧，被迷得神魂颠倒，没过多久，就抛下所有事务，跟着女王一同前往埃及。两人如胶似漆，缠绵缱绻，在埃及度过了一整个冬天。次年夏天，安东尼去了意大利，为了缓和同屋大维的关系，他毅然选择了政治联姻，与屋大维的姐姐奥克塔维娅结为伉俪，可惜这段婚姻并没有解决权力政治方面的冲突，他和屋大维的矛盾越来越深，两人渐渐水火不容。安东尼赶赴帕提亚战场之前，将妻子奥克塔维娅送回了罗马，从此对她置之不理。刚刚抵达安条克，安东尼便迫不及待地与克利奥帕特拉幽会，不顾世俗的看法，毅然决然地迎娶克利奥帕特拉为妻。

安东尼火急火燎地结婚，不纯粹是为了爱情，他意识到若要在影响力方面超过屋大维，必须取得战功，早日征服帕提亚，庞大的军费开销让他无所适从，情急之下他想到了埃及女王克利奥帕特拉，婚后，他就能取得埃及方面的财政支持。遭遇事业危机的安东尼需要克利奥帕特拉，克利奥帕特拉也需要安东尼，只有和安东尼结合，才能保障埃及不受罗马强权的威胁。新婚宴尔之际，安东尼将罗马控制下的叙利亚、腓尼基沿海地带以及纳巴特王国的部分领地作为厚礼，送给了克利奥帕特拉。此举在罗马引起轩然大波，罗马人异常恼怒，对克利奥帕特拉口诛笔伐、唾骂不止。

作为回报，克利奥帕特拉慷慨解囊，不遗余力地支持安东尼远征，但安东尼未能取胜，输掉了帕提亚战役。公元前34年，安东尼率军攻打亚美尼亚，大获全胜，在埃及的亚历山大里亚城举办隆重的庆功活动，把凯旋仪式设在了埃及本土而不是自己的国家罗马。罗马人觉得无法容忍，屋大维充分利用人们的不满情绪，向安东尼发起了挑战。安东尼恼羞成怒，一气之下休掉了妻子奥克塔维娅。屋大维为了给姐姐洗刷被休的耻辱，公然违背罗马传统，偷看了安东尼的遗嘱，并公开了全部内容。遗嘱涉及领土分配问题，同时交代了自己的身后事，安东尼希望自己死后，能安葬在埃及的亚历山大里亚。

这份遗嘱曝光后，罗马举国哗然。元老院和公民大会一致认为安东尼出卖了国家利益，侵夺了罗马人的财产，依法免除了他的职务，然后宣布向埃及开战。公元前31年，安东尼与来势汹汹的屋大维大军展开了海战，双方杀得难分难解。后来安东尼的舰队受到了重创，关键时刻，克利奥帕特拉抛下了狼狈不堪的安东尼，独自返回了埃及。安东尼急匆匆地追赶妻子，任由剩余的战船自生自灭，结果整个舰队被全歼。

公元前30年，屋大维出动精锐部队大举攻打埃及，将亚历山大里亚重重包围，安东尼于绝望中拔剑自刎。克利奥帕特拉自知大势已去，战战兢兢地跑进墓堡藏匿了起来，结果还是被智谋过人的屋大维擒获了。克利奥帕特拉不甘受死，使出了浑身解数诱惑屋大维，不惜使用美色。屋大维却始终无动于衷。克利奥帕特拉知道难逃一死，万念俱灰，享受完了最后一餐，盛装打扮了一番之后，从容走向了死地。

关于她的死，历来众说纷纭，有人说是自杀身亡，有人说是被屋大维所杀，还有人说是主动伸出胳膊，让一条眼镜蛇结束了自己的生命，这种版本的死法流行最广，但正史上并没有相关记载。克利奥帕特拉死后，她分别与恺撒和安东尼生的两个儿子全都被屋大维杀死了，托勒密王朝灭亡，埃及成为罗马帝国的一部分。

近年来，历史学家和考古学家找到了新证据，证明克利奥帕特拉并不是传说中的绝世美人，而是一个相貌平庸的女人。她身材矮小，体态臃肿，五官普通，长着一口烂牙。她在罗马硬币上的形象十分不讨喜，鼻子大大的，嘴唇很薄，下巴突兀，阳刚气太盛，没有一丝柔美的气质。显然，她不是凭借倾国倾城的容貌征服恺撒和安东尼的，凭借的是出众的外交智慧和政治手段。

克利奥帕特拉是一个有头脑有魅力的女性，她不仅懂政治，还上知天文下知地理，通晓水力学和建筑学，曾经利用水利方面的知识，将尼罗河的河水引流到了亚历山大港。亚历山大走向繁荣，日后成为埃及最大的港口城市，克利奥帕特拉功不可没。据说克利奥帕特拉地理学知识胜过专家，地理专家绘制的地图但凡略有瑕疵，她都能一眼看出。客观来说，克利奥帕特拉不该靠艳名流传千古，她既是一个政治家，也是一个智慧的女性，在位期间征服了罗马两位最高统帅，保卫了埃及，为埃及做出了巨大的贡献。

浩瀚黄沙上的世界奇迹——金字塔

埃及的名胜古迹中，最令人叹为观止的，莫过于沙漠中巍峨耸立的金字塔。金字塔历史悠久，建造年代有的可以追溯到4500年之前，它们大小不一，高度各异，形态基本相同，都是由数吨重的石头层层叠叠垒砌成的。胡夫金字塔塔高超过146米，耗用的岩石多达230万块，可谓是世界上最为浩大宏伟的工程之一。胡夫法老金字塔旁边，是他儿子哈夫拉的金字塔，高塔附近屹立着举世闻名的狮身人面像。整座雕像是用一块天然巨石精心凿成的，人面取自哈夫拉的形象。

众所周知，金字塔是法老的陵墓，统治者必然会动用全国的人力、物力建造它，可是以当时的生产力水平和技术条件，是很难完成这么庞大复杂的工程的。那么金字塔是如何建造的呢？长期以来，一直流传着各种说法，至今没有盖棺定论。其中有一种说法是，矗立在浩瀚黄沙之上的金字塔是百万奴隶辛苦劳动的结晶。当时既没有炸药，也没有起重机，奴隶开采搬运巨石，过程无比艰辛。他们先是用铜或青铜制成的金属凿子叮叮当当地敲击岩石，费力地在上面打眼，然后把木楔放进孔洞中，注入水，木楔在水的浸泡下，逐渐膨胀，岩石随之胀裂。他们把巨石放在雪橇上，人畜齐心协力搬运。随后他们把天然的沙土堆堆成圆锥体斜面，把石料放在斜面上一点一点地往上拉，一层一层垒砌岩石，慢慢加高金字塔。

传统的观点认为，金字塔是数以百万计的奴隶头顶烈日狂沙，每日挥汗如雨地劳作，辛苦建造起来的，他们长年忍受着监工的呵斥和皮鞭的鞭打，即便累得精疲力竭也不敢有所

埃及金字塔

懈怠，因此从某种意义上说，每一座金字塔的建造史就是奴隶的血泪史。古希腊历史学家希罗多德十分认同这种说法，曾经在自己的著作中，生动地描述了奴隶修建金字塔的场景。直到 16 世纪，人们才对奴隶建造金字塔的说法产生了怀疑。

一个叫布克的瑞士钟表匠远赴埃及，参观了金字塔以后，有了一个惊人的发现，塔身石块间的缝隙十分严密，连最薄的刀片都插不进去。据此，他大胆推断，金字塔的缔造者不是奴隶，而是自由民。理由是愁眉苦脸、饱受虐待的奴隶，是不可能建造出几乎天衣无缝的金字塔的，只有心甘情愿参与劳动的自由民，怀着无比敬畏的心情兢兢业业地工作，才能创造奇迹，使每块岩石紧密咬合，严密到刀片插不进去的程度。

布克并非信口开河，他的这一猜想源自亲身经历。1536 年，布克遭受政治迫害，不幸入狱。在暗无天日的监狱里，他被强迫不停歇地制造钟表，假如不能如期完成上面交代的任务，就有性命之忧。入狱前，布克是一名手艺精湛的钟表制作师，做表是他的拿手活，这项工作对他来说，本来是没有难度的。可是在高压环境下被强迫劳动，他无论多么卖力，多么谨慎小心，都控制不了误差，造出的钟表误差全部超过了十分之一秒，这种失误是他以前从未有过的。在自己的店铺里愉快地工作，布克可以毫不费力地造出一大批

精准度极高的钟表，可是在监狱里却办不到。问题究竟出在哪里呢？布克苦思冥想，想不明白。

后来，布克逃离了监狱，轻轻松松便制作出了误差微乎其微的钟表。他恍然大悟，自己的表现之所以判若两人，不是环境造成的，也不是材料的差异造成的，而是心境使然。一个人在高压的威逼下从事高强度劳动，是不可能制造出无懈可击的精密仪器的。参观金字塔时，他想这些建筑的结构是如此精细紧密，这样的杰作绝对不可能出自奴隶之手，建造它们的一定是自由人。

事实证明布克的直觉是对的。1990 年，有个美国游客骑马参观埃及金字塔时，马儿踩到了一块凸出的泥砖，失足跌倒，那名游客意外坠马，受了伤。古埃及学家哈瓦斯博士听到这则消息以后，对出事地点展开了调查，在附近发现了人的骨骸和建造金字塔时使用的工具。人骨和陪葬工具距离金字塔很近，考古学家认为，那里应该是埋葬建造者的墓地。考古学家很兴奋，陆陆续续挖掘出了 600 多座墓冢。他们一致认为，墓地的主人就是金字塔的建造者。哈瓦斯博士得出结论说，建造者的墓穴就在法老陵寝的旁边，可见修建金字塔的劳工绝对不是奴隶，奴隶地位卑微，他们的墓地绝对不可能临近法老的金字塔。在古埃及人的观念中，能长眠于法老身旁是一种莫大的荣耀，奴隶不可能获此殊荣。

考古学家又在遗址附近发现了大量的牛骨，判断修建金字塔的工匠平时以牛肉为主食，进一步证实了以前的推断。奴隶主素来苛待奴隶，是不可能给奴隶提供牛肉的，只有自由民才能享受这种美食。一切证据表明，金字塔的创造者是技艺非凡的自由工匠，而不是奴隶。

第四章

东方明珠

——古印度文明

　　古印度文明发祥于印度河，以博大精深、玄妙深奥著称，对亚洲诸国产生过深远的影响。比起国家政治，古印度人更关心哲理和哲学，在他们看来，只要能维系本民族的信仰，按照自己的人生哲学来生活，社会由谁来统治，统治者是本地人还是外邦人都不重要。正是因为这个原因，外来政权很容易在印度立足。印度大陆由此沦为了外来野心家的争夺目标。由于不断受到外族入侵，古印度人的血统很复杂，国内民族众多、文化多元，凝聚力不强，比较容易被征服。

　　那些不速之客的到来，虽然给印度带来了动荡和灾难，但也曾经给印度带来过和平与繁荣。古印度人在被征服的过程中，不断吸收异族的先进文化，在哲学、文学、艺术、建筑学等多个领域，都取得了震古烁今的辉煌成就。这也许是不幸中的万幸。

古老神秘的天竺风情

古印度文明源自东方，神秘玄妙，博大精深，意蕴丰富，代表着东方文化特有的魅力，不同于美索不达米亚文明和埃及文明。所谓的古印度并不是一个国家概念，而是一个地理概念，该地区地貌复杂，种族众多，不同的地域有不同的语言和不同的精神风貌，极富多样性。

从地图上看，古印度大致呈三角形，北部是世界的屋脊——喜马拉雅山，远远望去，白雪皑皑，无比圣洁，高山寒流和来自南部地区的暖流交汇之后，变成了冰雹，导致该地天灾不断。旁遮普的地理环境相对较好，河流纵横，平原开阔，土壤肥沃，比较适合农作物生长，可惜河谷南部日照太强，干旱少雨，几乎沦为不毛之地，在那里播种，不管付出了多少努力，都有可能面临颗粒无收的局面。

古印度大陆覆盖着莽莽苍苍的原始森林，动植物资源丰富，常有虎豹狼等大型食肉动物出没，蛇类也很常见。德干高原非常干旱，从德里到斯里兰卡，都非常炎热。面对酷热，居民找不到有效的消暑方法，只好静坐不动，暂时忘却杂念，沉浸在冥想之中。天长日久，他们在参悟哲理的过程中，发展出了一整套深奥精妙却又朴素至极的哲学。到了雨季，猎猎海风裹挟着凉爽的湿气扑面而来，让人感到无比舒适，沐浴着习习的凉风，烦恼全消，印度人尤为感激，由此养成了达观的性格。

古印度最早的居民是达罗毗荼人，他们有着浅褐色的皮肤、卷曲的黑发和薄薄的嘴唇，使用字母文字，很早就学会了灌溉庄稼，种植的作物以大麦、小麦为主，饲养的动

参悟人生哲理的印度人

物包括牛羊猪之类的畜类和骆驼、大象等坐骑。他们使用的工具既有石器，也有金属，已经掌握了冶炼青铜的技术。屋舍是用砖砌成的，城市设有下水道系统。

这群原住民创造的文明被称为哈拉帕文明或印度河文明。达罗毗荼人很久以前就有了瑜伽的观念，懂得如何调养身心，净化心灵。他们崇拜大自然，对公牛、树木、蛇都有一种敬畏心理，人和动物能够和谐共处。现在漫步在印度的街头，人们仍然可以看到在街上悠闲行走的公牛和栖落在树上的孔雀，这种天人合一、人与动物和谐共生的画面，在其他国家几乎是看不到的，而在印度则司空见惯，可见印度人对宇宙生命和自然界的崇拜，至今没有什么改变。

雅利安人入侵以后，达罗毗荼人被迫离乡背井，离开了他们世世代代生活的家园，迁往贫瘠之地，在印度半岛南端定居了下来。水土肥美的印度河、恒河平原被雅利安人占据。雅利安人深入印度大陆之前，达罗毗荼人已经有了较为发达的文明，他们的商人是航海能手，曾经乘风破浪到达过两河流域的苏美尔地区，到繁华喧闹的巴比伦做过买卖。异域文化对达罗毗荼人产生了一定的影响，这种深远影响绵延至今，在雅利安人身上沉淀下来。原始雅利安人凭

借武力征服了达罗毗荼人，最后却又被达罗毗荼人的文化、文明征服。他们赶走了原住民，却完美继承了原住民的文明和文化形态，这是非常有趣的现象。

雅利安人早期的村落结构、农耕方式和税收政策，处处都有达罗毗荼族的印记。时至今日，印度中南部德干地区，仍然保留着达罗毗荼族的特色，从语言到风俗习惯，再到哲学艺术、文学审美，不一而足，都深受达罗毗荼族的影响。当然，原始雅利安人也并非没有自己的特色，他们身强力壮，骁勇彪悍，十分好战，重视畜牧业。在他们看来，战争的目的就是掠夺更多水草丰美的土地、饲养更多的牛羊。印度河和恒河流域便成了他们首先要夺取的目标。达罗毗荼人被驱逐出去以后，雅利安人沿河游牧，牛羊数量成倍增加。然而这群侵略者并不知足，继续扫荡达罗毗荼人，恨不能独霸整个印度大陆，将原住民赶到天之尽头。可怜的达罗毗荼人拖家带口、扶老携幼，踏上了一条屈辱而悲怆的流亡之路，为了躲避雅利安人的野蛮杀戮，不惜深入不毛、荒远之地安家落户，部分人故土难离，接受了外族的奴役和统治。

后来雅利安人过上了定居生活，大大小小的部落联合起来组成了国家。每个国家都有一个国王，国王作为最高国家元首，大权在握。议会协助国王处理各种事务，议会成员由武士组成。部落由酋长来管理，酋长的地位极高，但并非权势无边，他在行使职权时，受部落会议监督和限制。部落是由好几个村落组成的，村落组织的管理者是族长。

不久，雅利安人又创立了等级森严的社会制度——种姓制度，把国民划分成五个等级。第一等级的人最初是武士阶层。在战事频仍的时代，武士决定国家的存亡兴衰，故而享有崇高地位，随着和平局面的到来，武士的作用有所减弱，婆罗门祭司的影响力不断增强，他们逐渐取代了武士阶层，得以问鼎第一种姓宝座，职位世袭，子孙生而优越，世代享有特权。第二等级的人叫刹帝利，指的是王族贵胄。第三等级的人叫吠舍，指的是商贾和农民。第四等级的人叫首陀罗，是指失地平民和达罗毗荼人的后裔。第五等级的人叫帕利亚，指的是种姓制度之外的无身份居民，包括沦为奴隶的犯人、战俘和未开化的土著。

在雅利安人的统治之下，社会阶层完全固化，不同等级的人不可以通婚，以保证贵贱有序的秩序不被破坏。如今种姓制度已经废除了，但由于这种制度历史悠久，根置于印度的社会土壤中，想要彻底根除它带来的负面影响，印度还有一段很长的路要走。

在古印度，货币出现以前，牛就是硬通货，在以物易物的贸易活动中，用牛即可换来任何所需物品，那时连过门的新婚妻子也是用牛换来的。雅利安人的海外贸易市场十分广阔，包括两河流域的美索不达米亚、埃及和阿拉伯地区，他们把香料、棉花、黑檀木等印度特产远销海外，从中赚取利润。

雅利安人的文字为梵文，语言为梵语，他们的文字和语言在印度传承下来，不过在日常生活中已经不常用，就如同古老的拉丁文一样，成了语言的活化石，不过并没有彻底退出历史舞台。梵语仍然是印度的官方语言之一，只是使用人数已经很少了。

铁血柔情阿育王——从凶残暴戾到慈悲为怀

大约在公元前 600 年，古印度进入列国纷争时代，被称为十六雄国时期，十六国长期对峙并存，都想逐鹿"中原"，问鼎天下，使得印度大陆战火不熄。诸国当中实力最为强大的是恒河流域的摩揭陀国。摩揭陀国在争霸战中取胜，成为诸国尊奉的盟主。后来摩诃帕德摩·难陀征服了摩揭陀国，创建了难陀王朝，成为新的霸主。难陀王朝雄心勃勃，试图发动兼并战争，统一诸国，由于希腊人和波斯人的入侵，统一大业被中断。

公元前 6 世纪末，大流士一世远征印度，把西北地区化为波斯帝国的行省。随后，亚历山大大帝又把铁蹄伸向了印度，把印度河流域的国土并入马其顿帝国的版图。亚历山大班师回朝后，印度爆发了民族大起义，旃陀罗笈多驱逐了马其顿帝国的守军，并推翻了难陀王朝，解除了内忧外患，创立了大一统的王朝——孔雀王朝。

孔雀王朝最著名的君主是第三代国王阿育王，阿育王执政时期，古印度空前强大，进入了繁盛时期。阿育王的父亲宾头婆罗王共有八个儿子，阿育王排行第七，与弟弟离忧为一个母亲所生。他们的母亲是一个婆罗门女，出身高贵，初入宫廷时，嫔妃争风吃醋，把她看成最强劲的竞争对手，因此联合起来排挤她。皇后也不喜欢她，总是找碴奚落她。后妃们想方设法羞辱她，逼迫她操习贱民从事的剃头业。她忍辱负重吃了不少苦，才获得了君王的宠爱。皇后去世后，她先后生了两个儿子，在后宫中的地位得到了巩固。

阿育王小时候其貌不扬，皮肤如沙石般粗粝，性格粗犷，脾气急躁，不被父亲和兄长喜爱。长大之后，阿育王变得精悍强干，勇武过人，富有人格魅力，但仍不被兄弟所容，手足之间感情淡薄，隔阂极深。有一年，德叉尸罗国反抗孔雀王朝的统治，起兵作乱。宾头婆罗王立刻召集儿子们商量对策，问他们谁能领兵平叛。德叉尸罗国到处

阿育王

都是崇山峻岭，地势奇险，不易攻取，更何况那里民风彪悍，很难被征服。皇子们听说要前去作战，不由得面面相觑，他们互相推诿，谁也不肯接这块烫手的山芋，最后一个皇子说："阿育有勇有谋，力大无穷，必能统领千军万马胜利而归，不如让他去吧。"其他皇子纷纷附和。宾头婆罗王沉吟片刻，也觉得众多儿子中，唯有阿育王能担当大任，于是同意了儿子们的请求，下令让阿育王率军平叛，其他皇子准备武器和辎重。

阿育王出征那天，兄弟们没有备齐武器，似乎有意看他出丑。大军即将前往险地，本来就凶多吉少，连作战的刀矛斧斤都没有，这仗该怎么打呢？面对此情此景，阿育王什么也没说，他苦笑着踏上了凶险万分的征程。时间一天天过去了，数月后，仍然不见阿育王返回。皇子们幸灾乐祸，以为阿育王已经战死沙场了。孰料，不久阿育王便率领胜利之师凯旋，叛乱平息了，孔雀王朝国威大振，阿育王一战成名。宾头婆罗王欣喜若狂，激动地问阿育王想要什么赏赐。阿育王要求父王把波吒厘佛城赐给自己。宾头婆罗王爽快地答应了。

波吒厘佛城是一个人口繁盛的大都市，物产富饶，经济发达，

地位仅次于国都。阿育王得了这座城池之后，实力大增。公元前270年，宾头婆罗王病逝，阿育王在阿耨楼陀等权臣的鼎力扶植下，坐上了龙椅。长兄修师摩认为阿育王是庶出，血统不如自己高贵，年龄又比自己小，没有资格继承王位，心里很不服气，遂发兵围攻国都，阴谋篡位。宰相阿耨楼陀在东城门前放置了一尊阿育王骑象的塑像，木雕的大象暗藏机关，象前挖了一个陷阱，上面覆盖着一层伪装物。

修师摩攻打东城门时，阿耨楼陀诓骗他说："阿育王现在就在东门，你要是能将他击败，王位自然是你的。"修师摩信以为真，连忙奔向东城门，结果中了埋伏，一脚踩在陷阱上，坠入火坑，当即死于非命。修师摩暴死后，再也没人敢挑战阿育王的王权了。阿育王高高在上，脾气越来越暴烈，时常疑神疑鬼，只要他觉得某个大臣对自己不够恭敬，就会立即下令将其处死。有一天他发现御花园的花树被摧折了，怀疑是宫女所为，于是不由分说地将宫女处以火刑。

为了彰显自己的雄才大略，阿育王做了一项令全国震惊的举动，将都城迁移到了波吒厘佛城，之后忙着开疆拓土，发动了一系列兼并战争。他经常御驾亲征，一路凯歌，势如破竹。在羯陵伽一战中，他率领的王师歼敌十万，战场上尸横遍野、血流成河，景象无比惨烈。阿育王凭借铁血手腕，把孔雀帝国打造成一个空前庞大的军事强国。对待异邦，阿育王丝毫不手软，对待自己的臣民，他同样心狠手辣。他是一个刚愎自用的君王，容不得任何反对的声音，谁要是胆敢发表不同意见，就只有死路一条。

阿育王造了一座祭堂，外观雄伟壮丽，里面遍植花果，四周香气弥漫。路人都感到好奇，很想走进去一探究竟。阿育王为了防止闲杂人等闯入，招来了一个凶恶冷酷的看守，命令他将所有进入祭堂的人全部杀死。这个看守名叫阇梨，长得高大魁梧，皮肤黝黑，眼睛是瘆人的青绿色，头发泛黄，如燃烧的野火一般，面目无比狰狞，使人看上一眼就背脊发凉。在短短几年时间里，葬身于祭堂的民众已经超过了五千人。

有一天阿育王从祭堂里走出来，被阇梨拦住了。他这才记起当初给阇梨下达的命令：不要让任何一个擅自闯入祭堂的人活着离开。阇梨是一位忠实的执行者，数年来一直用鲜血浇灌着祭堂，从未留过活口。这次违背禁令的是国王本人，他依旧不打算通融。阿育王从那张杀气腾腾的脸上解读出了全部信息。他冷静地问："你现在是不是想杀我？"阇梨诚实地回答说："是。"阿育王又问："我们两个是谁先来祭堂的？"阇梨不假思索地回答说："是我。"阿育王说："既然如此，那么先死的人应该是你。"说完便下令处死了眼前这个杀人不眨眼的刽子手，随即拆毁了祭堂。

阿育王终于意识到自己的命令有多么荒谬，于是开始反思过去的种种行为，每每回想起战场上血肉横飞的厮杀场面，他都感到无比惊心：多少美好鲜活的生命丧失于屠刀之下，兵荒马乱的年月，多少家庭妻离子散，终日以泪洗面。对于对内推行的恐怖政策，阿育王也感到万分羞愧。他想很多悲剧本来是可以避免的，只要君王适度克服自己的野心，不那么好战；只要君王不那么自以为是，懂得体恤臣民；只要君王有一副慈悲心肠，懂得怜悯众生，一切的苦难都将终结。阿育王痛定思痛，下定决心不再发动战争，不再迫害异己，做一个宽容仁慈的好国王。

放下屠刀后，阿育王开始颁布推行新政，立刻下诏停止对外征伐，并投入巨大的物力、财力兴办慈善事业，改善国民的福利水平。他还把恩惠由人推广到动物身上，颁布法令禁止打猎和屠杀牲畜，倡导素食。他的诏令深深地刻入石柱，至今清晰可辨，内容包括：要以仁爱之心对待他人，要孝顺父母，善待亲友和陌生人；对所有生命怀有敬畏之心，尊重人和动物的生命；要造福民众，广泛兴建基础设施，美化环境，比如修路架桥植树等；不把自己的观念、信仰强加于任何人，宽容地对待不同的声音。

阿育王身体力行地践行自己倡导的理念，不仅实现了自我救赎，还感化了民众，使印度这片饱经沧桑的大地获得了长久的和平与安宁。最终，他不是作为一个雄才大略的暴君扬名于世，而是作为一个痛改前非、倡导非暴力精神的仁慈君主名垂千古，这非常令人欣慰。

莫卧儿帝国奠基者——阿克巴大帝

阿育王去世后，孔雀王朝国运江河日下，延续了137年国祚后，走向灭亡。古印度进入巽伽王朝统治时期。巽伽王朝创立初期，控制着整个恒河流域，后来国力日渐孱弱，领土面积不断缩小，渐渐变成偏安一隅的小朝廷。随后印度不断遭受外族侵略，政权几经更迭，大部分时间处于诸国分裂的时代。

异族的入侵给印度带来了深重的苦难，使得政局更加动荡不安，但间接促成了不同文明的融合，造就了印度文化的多样性，并推动了历史进程。不可否认的是，外族的优秀首领凭借文治武功和宏韬伟略，曾经引领印度走向强盛，他们所建立的帝国，取得过辉煌耀目的成就，对印度的历史产生了极为深远的影响。尤为值得一提的是蒙古帖木儿后裔创建的莫卧儿帝国，在印度的历史长河中留下了最为光辉绚烂的一笔。

莫卧儿帝国的缔造者是蒙古贵族巴布尔，巴布尔能征善战，英勇无敌，仅用一年时间就攻下了德里，控制了北印度大部分疆域，创建了莫卧儿帝国。建国后，巴布尔把目光投向了广袤的印度次大陆，开始南征北战、东征西讨，没过多久就把大半个印度半岛收入囊中。他知道外来政权立足不易，很容易遭到本地民族的强烈抵制，仅仅凭借武力很难达成目的，于是采用"以印治印"的政策，将印度半岛北部未攻下的土地分给印度封建领主，让其代为管理。

巴布尔在位期间，为莫卧儿帝国开拓出辽阔的疆域，他的后代继续他未竟的事业，不断扩充帝国的版图，到了阿克巴大帝统治时期，莫卧儿帝国的领土扩张了三倍，国家进入强盛时期。史学界有一种说法，即"前有阿育王，后有阿克巴"，与阿育王相提并论的阿克巴被视为莫卧儿帝国的奠基者，他获得了广泛的赞誉，同时遭受了许多非议，是一个饱受争议的矛盾人物，有关他的故事至今为人们所津津乐道。

阿克巴是巴布尔的孙子，继承了祖父刚硬的性格。阿克巴胆识过人，酷爱冒险，雄心勃勃，血管里奔涌着草原之王成吉思汗的血液，年少时即有建功立业的想法。他的成长经历非常特

阿克巴大帝与他的王后

殊，堪称命运多舛。巴布尔去世后，阿克巴的父亲胡马雍即位，庞

大而不稳定的帝国迅速分崩离析，走向分裂。阿富汗人乘虚而入，胡马雍落败，被迫西迁。在流亡阿马尔科特时，阿克巴降生到这个世界上。当时胡马雍境况窘迫，忙于征战，没有精力照顾阿克巴。阿克巴寄居在叔父家里，没有条件接受正规教育，几乎目不识丁，但饱经忧患的不幸经历，磨砺了他的品格，使他变成了一个坚忍强壮的人。

后来胡马雍杀回了德里，夺回了王位，指定阿克巴为王位继承人。胡马雍去世后，德里被阿富汗人占领。阿克巴在拜拉姆汗等人的扶助下，在卡拉瑙尔加冕登基。当时他只有 13 岁，还是个乳臭未干的黄毛小子，无法亲政，拜拉姆汗以摄政王的身份代为处理国家事务。14 岁那年，阿克巴用一把锋利的弯刀砍下了一名印度俘虏的头颅，正式告别了纯真烂漫的少年时代，开始刀尖舐血的日子。

阿克巴尚武，但不鲁莽，他是个地地道道的文盲，却有着极强的求知欲。平时总是让别人念书给自己听，对于那些朗朗上口的经典诗歌几乎能倒背如流。他喜欢和饱学之士交谈，总是孜孜不倦地从学者那里汲取营养。虽然他不能识文断字，但谈吐不俗，当时很少有人知道他是文盲。据他的儿子贾汉吉尔回忆，他仪表堂堂，英姿勃发，看起来富有英雄气概，显得很威武。虽然是中等身材，但给人的印象却十分高大。眼睛漆黑如墨，皮肤比古铜色更深，显得十分黝黑，头发是麦黄色的，身躯如雄狮般健壮，肩宽臂长，嗓音洪亮，举手投足都透出帝王的威严。

阿克巴的外表是内心的折射，他确实是一个庄重威严、野心勃勃的人。他年少即位，面临着错综复杂的政治形势，帝国根基不稳，连首都都被阿富汗人占领。经过数年苦战，他才击败敌人，夺回国都，洗刷了国耻。拜拉姆汗等顾命大臣认为自己在战争中发挥了重要作用，开始居功自傲，搞得朝野怨声沸腾。阿克巴已经成年，觉得夺回王权的时刻到了，便巧妙地利用各种政治势力的斗争，步步为营地加强君主的权力，最后赶走了拜拉姆汗，夺得了大权，终于成为名副其实的国王。

地位稳固后，阿克巴醉心于对外征战，他认为在强敌环伺的环境中，自己若不主动出击，就会被动挨打，只有征服邻国，使之成为帝国版图的一部分，才能立于不败之地。阿克巴并非是个有勇无谋的莽汉，和他的先祖一样，他知道什么时候该强硬，什么时候该怀柔，懂得寻求合作，会适时地拉拢盟友打击敌人。出于巩固政治联盟的需要，他甚至接受了一场政治婚姻，迎娶了拉其普特王公的女儿。

经过多年的征战，阿克巴平定了印度北境，并征服了印度南部的部分区域。他对诚心归附莫卧儿王朝的部族采取宽容政策，推行了一系列顺应潮流的改革措施，受到绝大多数印度人的欢迎。历史学家普遍认为阿克巴是为数不多的开明君主之一，莫卧儿王朝能走向鼎盛，依托于他的文治武功，但客观而言，他并不是一个无可指摘的人，同绝大多数雄才大略的君王一样，他也有着嗜血残暴的一面。稳固了印度北境的局势后，他把目光投向了印度腹地杰普特一带，很多王公忌惮于他的淫威，纷纷屈膝投降，不过仍有相当数量的王公决定负隅顽抗到底。阿克巴恼羞成怒，攻下城池后，开始大肆屠城，用森森白骨堆砌成了骷髅塔，以震慑其他不肯屈服的人。

总之阿克巴是一个具有多重色彩的复杂人物，他既热忱又冷酷；既贪婪又克制；既残忍又宽容。在他的铁蹄下，无数的生命化为乌有，在他的治理下，印度走向了统一和繁荣，他被后世称颂，同时又受到批判，但在历史中的地位是不可撼动的，史学家一致尊他为"阿克巴大帝"，代表着对他的最高评价。

第五章

失落的丛林神话
——玛雅文明

玛雅文明是拉丁美洲最受瞩目的丛林文明，它诞生于落后的石器时代，却在天文历法、数学、建筑学方面取得了极高的成就。玛雅人的历法精准度之高，丝毫不比现代历法逊色，以致道听途说来的玛雅预言，能在全球范围内引起前所未有的恐慌。玛雅人建造的金字塔规模浩大、古老神秘，受热捧的程度不逊于埃及金字塔。在世人眼里，玛雅文化是谜一样的存在，它从兴起到辉煌再到衰落，没有轨迹可循，留下了大量难解的谜团。或许正是这个原因，人们才对玛雅文明着迷，迷恋它就像迷恋一个失落的丛林神话。

奇特而发达的城邦文明

在人类社会尚处在原始蒙昧的阶段，生活在美洲大陆的玛雅人已经创造了辉煌灿烂的文明——玛雅文明。玛雅人建造了封闭式的金字塔，数学运算水平首屈一指，天文历法的成就无与伦比，无数令人震撼的事实证明，玛雅文明在某些领域确实独占鳌头，遥遥领先于其他国家和地区。

在我们仰望星空，靠奔放雄奇的幻想和浪漫的神话故事描摹太空景象时，玛雅人已经建立起高达 48 英尺的"天文观测台"，通过高塔上的观测窗观察不同节气的天象，根据金星运行的轨迹推算月份和日期，创建了卓尔金历。玛雅人按照这套历法，决定何时播种庄稼，何时备战，何时举行盛大的庆典活动。

玛雅人常用的历法有两套，其中一套是卓尔金历，主要用于计算仪式活动的日期，一年分为 20 个月，每月有 13 天，共计 260 天。另外一套历法主要应用于农业生产，一年 18 个月，每月 20 天，共计 360 天。按照现代历法，一年有 365 天，玛雅人也认为每年的天数是这些，不过在他们的观念中，其中有 5 天是不吉利的，为了躲开晦气，他们悄悄地把这些日子过滤掉了，不对外公布。

两套历法并行使用，每相隔 52 年，年历出现一次重合，玛雅人因此坚信，平均每隔 52 年，世界就会重启一次，每次轮回，玛雅人都会在金字塔上加盖一层。为了计算 52 年以上的时间，玛雅人又创建了一套新的历法。按照这套历法，世界始于公元前 3114

年9月6日，每隔5125年，出现一次大轮回，2012年12月21日是大轮回结束的时间节点，这个结论在当时并没有引起任何恐慌，却在我们生活的年代引发了轩然大波，2012年12月21日曾一度被传为世界末日。其实在玛雅人看来，它仅仅是一个纪元的终结，和末日说风马牛不相及。玛雅人从来没有预言过世界将在哪一天毁灭。

有位玛雅族长老曾在电视栏目里为世界末日说辟谣，声称他们会在纪元终结的那一天举行庆典活动，就像现代人庆祝千禧年的到来一样。那么现代人为什么会

玛雅历法

穿凿附会地把玛雅人的千禧年和世界末日联系起来呢？为什么要鼓吹末日论，极尽夸张渲染之能事呢？

原因很简单，人们对于未知事物总是充满恐惧。玛雅人留下了太多的未解之谜，他们发明的历法太精确太神奇了。按照他们的推算，地球年为365.2420天，与现代天文学测算的结果相差仅仅0.0002天，这实在是太不可思议了。玛雅历法的精确度如此之高，如此之先进，远远超出了人们的想象。所以玛雅测算的数据总能令人心怀敬畏，甚至一度令人浮想联翩，这种复杂的情绪叠加在一起，渐渐转化成深深的恐惧，这就是末日说流行的根本原因所在了。

玛雅人精通天文历法，也擅长建造城池，他们在抬头仰望星空

的时候，不曾忘记过脚踏实地地生活。他们建造的城邦规模庞大，足以容纳 50000 人口，城邦内金字塔林立，犹如摩天大楼拔地而起，最高的建筑高达 72 米，在热带阳光的照射下，给人以金碧辉煌之感，场面十分震撼。有的金字塔环绕着开阔的广场而建，旁边是浮雕遍布的美丽王宫。画面无比美好。蓝宝石般明澈的苍穹，辉映着尖尖的高塔，再配上精美绝伦的宫殿，着实令人惊叹。

毫无疑问，玛雅文明属于城邦文明，但并不意味着他们远离田园生活。在当时的时代，他们无法从外部进口粮食，必须自己种植作物。他们在蒂卡尔城四周开垦出了大片的玉米地，春夏时节，极目远望，一派郁郁青青，金秋时节，则是一片金黄灿烂。除了玉米之外，玛雅人还培植出了辣椒、龙舌兰、棉花等作物。那时的农业生产技术比较落后，采用的是刀耕火种法。

玛雅人创建了许许多多的城邦，不曾建立起大一统的帝国，但在很早以前就步入阶级社会。玛雅贵族出行时，通常坐在通风良好的轿子里，舒舒服服、威风凛凛，一脸高傲的神情。轿夫赤膊束发，皮肤晒成了古铜色，气喘吁吁，大汗淋漓，不管多么疲惫，都不敢停下来喘息片刻。当然辨别贵族和平民的方法有很多种，不止限于观察谁抬轿谁坐轿。

贵族为了凸显自己高人一等的尊贵身份，通常会做足表面文章，比如把牙齿打磨成锯齿形，在上面镶嵌名贵的玉石，比如往身上各部位打洞穿环，佩戴着各式各样的圆环招摇过市，再比如在皮肤上文上惊艳繁复的花纹。玛雅的贵妇喜欢大面积文身，令人眼花缭乱的图案从额头一直延伸到肩膀，舌头上也有精美的花纹，这样一张嘴就能口吐莲花了。玛雅贵族男子以蓄须的方式标榜身份，平民男子必须把脸刮得干干净净，一根胡子也不能留，如此一来，地位的尊卑才能一目了然。

玛雅人的服饰比较简单，男子下身围着缠腰布，身披披肩，脚蹬凉鞋，头上戴着色彩艳丽的头饰，装饰物和服饰上的图案可体现出身份地位的差异。妇女穿白色筒裙，造型简洁，以贝壳花绣作装饰。平民女子的服饰色彩比较单一，只有贵妇名媛才能穿色彩绚丽的衣服。玛雅人有蓄发束发的传统。男子头发扎成一束，女子发髻造型多样，相较而言，比较繁复。绝大多数玛雅人身上都有文身，地位越尊崇的人，文身越多，图案越复杂。

玛雅人虽然建造了宏伟巨大的金字塔、壮观的巨石建筑，发明了无比精确的历法，但他们也有自己的短板，长期以来，他们一直没有掌握冶铁技术，且没有发明轮子和车辆，这是非常令人惊讶的。其实仔细想想，也并不奇怪，他们生活的地方缺乏牛马等大型牲畜，唯一的家畜就是狗。狗无论体型有多么巨大，都不可能与马相提并论，更不可能代替马来拉车。由于受限于环境，玛雅人连最简单的交通工具都没有发明出来，只能乘坐人力轿子出行。

玛雅人销声匿迹的谜团

玛雅人的生产力水平和技术水准长期停留在落后的石器时代，然而他们却创造出了高度发达的文明，有过自己的流金岁月，即使以今人的角度看，在某些方面，玛雅文明和现代文明相比也毫不逊色。可是在800年前后，不知出于什么原因，玛雅人忽然放弃了他们辛苦经营的城邦，终止了正在建造的建筑，莫名大规模迁移，曾经辉煌一时的文明一夜之间消失于美洲的热带雨林中。玛雅神话就此幻灭。那么玛雅文明为什么会迅速消失呢？玛雅人为何要集体撤离中心城市呢？关于这些问题，至今没有准确的定论，流传的说法主要包括以下几种。

第一种说法是玛雅文明毁于战争。众所周知，战争是淘汰人口最快捷的方式。以前我们都以为玛雅人是一个爱好和平的民族，他们头脑聪慧，知识丰富，民风古朴。可是考古学家的发现却颠覆了我们的想象。大量古老的文字被破译了出来。这些文字为我们描摹出了玛雅人鲜为人知的一面。玛雅城邦的大多数统治者都十分好战，他们动辄发动战争，每次打仗都要杀死大批的战俘，战死沙场的士兵更是不计其数。考古学家推断，由于战事频繁，在 820 年前左右，玛雅人口大幅度锐减，数量减少到原来的 5%，这就意味着 95% 的人口惨遭淘汰。剩余的人口黯然离开了空荡荡的城邦，远离了那片被鲜血浇灌的大地，玛雅文明就此毁于一旦。

第二种说法是玛雅文明毁于自然环境恶化。考古学家认为，玛雅文明陷落之前，美洲大陆出现了百年不遇的大规模干旱。持续的旱灾摧毁了玛雅人的农业，动摇了城市文明的根基。玛雅人没有掌握凿井修渠的技术，他们眼睁睁地看着周围的河流湖泊一点点缩小，直至断流干涸，却无可奈何。庄稼连年歉收，以至饿殍塞道，他们面临着前所未有的生存危机。危机到来前，玛雅人大面积砍伐森林，耗用大量木材烧制石灰，修建金字塔和其他宏伟建筑，破坏了当地的自然环境，加速了干旱的到来。在空前的旱灾面前，玛雅人叫天天不灵叫地地不应，固守原地只能坐以待毙，为了生存，他们放弃了辛苦创建的家园，迁移到了其他地区。

第三种说法是玛雅文明毁于野蛮的殖民摧残。西班牙人迭戈·德·兰达踏上美洲大陆后，面对玛雅人的辉煌文化，产生了一种非常复杂的情感，由震惊转为憎恶，将其斥责为"魔鬼的作品"，下令干

废弃的城邦

净彻底地摧毁玛雅文明。玛雅文明由此中断。西班牙侵略者带来了大量的病菌，玛雅人纷纷感染上了疟疾和黄热病等疾病，大批大批地死亡，人口锐减，几乎亡族灭种。

第四种说法是玛雅人集体移民太空，致使地球上的玛雅文明消亡。玛雅人擅于复杂的运算，在数学和天文学方面的造诣远远超过其他民族，难道是因为他们天赋异禀吗？有人认为玛雅人并不是土生土长的地球人，他们是外星人的后裔，属于高级智慧物种，呕心沥血地建造金字塔是为了和宇宙中的其他外星人联络。终于有一天，外星人接收到了他们发来的信号，驾驶一艘巨无霸宇宙飞船造访了地球，把玛雅人接到了外星球。少数玛雅人对地球产生了深深的依恋，不愿离开，便留了下来，散居到各地。

第五种说法是玛雅文化太过封闭，不能与时俱进，必然会走向没落和消亡。玛雅人生活的地区三面濒临海洋，背靠浩瀚无垠的太平洋，但是他们没有充分利用这一得天独厚的条件，居然把城邦建在了尤卡坦半岛的丛林深处和高高的山巅上，这足以说明玛雅是一个内向型的民族。

玛雅人居住的城镇交通极为不发达，一百多座城池之间连一条像样的公路都没有，可见独立城邦之间的交流非常少，很有可能处于一种"鸡犬相闻，老死不相往来"的状态，双方只有在兵戎相见的战场上才能碰面。民族内部如此封闭，主动吸纳外来文明的概率

就更低了。玛雅文化虽然光辉璀璨，令人惊叹，但长期得不到新鲜血液的补充，不可避免地会走向没落。

第六种说法是玛雅文明毁于频繁的血祭仪式。古代的玛雅人，长期保留着用活人祭祀的传统。早期的牺牲者多半属于贵族阶层和社会精英。玛雅人认为参与血祭仪式是一种神圣而又荣耀的事情，是统治阶级才有的特权，只要按部就班地完成了这套仪式，就能给族人带来福祉，他们的地位将更加稳固。玛雅人举行血祭仪式的次数非常频繁，王室贵胄婚丧嫁娶或者有新生儿降生，抑或重大工程竣工，或者举办隆重的庆祝活动，国王和贵族都要献出自己的鲜血，为大家祈福。

萧珂王宫的浮雕生动地描绘了萧珂王后血祭的场面：她半跪在地上，把一根遍布荆棘的粗绳穿过舌洞，任荆棘割伤自己身体最柔软的部分，血水合着唾液滴落到一只大碗里，在夕阳晚照中闪烁着诡异的光芒。她微微睁开眼睛，整张脸因为痛苦而变形扭曲，神情却无比虔诚，目光坚忍而淡定。

统治阶级的血祭过程虽然痛苦，但不致命。后来血祭的范围扩大到战俘、奴隶身上，终极形式就演变成对生命的剥夺。玛雅人常用血祭的方式处决敌国国王。行刑前会举办一场盛大的蹴鞠比赛，比赛如火如荼地开展，进行到高潮时，敌国国王将被斩首示众。用这种方式杀死敌国的最高首领，将使胜利的城邦油然生出一种民族自豪感，从某种意义上说，可起到增强内部凝聚力的作用。无数的国王、大批的战俘奴隶被押送到断头台，玛雅人口越来越少。由于战事越来越频繁，血祭活动也变得越来越频繁，玛雅人大规模自相残杀，最后沦落到亡族灭种的地步。

玛雅文明究竟为什么会突然消失呢？关于这个问题，人们一直众说纷纭。起初史学家把玛雅人的销声匿迹归咎于突如其来的天灾人祸，比如旱灾、瘟疫、战乱、外族侵略等。后来又有人提出玛雅文明毁于某种无可名状的恐怖劫难，即规模盛大的血祭活动，这种观点曾一度占据上风，并为许多人所接受。

水晶头骨暗藏的秘密

玛雅文明消逝以后，留下了种种令人费解的传闻，到了近代，人们对它的研究热度有增无减。1927 年，有人在玛雅神庙中发现了一颗玲珑剔透的水晶头骨，吸引了全世界的眼球。水晶头骨是用一整块天然水晶精雕细琢凿刻出来的，大小比例完全仿照真人头颅，下颚骨可以活动，切面非常光滑，肉眼几乎看不到任何瑕疵，利用现代最先进的设备仪器检测，也只能在局部看到极其细微的划痕。

这颗水晶头骨无论是外观还是内部构造，都与真人的颅骨一模一样，细节精确到了令人咂舌的程度。当你久久凝视它的时候，它的光亮、色彩、透明度时刻处在变化中，前面变得越来越模糊，中间部分则散发出清澈炫目的光彩，就像钻石折射出的透明光芒一样，会让人产生一种微妙的错觉。整个水晶的颜色也会跟着发生改变，在光的作用下，幻化出紫罗兰色、红色、琥珀色、绿色、蓝色等。盯着水晶头骨观看时，大多数人会有一种昏昏欲睡的感觉，因此有人推断，玛雅人的水晶头骨是用来催眠的。玛雅人做手术时，医生捧着水晶头骨给患者催眠，完成无痛治疗。

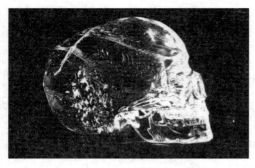

水晶头骨

有些人坚信玛雅人是外星人的后裔，水晶头骨里暗藏着宇宙的秘密。还有一种更加耸人听闻的论调，玛雅人共制作了十三颗一模一样的水晶头骨，如果集齐了所有的头骨，把它们摆放在一起，它们就能获得某种魔力，开口说话、唱歌，道出人类从过去到未来的全部秘密。这些传闻比世界末日论更加荒谬，但却有很多人对此深信不疑。

据说水晶头骨对人的大脑有刺激作用，站在它面前，人的各种感官将被充分调动起来，产生各种奇妙的感觉。它的光色变化多端，颜色发生明显改变时，会有一种奇异的香味从里面散发出来，同时还能听到奇奇怪怪的声音，令人毛骨悚然，遐思万千，不一会儿就会觉得异常口渴。静静地观察水晶头骨的时候，全身就能感觉到一种压力，敏感的人即使不去触摸它，仅仅把手放在附近，就能感觉到一种微微的震颤。把手放在不同的位置，冷热感觉各异，这些现象难以用科学来解释，非常不可思议。

水晶头骨虽然被传说得神乎其神，但大多数传闻都不具备可信性。有人甚至认为它们根本就不是出自玛雅人之手。直到近代，人类才开始研究光学和解剖学，生活在石器时代的玛雅人是怎么准确掌握光学知识和解剖学知识的，他们如何运用那些复杂的知识凿刻人骨构造的？水晶质地坚硬，用锋利的铁器都无法打磨加工它，玛雅人不会冶铁，没有先进的工具，是怎么雕琢出如此精密的艺术品的？现代人用最精良的设备仿制水晶头骨，只要出现一点点失误，就会造成不可修复的损伤，致使水晶碎裂或留下明显的疤痕，玛雅人运用原始粗糙的器具，竟能将一大块水晶凿成与人的颅骨结构相差无几的模型，肉眼看不到加工的痕迹，技术是何其精湛，这实在是令人无法相信。

由于玛雅人的天文历法和现代相比丝毫不逊色，误差微乎其微，所以仍有很多人相信玛雅人的智慧高于现代人，现代人做不到的事，玛雅人有可能做得天衣无缝。水晶头骨确实是他们的杰作，不然就没办法解释，那颗轰动全世界的水晶头骨为何偏偏出现在他们的神庙中。科学界为了弄清水晶头骨的来历，进行了一系列调查，结果令所有崇拜玛雅文明的人大失所望。经检测，水晶头骨并非出自上古时代的玛雅人之手，它是现代珠宝商精心伪造的。在电子显微镜的扫描下，水晶头骨上看不到任何手工磨制的刮痕，到处都是光滑干净的弧线。考古学家认为，这说明加工宝石的机轮对它进行过抛光处理，它是现代机械加工出来的。英国和美国科学家得出结论说，水晶头骨是珠宝加工设备打磨出来的。显然，古代玛雅人不可能掌握这么尖端的技术，那时这种切割打磨技术在世界范围内都没有被发明出来，所以水晶头骨不可能是玛雅人制作的。那么现代人为什么要炮制这个惊天骗局呢？

因为近现代掀起了考古热，古代文化的价值水涨船高、节节攀升，造型精美又略带神秘色彩的艺术品尤其受到青睐，有的艺术珍品价值连城，在巨大利益的诱惑下，世界各地的考古学家纷纷云集到古文明的诞生地，到处挖掘古物，找不到有价值的文物，就开始造假。在美洲文明中，头骨符号随处可见，某些别有用心的人为了追求高额回报，找"专业人士"精心凿刻了水晶头骨。毫无疑问，做工精良的水晶头骨都是赝品。表面光滑莹润，外观栩栩如生，细

节无懈可击的作品全都出自现代人之手。不过，散落在中南美洲热带丛林的一些做工相对比较粗糙的水晶头骨，很有可能来自远古文明，有人坚信，它们全部出自玛雅人的手笔，这一论断尚有待考证。

第六章

蓝色海洋文明

——光荣属于希腊，伟大属于罗马

诗人爱伦坡曾经说过："光荣属于希腊，伟大属于罗马。"给予古希腊、古罗马极高的赞誉，同时一针见血地指出两种文明的不同。遗落在爱琴海畔的古希腊文明是西方文明的摇篮，在全世界都笼罩在专制统治的阴云下的时候，古希腊人发明了民主，学会了独立思考，培养出一大批科学家、哲学家、雕塑家，推动了人类社会的文明进程。古希腊文化兼具浪漫和理性的双重特质，是优雅的、诗意的，古罗马在一定程度上继承了它的风格，但两者并不完全一致。

从本质上讲，古希腊文明是城邦文明，而古罗马文明则是帝国文明，经过了王政时代、共和时代之后，古罗马走向了帝制，成为横跨亚欧非三大大陆的庞大军事帝国。所以古罗马文化不再儒雅细腻，变得霸气外露、咄咄逼人。比起古希腊，古罗马的历史更富血腥色彩，不可避免地形成了一种崇尚暴力的文化。古罗马气魄宏大，堪称伟大，但光荣和辉煌永远属于古希腊，这几乎是一种共识，由爱伦坡娓娓道出，显得别有深意。

爱琴海畔的民主牧歌

西方文明起源于希腊的爱情海，属于地地道道的海洋文明。海洋文明和大河文明截然不同。四大文明古国都有各自的母亲河，农业比较发达，人民生活相对安定，不必向外探求资源，便能满足自身所需，养成了稳重保守的性格。大河沿岸陆地广阔，一马平川，割据政权难以长久，很容易建立起大一统的封建帝国，在帝国的统治下，阶层固化板结，当权者的头衔和爵位可以世袭，广大贫民被牢牢束缚在原来的位置上，缺乏上升的渠道，因此普遍恬退隐忍、安于现状。

以古希腊为代表的海洋文明则是另一番景象。古希腊岛屿星罗棋布，海岸线绵延曲折，优良港口众多，非常适合发展航海业，从遥远的古代，希腊人就开始挂帆远航，和海浪搏击，养成了酷爱冒险的外向型性格。希腊半岛山峦起伏、丘陵遍地，大陆轮廓严重残损，形形色色的海湾深入腹地，把内陆的地形切割得支离破碎，将希腊人阻隔在大大小小的小岛和山谷上，彼此孤立隔绝，久而久之，各自为政，逐渐形成了小国寡民的社会形态。由于城邦人口数量稀少，每个公民都可以以投票表决的方式，参与政治决策，民主政治就这样形成了。

古希腊是最早诞生民主制度的地区。在其他国家均处在君主专制统治的历史时期，希腊人发明了民主。雅典城邦制定过一种叫作"陶片放逐法"的法律。根据这套法律，如果大多数公民认为某个人危害民主自由，践踏公众利益，属于不折不扣的害群之马，只

古希腊城邦

要凑足票数，就可以把这个人驱逐出境。

阿提卡（位于希腊中部，首府为雅典）曾经启动该法案流放过犯人，公民把想赶走的人的姓名刻写在陶器片上，以陶片的数量计算票数，投票累计超过六千，便依法启动放逐程序，名字出现次数最多的人将被流放。那个人必须在十日内离开，流放的期限为十年。十年之内，不得踏上原来生活过的土地。

当然，民主作为一种新鲜事物，刚刚出现时是不完善的。希腊的民主属于典型的一人一票制的直接民主，被后世评价为"多数人对少数人的暴政"，但是它确实捍卫了绝大多数人的利益，客观来说，比独裁专制制度要先进许多。西方国家在希腊民主的基础上，创立了精英治国的间接民主，在维护大多数公民权益的同时，充分照顾少数特殊群体，建立了高福利人性化的社会保障体系。

在民主之风的熏陶下，古希腊涌现出了一大批杰出的科学家、哲学家和艺术家，堪称群星璀璨、人才辈出。小小的雅典城邦，居然出现了苏格拉底、柏拉图、亚里士多德三位举足轻重的哲学大师，着实令人喟叹。雅典拥有自由清新的空气和活跃的学术气氛，没有思想禁锢，没有文化专制政策，知识分子们有的是闲暇时间，可以自由地思考，畅所欲言地发表意见，种种条件，促成了伟大哲学和理性科学的诞生，并一度影响了希腊人的审美观和价值观。

许多人误以为希腊的美学偏于感性，其实不然，希腊人浪漫多情、热情奔放，不提倡禁欲，所以他们的神话故事宛如现实的浮世绘一般，充斥着声色犬马的香艳色彩，但并不意味着他们总是忘乎所以，缺乏理性的克制。相反，希腊人是非常理性的，如若不然，他们不可能在科学领域取得那么多无可匹敌的成就。当人们普遍认为地球是个平面的时候，希腊人已经提出地球是圆形的理论。当人们对司空见惯的现象已经感到麻木的时候，阿基米德在洗澡时发现了浮力原理。可见，希腊人并不会被感官上的局限和个人的好恶束缚住，他们总能洞穿事物的真相，因为他们拥有理性而睿智的大脑。

烂漫的感性主义和求真求实的理性主义，是驱动希腊文明不断向前发展的两驾马车，而这一切都建立在民主自由的基础上。因为有了民主，希腊人才有了强烈的自我意识，才能勇敢发出自己的声音，无拘无束地展示真实的个性，才能以感性的姿态行走于天地之间。希腊的雕塑活泼大胆，细节逼真，非常写实，敢于突破禁锢，毫无保留地展示人体的力与美；希腊的绘画色彩分明，气度恢宏，丝毫没有唯唯诺诺的小家子气；希腊的文学作品尤其是古典悲剧，悲怆有力，动人心魄，字里行间洋溢着激情，名言警句振聋发聩，几乎看不到低声敛气的内容。这些都是民主的馈赠。

因为有了民主，希腊人敢于求真，不妥协、不折中，敢于追求真理，敢于探求真相，科学事业才得以蓬勃发展，哲学领域也硕果累累。苏格拉底为了捍卫自己追求的正义和真理，坦然接受了死刑；亚里士多德不迷信权威，娓娓道出了"吾爱吾师，吾更爱真理"的名言。而生活在专制制度下的人们，习惯了谨言慎行、韬光养晦，一切以明哲保身为前提，所以说，如若缺少民主的土壤，很难出现苏格拉底这样的勇士和亚里士多德这样的伟大科学家。

在独裁统治下，只有一个声音，只有一个观点，真与假、是与非、黑与白的界限模糊不清，"大智若愚"的臣民们一味地装聋作哑，在这种万马齐喑的氛围中，怎么可能诞生科学与民主呢？又有谁能鼓起勇气捍卫正义和真理？希腊人是何其幸运，他们在遥远的古代，就摆脱了种种枷锁和束缚，沐浴在民主的光辉下，潇洒不羁自由自在地生活，敢爱敢恨，敢作敢为，活出不一样的风采，这种待遇是同时代的人可遇而不可求的。

血战温泉关——斯巴达勇士最后的咆哮

在人们的想象中，古希腊就是一个童话般美好的世界，那片生机盎然的大陆被蓝天碧海簇拥，沐浴在金色的光辉下，充满诗情画意，简直就是坠落在人间的世外桃源。其实希腊内部一直纷争不断，各城邦之间厮杀不休，半岛长期被血色残阳所笼罩。直到遇到强大的外敌，他们才会暂时握手言和，共同对抗威胁。

由于城邦各自独立，政治、经济、文化各方面差异明显，因此隔阂比较深。以雅典城邦和斯巴达城邦为例。雅典城邦奉行的是民主政治，科技昌明，文化繁荣，人才济济，群英荟萃，到处可以看到穿着长袍，手捧经卷，微笑着沉思默想的智者。斯巴达城邦则是另一番天地，它不产知识分子，只盛产战士。由于奉行的是寡头政治和军事独裁统治，斯巴达人十分讲求纪律性，自幼接受严酷的军事化管理，随时准备冲锋陷阵，为国家献出宝贵的生命。

由于斯巴达人迷信武力和强权，缺乏必要的文化素养，不像雅典人那样温文尔雅，因此长期以来，一直被视为未开化的野蛮人。可是当波斯帝国入侵时，最终以生命捍卫了民主果实的，是好战野蛮的斯巴达人，而不是文质彬彬的雅典人，这是非常耐人寻味的。

公元前480年，波斯大军水陆并进，大举入侵希腊。薛西斯率领千军万马来到了达达尼尔海峡，在翻滚的波涛上架起了两座大桥。如果不出意外，他们将横冲直撞涌向希腊，孰料桥刚刚建好，海面忽然刮起了一阵狂风，将索桥摧毁了。薛西斯勃然大怒，当即处死了所有造桥的工匠，随即将铁索沉入海底，发誓要把狂暴的大海牢牢锁住。他还下令鞭挞海水300下，以惩治它毁桥的罪过。

显然，薛西斯不仅是个战争贩子，还精神错乱，异常疯癫，他的不期而至意味着希腊人遇到了大麻烦。后来波斯人造了一座浮桥，它是由300多艘战船搭建起来的，船与船之间以粗绳相连，上面铺上木板。桥造好后，他们花了七天七夜的时间渡过了海峡。随后，波斯大军以秋风扫落叶之势席卷了希腊北境，夏季抵达了温泉关。

温泉关扼守要冲，地势险峻，背靠凌厉陡峭的万丈悬崖，面朝碧波荡漾的浩瀚大海，关隘极其逼仄狭窄，仅容一辆战车通过，它是由希腊北境通向南部腹地的唯一通道。守住了要塞，就能把波斯大军抵挡在外面，保卫希腊本土安全。薛西斯把营垒建在了温泉关附近，在发起进攻前，对为数不多的希腊守军展开了强大的心理攻势，趾高气扬地说波斯军队人数多得数不胜数，射出的箭雨足以把天上的烈日遮住。斯巴达人听说后，一点也不慌张，反而揶揄地调侃道："那实在是太好了，我们正好在荫凉下痛痛快快地血战一场。"

两日后，薛西斯派人探听守军的虚实，探子回来报告说斯巴达人把兵器扔在一边，有的在整理头发，有的在一丝不苟地做军操，似乎不忙着备战。薛西斯大惑不解，后来才知道临战前夕，斯巴达人梳头做操，是准备血战到底。薛西斯硬着头皮又等了四天，斯巴达人继续摩拳擦掌，丝毫没有妥协的意思。即便如此，薛西斯仍然没有放弃劝降，派人捎信给斯巴达国王列奥尼达，承诺只要他肯缴械投降，就封他做希腊全境的万王之王。

列奥尼达斩钉截铁地回应道："如果一个人清楚世上什么东西最为宝贵，就不会贪婪地觊觎别人的东西。对我个人而言，为保卫希腊而死是最大的荣光，没有什么比领导和保卫我的民族更重要。"当时列奥尼达已届中年，但依然血气方刚，性格顽强而坚韧，具有强烈的荣誉感。他的名字是雄狮之子的意思，人如其名，他确实像草原雄狮一样威武强壮，凛然不可侵犯。出征之前，他得到一则神谕：勇敢无畏的斯巴达人啊，要么看着你们的城邦被波斯人摧毁，要么以损失一个国王的代价，守卫住脚下这片神圣的土地。列奥尼达已经做好了必死的准备，只要能拯救斯巴达，拯救希腊，哪怕献出生命他也在所不惜。

守卫温泉关的勇士只有三百人，而波斯大军足有数十万人，这可能是有史以来，敌我力量相差最悬殊的战役，斯巴达人尽管可以凭借地势天险暂时抵挡住波斯人，却很难生还。两支军队狭路相逢，隔着一箭之地互相凝望着。斯巴达战士肌肉发达，身材魁梧，头发浓密茂盛，长发在猎猎海风中飞扬飘荡。他们个个赤足披发，表情凶狠，手持盾牌和长矛，盔甲折射着冷光，双眼透过头盔闪烁着咄咄逼人的冷酷光芒。波斯人穿着颜色鲜艳的长袍，外面罩着一

列奥尼达国王

层厚厚的盔甲，裤子上装饰着精美的绣花图案。这些衣冠楚楚，装扮得像孔雀一般华丽的军队，曾经凭借强大的武力横扫西亚，创建了横跨亚欧非的大帝国。

面对虎视眈眈的强敌，斯巴达人毫无怯意，他们凭借有利的地形，居高临下地刺杀敌人。波斯人呼啸着冲杀而来，却冲不破由盾牌和长矛组成的铜墙铁壁。斯巴达人的长枪方阵严密得无懈可击，盾牌层层叠叠，锋利的长矛从空隙中伸出，直戳敌军的血肉之躯。霎时间鲜血四溅，波斯人成批哀号着倒下。薛西斯狂躁不已，由于情绪过于激动，下巴上的胡子剧烈抖动着，声嘶力竭地咆哮了一番之后，他不得不下令撤军。

第一次交锋，波斯大军死伤无数。薛西斯气急败坏，为了尽快取胜，把上万名皇家御林军派到了战场。这支部队是波斯帝国最为精锐的部分，号称不死军团，被誉为不朽者。每一位不朽者都是万里挑一的勇士，个个出类拔萃，身手不凡。作战时他们身穿甲胄，外面套着长长的黑袍，脸上戴着诡异的面具，行动时悄无声息，步调出奇一致，如同从地狱里跑出来的鬼魅一般，令人不寒而栗。但是这支可怕的军队并没有令斯巴达人屈服。斯巴达勇士用牢固的盾墙和密集的长矛抵挡住了不朽者的疯狂进攻。波斯人的第二次攻击也失败了。

薛西斯接连遭受挫败，感到无比颓丧，正当他黔驴技穷的时候，从当地农民的口中得到了一个可靠的情报，有一条曲折的小道通向温泉关关隘的背后，如此一来，波斯人无须浴血扣关，只要绕到守军的身后，就可以将斯巴达人一网打尽。听到这则消息，薛西斯欣喜不已，马上派不朽者绕道而行。那条隐秘的小路荆棘密布，两旁是崇山峻岭，列奥尼达已经部署了上千兵力。可惜守兵因为连日未发现敌军，放松了警惕。等到他们看到不朽者的时候，已经太迟了。一阵箭雨之后，波斯人轻而易举地攻破了希腊人的防线，以长驱直入的姿态插向了温泉关的背后。

列奥尼达背腹受敌，陷入了绝境。波斯大军如洪水般冲向狭隘的关口，列奥尼达率领斯巴达勇士举起长矛一通猛刺，长矛折损了，就拔出佩剑和敌人近身肉搏，连续四次击退了敌军。战斗进行得非常激烈，列奥尼达身负重伤，最后战死沙场。斯巴达勇士拼死护卫他的尸体。波斯大军杀红了眼，将斯巴达人死死困住，一个一个杀死。斯巴达人因为寡不敌众，全部壮烈牺牲。薛西斯残忍地砍掉了列奥尼达的头，然后把血迹斑斑的尸体钉在了冰冷粗糙的十字架上。此举令斯巴达人极为愤慨。在后来的战役中，斯巴达人越战越勇，用长矛和匕首杀死了十万波斯人，打得侵略者闻风丧胆。波斯人从此再也没敢踏足那片土地。希腊免遭被占领的厄运，令他们引以为荣的民主制度得以保全下来。

母狼传说和七丘之城

赶走波斯人以后，希腊半岛又陷入了长久的内战，马其顿国王亚历山大乘虚而入，占领了希腊全境。希腊沦为马其顿帝国的附庸，辉煌不再。亚历山大猝然离世后，马其顿帝国分崩离析，分裂成三个小王国，国力大不如从前，很快被强势崛起的罗马吞并。欧洲的历史翻开了崭新的篇章，进入了罗马时代。

关于罗马的起源已无从考据，流传下来的只有一则动人的传说故事：相传特洛伊王子埃涅阿斯是罗马人的祖先。特洛伊沦陷后，埃涅阿斯带着一大批幸存者逃到了意大利半岛，在拉丁姆平原建立了阿尔巴王国。他的后裔罗慕路斯及其孪生兄弟列莫斯建造了罗马城。这对孪生兄弟曾经受到篡位自立的外叔祖父的迫害，刚出生就差点被淹死。执行命令的人于心不忍，把他们装在篮子里，放到台伯河顺水漂走。河水涨潮时，篮子漂到了树木丛生的地方，被一根树枝拦住了。河水退潮后，一只过来饮水的母狼发现了在篮子里啼哭不止的婴儿，叼着篮子回了狼窝，用自己的乳汁喂养他们。

兄弟俩以狼孩的面貌生活了一段时间后，被一个好心的牧人收留。后来牧人知道了他们的身世，一直守口如瓶，直到他们长大成人，才透露了这个秘密。兄弟俩得知真相后，决定为老国王也就是自己的外祖父报仇，发动起义推翻了外叔祖父的统治，在台伯河畔创建了新城。为了争夺统治权，兄弟俩发生了内讧，最后罗慕路斯胜出，将兄弟列莫斯杀死，踩着兄弟的尸骨登上了王位，用自己的名字更新城命名，音译为"罗马"。

罗马建城的传说是否反映了部分事实，史学界至今没有定论。罗马真的是罗慕路斯音译吗？我们无从知晓。不过罗马还有另外一个名字，叫作"七丘之城"，名字无须考据，只要看看周围的地理环境，便能发现它的合理性。罗马城因为建在七座山丘上而得名。我们现在看到的罗马城已经不是原来的面貌。相传公元前64年，暴君尼禄纵火烧毁了罗马城，在废墟上重新建造了一座光辉闪耀的新城。如今漫步新城，巨大的拱券和谐对称，依旧气派堂皇，古老的石墙斑驳厚重，在落日余晖中，显得愈发凝重沧桑。

不可否认的是，古罗马人确实是出色的建筑大师，他们用巨石、火山灰混凝土建造的庞大工程，看起来无比宏伟壮观，不仅外观美轮美奂，还具有良好的抗震功能，许多建筑历经千年风雨侵蚀依旧屹立不倒。罗马人酷爱穹顶和连拱，室内空间感很强，内部轩敞明亮，置身其中，就好像站在星月交辉的苍穹之下，感觉妙不可言。

罗马最著名的建筑是大斗兽场，它是城内最为庞大的公共工程之一，至少能容纳80000观众。当年站在豪华包厢里的罗马贵族和座席上的百姓，就在这里兴致勃勃地欣赏嗜血的盛宴。圆形竞技场设计简洁，线条流畅，外观酷似现代歌剧院，仪式感很强。成千上万的奴隶、野兽被一批批赶上场，拼死搏杀，用鲜血和生命取悦看台上观众。动物被震耳欲聋的尖叫声和此起彼伏的欢呼声刺激得发狂，角斗士们则肾上腺素飙升，变得比野兽还要凶猛。人兽大战最能挑起罗马人的兴奋神经，因为无论是观看大型猛兽撕咬生吞活人，还是观赏角斗士屠杀狮子、鳄鱼、蟒蛇，那种血淋淋的场面都十分震撼。

盛装打扮的罗马贵妇是斗兽场的常客，她们常被肌肉健硕、半裸着身体的角斗士迷得神魂颠倒，有的甚至不顾矜持，私下里与之幽会。她们知道自己所中意的男人很有

古罗马斗兽场

可能第二天就喂了野兽，或者被更强壮、更厉害的对手杀死，却丝毫也不在意，只想着今朝有酒今朝醉。

观看角斗比赛，从惨无人道的血腥杀戮中，获得最原始、最野蛮的快感，是罗马人日常生活的一部分。紧张刺激之余，他们通常会舒舒服服地泡个澡，以舒缓神经。城内修建了许多豪华的大型浴场。最大的浴场传说是由一个叫布兰德的王子修建的。布兰德是一个麻风病患者，因为身染恶疾被打发到了乡下，受尽了冷遇和歧视。有一天，他在郊外的池塘边发现了一口冒着热气的温泉，当即脱掉衣服跳进去沐浴，不想困扰多年的麻风病竟不治而愈。布兰德喜出望外，继位后把温泉水抽到了石砌的蓄水池里，建起了一座奢华的大浴场。

罗马人利用温泉加热，制作了先进的供热系统，用热水给地板加温，使室内温暖如春，即便躺在地上也会感觉非常温暖。也就是说早在遥远的古代，罗马人已经学会铺设地暖了。浴场的供暖主要来源于此。罗马浴场有冷水池、温水池和热水池之分，温度各异，市民可根据自己的喜好来选择。浴场是罗马人集会的场所，上至帝王将相，下至平民乞丐，都会频频光顾。年轻的贵族在愉快地享受泡澡乐趣时，刻意展示健康的肤色和青春健美的肌肉，穷苦的百姓、邋遢的乞丐平时没有条件保养自己，要么体态臃肿，要么瘦骨嶙峋，皮肤松松垮垮。两者的对比如此鲜明，互相坦诚相见时，彼此的体貌特征一览无余，前者无端生出许多优越感，后者则会自惭形秽。也许这就是贵族极其喜欢和平民共浴的根本原因吧。

古罗马浴场是用质地坚硬的白色大理石砌成，可供上千人共同沐浴，内部有惟妙惟肖、逼真传神的雕像和精美绝伦的壁画作装饰，还配备了健身房和花园，装修十分豪华，看起来一派金碧辉煌，令人目不暇接。比起规模宏大的浴场，罗马的高架引水渠更加令人震撼，它就像一条蜿蜒的巨龙横亘在崇山峻岭中，将高山流水缓缓引入人口密集的都市，河水或山泉水奔涌时会过滤掉泥沙，然后流向公共喷泉和大浴场，流向千家万户。罗马人住在高层公寓内，享受着供水到户的便利，日子过得悠闲安适。

古罗马浴场

他们的供水管道共有三种，分别是石管、陶管和铅管。曾几何时，罗马人对铅情有独钟，酒器、食器多半是铅制的，为了增加果酒的甜味，他们还会在里面添加铅粉。因此有人怀疑罗马毁于大规模的集体中毒，罗马灭亡也是因为这个原因。其实罗马人早就知道铅的毒性，罗马建筑师修建高架水渠时多采用石管和陶管，即使使用铅管也不会污染水源，因为罗马城引入的水含有大量的钙化物，会在管道内部形成厚厚的沉淀物，这就好比铅管上涂了一层保护层，有毒铅就不能渗透到水中了。

罗马人早早地发明了自来水系统和地暖，留下了惊人的工程建筑，非常令人钦佩。他们之所以能取得如此了不起的成就，不是因为他们热衷于发明创造，而是因为追求奢侈享受是罗马文化的一部分。贵族奴隶主穷奢极欲，平民也是如此，从上到下都讲求生活品质，并且追求精神刺激，这也正是角斗比赛长久不衰的根本原因。观看角斗表演是一种全民娱乐活动，急需获得支持的政客讨好民众最有效的方式，就是举办一场令所有人终生难忘的角斗比赛，场面越盛大越好。

归根结底，古罗马是奴隶制政体，奴隶廉价卑贱，任人踩踏，不仅身不由己，连性命都归别人主宰，任何一个罗马公民都可以对他们大施淫威，展示优越感。贵族的满足感更加强烈，只要漫不经心地勾勾手指，就可以决定无数人的生与死。古罗马人身体里流淌着奔狼的血液，所以狼性文化大行其道，人们普遍崇尚暴力，将仁慈和怜悯视为软弱无能。也许他们认为在战火纷飞的残酷环境里，弱肉强食、成王败寇是唯一的法则，谁足够强大谁就能成为世界的主宰，得到财富、土地、女人和一切让人渴求的东西，弱者不配有尊严地活着，理应被强者支配。科技发达、生活方式文明的罗马人拥有如此残忍野蛮的一面，正是基于这种理念。

屋大维的政治外衣

古罗马虽然是奴隶制国家，但吸收了古希腊文化的精华部分，延承了民主政治的基本特点，即使在王政时期，国王也不可以为所欲为，权力受到元老院和公民大会的限制。出现了一个暴君，愤怒的罗马人便果断地抛弃了国王，创建了共和制。平民民权意识很强，不断和贵族斗争，由世家大族组建的元老院变得越来越不受欢迎，没落贵族巧妙利用双方的矛盾渔翁得利，摇身一变成了平民派的代表，借机夺取大权，罗马政局变得更加动荡不安。恺撒能迅速崛起，凭借的就是这股浪潮。

恺撒没有皇帝的头衔，却有皇帝的实权，他的存在是对罗马民主政治的巨大威胁，所以被元老院联合起来铲除了。然而恺撒的死亡，并没有阻挡罗马走向集权，他的接班人屋大维完成了他未竟的事业，成为名副其实的独裁者，并颠覆了罗马的政体，把罗马带入了帝国时代。

屋大维是恺撒的甥孙，父亲在元老院中占有席位，做过马其顿总督，祖父是个富商，家境显赫。4岁那年，屋大维的父亲永远地离开了人世，母亲改嫁他人。巨大的家庭变故，给屋大维幼小的心灵带来了重创。童年时代的他矮小孱弱，面色苍白，眼睛炯炯有神，脸上毫无表情，喜怒哀乐不形于色，令人难以捉摸。恺撒对他疼爱有加，不仅把他收作养子，还让他做自己的继承人，决定把大部分私人遗产留给他。

公元前48年，恺撒掌握了军政大权和司法权，开始独裁统治。年仅15岁的屋大维由于恺撒的特别提拔，进入了大祭司团。此后屋大维经常参加重大仪式，亦步亦趋地陪伴着恺撒。恺撒得胜归来，前去参加庆功宴会时，总是和屋大维乘坐同一辆战车。恺撒十分欣赏屋大维，花了不少心血培养他，先是任命他做骑兵长官，不久又把他派到阿波罗尼亚学习军事方面的知识。

公元前44年，恺撒遇刺。母亲给远在千里之外的屋大维写了一封信，传达了恺撒的死讯。屋大维百感交集、错愕不已。悲伤之

屋大维

余，无比愤恨。他之所以如此难过和震惊，不是因为恺撒对他体贴入微，照顾有加，像慈父那样关怀他，而是因为恺撒曾指定他为继承人，两人关系密切，一荣俱荣一损俱损。如今恺撒死了，没有人庇护他了，这就意味着他将失去现有的一切。他必须为恺撒报仇，帮助恺撒恢复名誉和地位，才能卷土重来，重新进入权力阶层。年仅 18 岁的屋大维怀着无比复杂的心情，找到了恺撒的旧部，众人秘密协商复仇计划。为谨慎起见，屋大维没有马上返回罗马，而是漂洋过海去了意大利，在卢比伊镇度过了七天。七日来，他一直在不动声色地搜集情报，密切关注着罗马的局势。

恺撒去世后，他的副手安东尼在葬礼上，向全体罗马公民公布了恺撒的遗嘱，其中四分之三的遗产由养子屋大维继承，布鲁图斯被指定为第二继承人，分享部分财产，其余部分无偿分给罗马公民。由于布鲁图斯曾经参与过刺杀恺撒的行动，罗马公民知道遗嘱内容后，不免悲愤交加。恺撒生前做了许多施惠于民的好事，拥有广泛的群众基础。大多数的罗马市民都对他的死感到无比痛心。安东尼趁机展示了恺撒的血衣，号召群众为恺撒报仇，率众气势汹汹地闯进元老院，甚至冲向元老院贵族的家里，大张旗鼓地捉拿凶手。参与行刺的人纷纷落荒而逃。安东尼成功掌控了局面，几乎继承恺撒的权势。为了平衡各种势力，他自作主张地赦免部分害死恺撒的阴谋分子。

屋大维绝不允许继承人的身份被别人窃夺，决定与安东尼一决高下。母亲苦口婆心地奉劝他不要前去冒险。安东尼是大权在握的执政官，又是军队的统帅。屋大维没有实权，手上没有一兵一卒，和安东尼竞争，简直就是以卵击石。面对母亲的质疑，屋大维掷地有声地说："我有长矛、盾牌和义父恺撒的名，这就足够了。"他毅然变卖了从恺撒那儿继承来的不动产，大肆招兵买马，将恺撒的旧部收入麾下，迅速组建起了两个训练有素的军团，趁安东尼外出作战之机，杀回了罗马。

不久，屋大维会见了安东尼，要求安东尼按照恺撒的遗嘱处置遗产，并严厉斥责对方包庇凶手布鲁图斯。老谋深算的安东尼被屋大维的锐气和锋芒震慑住了，先是愣了一会儿，然后高傲地说："假如我深入追究下去，恺撒就会被指责为独裁者和暴君，那么他的财产将被剥夺，你将一无所有。你现在的地位，是我向元老院争取来的。所以你最好懂得感激，不要用这种傲慢的口吻和长辈讲话。你唯一能继承的只有恺撒的名字，恺撒已经把国库耗尽了，没有多少遗产了，难道你还奢望能继承恺撒的权力吗？"

屋大维不甘示弱，他私下里联络了元老院首领西塞罗，赢得了对方的鼎力支持，双方达成了协议。元老院允许屋大维招募军队，并慷慨地拨付部分饷银。屋大维同意帮助元老院牵制安东尼。借助元老院的力量，屋大维扭转了劣势，渐渐与安东尼势均力敌。后来安东尼迎娶了埃及艳后，找到了可靠的政治盟友。双方展开了海战。安东尼落败，绝望中饮恨自杀。屋大维毫不留情地展开了斩草除根行动，不仅杀死了安东尼和埃及艳后的孩子，还处死了恺撒和埃及艳后的孩子，丝毫没有顾及与恺撒昔日的情分。

屋大维深知民主观念在罗马深入人心，罗马人不可能真心接受一个专制独裁的君主，于是下令解散军队，宣布举行大选。结果顺理成章地当选为执政官。元老院认可了他的合法地位，并授予其"奥古斯都"的光荣称号。在罗马，执政官并不享有绝对的权力，屋大维采取以退为进的策略，辞去了该职务，当起了保民官。保民官可以干涉元老院的决策，还能在元老院做出裁决前处理民事。紧接着，屋大维凭借着高明的政治手腕，窃夺了最高行政权，确立了至高无上的权威。他用隐蔽而又谨慎的方式小心翼翼地统治者罗马，披着民主的外衣行使着皇帝的权力，苦心孤诣地经营着自己一手缔造的帝国，完成了恺撒生前做不到的事情。

罗马由共和走向帝制是一种必然趋势，在共和时代，奴隶起义不断，内战不休，平民和贵族的斗争日趋激烈，这些因素大大消耗了罗马的元气，要平息纷乱，必须有个强有力的人物登上政治舞台，他必须手握雄兵，且富有政治才华，屋大维正是这样的人，所以他轻而易举地确立了军事独裁统治。罗马帝国在将近 200 年的时间里，政局稳定，经济高速发展，步入了鼎盛时期。

罗马崩溃后的地中海世界

395 年，罗马帝国分裂成东罗马和西罗马，东罗马帝国就是后来的拜占庭帝国，以君士坦丁堡为首都，西罗马帝国仍以罗马城为国都。分裂后的罗马实力大为削弱，不复往昔的辉煌，逐渐走向了消亡。最先灭亡的是西罗马。西罗马覆灭后，欧洲步入了长达千年的中世纪。

西罗马衰亡的原因有很多，概括起来无外乎两个因素，一是外族的入侵，二是内部的腐朽。缘起东方的匈奴人在西迁过程中，带着他们的铁骑和弯刀四处征战，将欧洲的格局打得粉碎。东哥特人（日耳曼人的一支）被赶向了更荒凉的西部地区，侵占了西哥特人（日耳曼的一支）的地盘，西哥特人无处可去，只好入侵西罗马。当时的西罗马已经变得十分孱弱，为了抵抗蛮族的入侵，采取了"以蛮制蛮"的策略，招募了大量蛮族军人，罗马军队日趋蛮化，不稳定因素增加。476年，罗马的幼帝罗慕路斯被日耳曼雇佣军首领奥多亚克废黜，西罗马灭亡。

从内部原因分析，罗马帝国后期，奢侈之风盛行，人们越来越爱享受，社会风气糜烂，军人毫无斗志，越来越讨厌打仗，屡屡败给蛮族。罗马人的奔狼血液几乎被稀释得荡然无存，这就意味着整体变质了。上至王公贵族，下至平民百姓都忙着寻欢作乐，完全丧失了进取心，所有人都在追求一种纸醉金迷、放浪形骸的生活。罗马帝国内部变得如此腐朽，自然经不起外部的风雨，帝国大厦轰然倒塌乃是情理中的事。

罗马帝国崩溃后，日耳曼人占领了欧洲大陆，建立起了大大小小的王国，欧洲逐渐步入了封建社会。同罗马人相比，日耳曼人的经济、文化非常落后。如果说罗马文明处在高度发达的"蒸汽时代"，那么日耳曼文明则停留在"刀耕火种"的时代，直到文艺复兴时期，日耳曼人才开始开化。所谓的文艺复兴，指的是复兴古希腊、古罗马时期的人文精神，所以从某种意义上说，日耳曼人学会了向希腊、罗马取经，文化才繁荣昌盛起来。有趣的是，日耳曼人用武力征服了罗马，而罗马则用文化征服了日耳曼，这种双向征服推动着欧洲历史的发展，改变了人类历史的进程。

历史学家把文艺复兴之前的一千多年称之为黑暗的中世纪，那么这一时期，同古希腊、古罗马时期究竟有什么不同呢？人们普遍把古希腊古罗马时代看作古代欧洲的黄金时代。古希腊人发明了民主，先哲辈出，星河灿烂，文化天空处处闪耀着人文主义光辉；古罗马吸收了古希腊文化中最优秀、最精华的部分，延承了民主传统，政治体制和机构组织相当完善，即便进入帝国时期，在相当漫长的历史阶段，也没有走向家天下的政治，帝王可以指定继承人，却不能直接传位给儿子。直到晚期阶段，才有人敢冒天下之大不韪，顶着种种压力，承受着种种非议，把儿子扶上御座。

中世纪时期，日耳曼人推行的是君主专制政治制度，君主的权力至高无上，臣民皆为奴仆和附庸，没有人格，没有思想，如同梦游一般，处在半睡半醒的状态。有位历史学家在描述中世纪时，形容它是一个被铅灰色浓雾笼罩的时代。那时迷信盛行，人们普遍相信强权，统治者的话具有绝对威力，即便内容再荒谬，也没有人敢提出质疑。

进入中世纪以后，欧洲由奴隶制社会过渡到封建社会，按照常理推断，这是一种巨大的进步。然而事实却并非如此。古希腊、古罗马虽然有大量奴隶，奴隶主和奴隶待遇的差距如同天堂和地狱一般悬殊，社会的不平等显而易见。其实奴隶只是一个特殊群体，除了奴隶和奴隶主贵族之外，还有平民阶层这一庞大的群体。古希腊和古罗马的统治者都懂得施惠于民，致力于提升公众的福利水平，城市内公共设施完善，环境良好，细微之处能体现出人文关怀，古罗马的执政者甚至不惜花费巨资将远处的清洁水源引入千家万户，建立了供水到户的自来水系统。

黑暗的中世纪

毫无疑问，古希腊、古罗马时期，人民生活相对幸福，活得比较有尊严。这一时期，刑罚并不严苛。希腊公民被判处死刑时，通常是饮一杯毒酒结束生命，整个过程都比较人道。罗马人对外比较残暴，对待本国公民却比较人道，一般不会滥施刑罚。少数暴君大多是在打压异己时采用了极端手段，极少用同样的方式摧残普通的平民百姓。

中世纪社会，封建主作威作福，滥施淫威，平民百姓等同于奴隶，不平等现象被无限扩大。统治者发明花样繁多的刑具和令人发指的酷刑，用赤裸裸的暴力和血腥恐怖手段来压迫人民，法治遭到践踏，人治大行其道。由于君主和封建领主的权力是世袭的，少数人可以世代享有特权，用暴政统治多数人。全国的财富和优质资源都集中在特权阶层手中，这些既得利益者盛气凌人、霸道自私，只知道自己享受，不曾考虑公众的需求，搜刮来的民脂民膏都用来修建王宫和城堡了，城内找不到像样的公共设施，卫生条件差到了极点，街道上污水横流，地面上积满了人畜粪便，人们呼吸毒疬，染上了各种疾病，寿命大大缩减。由于生活环境太差，疫病横行一时，黑死病兴起时，夺走了无数人的生命，许多城镇沦为空荡荡的鬼城，村庄变成荒无人烟的废墟。

古希腊、古罗马的贵族对于平民不怀恶意，虽然阶级矛盾普遍存在，不同阶级的斗争也很激烈，但仍存在一些同情平民和为平民谋求权益的贵族。有些平民派的代表就是贵族出身。中世纪的贵族则不同，他们在制定法律的时候，倾向于让穷人接受残酷的肉体刑罚，而富人或贵族犯了法，只需缴纳罚金就可以。法律还规定，人们不可以起诉地位比自己高的人。有的国王虽然承认法律的威力高于王权，但作为国家元首，他们通常会颁布对自己有利的法律。

中世纪存在大量农奴，奴隶制并没有完全废除，农奴没有人身自由，一辈子被束缚在土地上，从事繁重的劳动，境况无比悲惨。中世纪的老百姓大多形容枯槁、眼神空洞、表情木讷，终日深陷在忧愁和恐惧中，长年与饥荒和传染病做伴。糟糕的饮食、虚弱的身体状况，使人幻觉不断，思绪行为错乱，人们变得更加迷信。看到日食，便联想到世界末日，集体陷入恐慌；看到天空中的幻影，便认定那是魔鬼的军队；把一切反常的天气归咎于魔鬼撒旦或邪恶的女巫暗中作法。这种情绪被别有用心的人利用，大量的良家妇女被指控为女巫，死于火刑或水刑。那是一个科学和理性全面崩溃的时代，政府残酷专制，人民麻木不仁，迷信大行其道，文明和美德几乎丧失殆尽，一切都令人绝望和窒息，直到文艺复兴，人们才睁开半盲的双眼，看到了光明和美好。

第七章

情迷优雅绅士风
——英国

英国是一个古老的国度，保留了传统的贵族精神，同时又将自由主义文化发扬光大，在同一历史时期，引领了欧洲的潮流。众所周知，英国是第一个建立议会的国家，很早就有了反对封建专制的意识，但推动历史发展的始终是贵族阶层和新兴资产阶级，平民的力量一直比较屏弱。在君臣共治时期，封建领主和封建贵族扮演着十分重要的角色，资产阶级革命后，君主处在统而不治的地位，贵族仍然活跃在政治舞台上，广泛参与政治事务，此后的一百多年，仍然是贵族的世纪。

英国的贵族在反对封建王权方面起到了关键性的作用，与资产阶级可以平分秋色。在大英帝国崛起全球殖民时期，贪得无厌、酷爱冒险活动的新兴资产阶级起到的作用更大，他们的野心成就了大英帝国的辉煌，也为英国积累了罪恶，同时在客观上加速了英国法治观念及民主制度的传播。

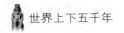

英格兰风云激荡的早年岁月

英国是一个四面临水的岛国，到处辉映着天空和海洋的颜色，那一抹化不开的蓝，赋予了英国人优雅端庄的气质。英国人给人的普遍印象就是温文尔雅、风趣幽默，言谈举止彬彬有礼，男士风度翩翩，非常绅士，女士娴静美好，非常淑女。其实英国的国民性格是很矛盾的，不像人们想象中的那么脸谱化。

比如白天英国人缄默内敛，到了晚上则非常狂放。风情酒吧几乎间间爆满，昏暗迷离的灯光下，男男女女一边开怀畅饮，一边谈笑风生，一点也不拘谨。男人们大口喝着威士忌，女士们细细品酌着精致的鸡尾酒。人们沉迷于灯红酒绿的夜生活，一度忘乎所以。平日里循规蹈矩、保守刻板的人，忽然变得活力四射、放纵不羁。往昔静悄悄的城市，华灯初上以后，马上充满欢声笑语。

英国是一个古老的国度，历史悠久，文化底蕴深厚，造就了英国人克制含蓄、不动声色的国民性格，但每个人都有自己的特点，在特殊的场合和氛围下，都会有真情流露的一刻。英国和欧洲大陆是一衣带水的关系，在漫长的历史时期，双方若即若离，互相影响和渗透，碰撞出了奇异的火花。由于英国特殊的历史地位，它所倡导的文化理念和意识形态深刻影响了欧洲诸国，这种影响时至今日也不曾淡去。

很久很久以前，英国的不列颠属于欧洲大陆的一部分，冰河时代结束后，坚硬的冰层大面积消融，致使水位暴涨，洪水淹没了低洼的陆地，形成了狭长的英吉利海峡和陆缘海北海，不列颠被割裂成一座孤立的岛屿。无论从地缘还是历史角度分析，孤悬海外的英国都隶属于欧洲，所以一直被视为欧洲国家。

不列颠岛最早的居民是伊比利亚人，随后，毕可人和凯尔特人陆续迁入。在漫长的历史时期，不列颠岛都处在罗马的统治之下。罗马帝国衰微后，岛民奋起反抗，撒克逊人、盎格鲁人、茱特人乘虚而入，占领了不列颠的广大地区，先后建立起七个王国。群雄割据的七国时代延续了近五百年时间，诸国为了争夺土地、人口和资源，长年混战不休，直到北欧海盗入侵，出于抵抗外侮的需要，才趋于联合。

北欧海盗指的是来自丹麦和挪威的维京人，这群诞生于冰天雪地中的战士，异常彪悍凶暴，他们航海本领很高，水性极佳，常年在不列颠三岛进行劫掠活动，杀人越货之后，即挂帆远去，消失得无影无踪。提起神出鬼没、杀人如麻的维京海盗，英国人立刻吓得面如土色。不列颠岛进入了恐怖的维京时代。外敌入侵前，英国已经实现了初步的统一，七国之中最强盛的国家威塞克斯通过武力兼并、盟约、政治联姻等多种方式，陆续吞并了其他六个国家，建立了统一的英格兰王国，但内部仍有纷争，凝聚力不强。英格兰人意识到，大敌当前，他们必须众志成城，协同作战，才能将粗野好战的维京人赶出英国的土地，因此变得空前团结。

阿尔弗烈德即位后，维京海盗变本加厉地侵略英格兰，愈发有恃无恐，不断地在英国的土地上烧杀抢掠，制造多起骇人的血案。阿尔弗烈德忍无可忍，率领英格兰人民展开了自卫反击战，将维京海盗逐出了麦西亚。三年后，阿尔弗烈德再次迎击维京人，结果大获全胜，敌国损失了一个国王和五位公爵。阿尔弗烈德一跃成为民族英雄。他的后代子孙继续守卫国土。11世纪初期，丹麦大举入侵英格兰，不列颠岛沦陷，英国长期被维京人统治。直到最后一任维京国王离世，政权才又回到威塞克斯王朝的手中，"忏悔者"爱德华继承了王位。

阿尔弗烈德画像

"忏悔者"爱德华在英格兰出生，他来到这个世界时，正值丹麦人加紧侵略殖民英国之际，他的父亲爱塞烈德二世被迫将他们母子护送到了诺曼底。"忏悔者"爱德华自幼在诺曼底长大，不太熟悉英格兰的宫廷事务，即位后并没有获得实权，国政大权操控在威塞克斯伯爵戈德温森手中。"忏悔者"爱德华不问政事，大部分时间都花在祈祷和忏悔上，日子过得波澜不惊，死前没有为英国王室留下子嗣。弥留之际，他举起颤巍巍的手臂轻轻地触碰了一下哈罗德伯爵（戈德温森之子，"忏悔者"爱德华的大舅哥，父亲戈德温森去世后，他代表戈德温森家族继续执政）。在场的人都不知道他想表达什么。哈罗德伯爵认为，国王此举别有深意，是在指定他为王位接班人。次日，哈罗德伯爵迫不及待地举行了加冕典礼，坐上了国王的宝座。

诺曼底公爵威廉闻讯后，大发雷霆，他觉得自己最有资格继承王位，不仅因为他有王室血统，还因为"忏悔者"爱德华生前曾经亲口承诺过，要把王位传给他。哈罗德伯爵捷足先登，篡夺大位，令威廉十分恼火。威廉带着诺曼底军队杀入英格兰，一路攻城略地，所向披靡，几乎占领了整个不列颠岛。英国人对这位来自法国的公爵素无好感，不愿承认他的合法地位，纷纷拿起武器反抗，威廉采用血腥手段残酷镇压了所有的反对者，踩着尸山血海登上了王位，创建了诺曼王朝。在广大英国人心目中，威廉不是正统国王，是靠武力征服英格兰获得统治权的，因此称其为"征服者威廉"。

征服者威廉在位期间，做了两件大事：一是加强君主专制制度，将各级封建领主变成自己的附庸；二是清查臣民土地和财产，横征暴敛，大肆搜刮。他的继任者威廉二世、亨利一世进一步强化王权，君主专制制度变得根深蒂固，不可撼动。亨利一世死后，王室成员为了争权夺利，开始同室操戈，亨利一世的外孙短斗篷亨利·布兰特趁乱杀入英格兰，窃夺了政权，建立了金雀花王朝。亨利·布兰特就是后来的亨利二世，他的父亲若弗鲁瓦总是在帽子上插一枝金雀花作装饰，金雀花渐渐成了家族的象征，所以新建立的王朝被誉为金雀花王朝。

狮心王理查——骑士中的王者

金雀花王朝的第二位君主理查一世，名声比征服者威廉还坏，他不仅喜欢横征暴敛、巧取豪夺，公然卖官鬻爵，把国家搞得乌烟瘴气，还穷兵黩武，屡次出动十字军东征，在耗尽国库的同时，给其他地区的人民带来了深重的苦难。因为尚武好斗、不可一世，如狮子般勇猛，被后世誉为"狮心王理查"。非常奇怪的是，这位劣迹斑斑的国王，知名度和威望极高，在他生前和死后，都有不少人为他歌功颂德。人们普遍认为他不仁不孝，冷酷无情，不是个好儿子，也不是个好丈夫，更不是个好国王，但确实是一个卓越的军事统帅。这是一个相对中肯的评价。

金雀花王朝版图庞大，统治着英国的不列颠岛和法国西部腹地，曾经强盛一时。当时亨利二世是欧洲大陆最有权势的君主。理查受到父亲的影响，从小就很强势。在宫廷，他受到了良好的系统教育，很快掌握了拉丁语的拼写规则，并能用流利的法文拟写动人的诗句。然而文学的熏陶并没有让他变成一个咬文嚼字的书生，比起读书，他更喜欢舞枪弄剑，很小的时候就开始参加骑士训练。他在刀光剑影中找到了前所未有的快感，每一次拼杀都被激励得热血沸腾，一股豪情油然而生。

11 岁那年，理查成为阿奎丹公爵（阿奎丹是法国境内的一个公国）。英国王室为了更好地控制阿奎丹公国，将其纳入自己的势力范围，采取政治联姻的方式，增进英法两国的友谊。年少的理查和法国公主订了婚，四年后，他便可以以法王女婿兼阿奎丹公爵的身份接管封地。然而有了富庶的领地，有了爵位，有了玫瑰一般娇艳的法兰西公主，理查仍然过得很不如意，从 16 岁起，金雀花王朝宫廷内部便陷入长久的纷乱，王族之间斗得你死我活，父母关系失和，眼看就要祸起萧墙。理查和哥哥亨利、杰弗里无条件地支持母亲，毅然向父亲亨利二世宣战。这场家族纷争，最后以国王亨利二世取得胜利而告终。

亨利二世大度地宽恕了三个叛逆的儿子，却不肯原谅妻子，将理查的母亲囚禁了起来。理查因此对父亲心生怨恨。后来他的两个兄弟先后辞世，按照继位顺序，他成了王位继承人，即将统治英国本土，并兼有诺曼底公国和阿奎丹公国的领地，前程一片光明。偏偏在这个时候，亨利二世不合时宜地提出要将阿奎丹赠送给弟弟约翰，理查不肯，父子俩反目成仇。当时理查年轻气盛，不明白父王为什么厚此薄彼，偏爱约翰，不在乎自己，心情非常郁闷。对父亲的不解，渐渐转化成刻骨铭心的仇恨，他受够了任人摆布的日子，也厌倦了父权的压迫，于是再次走上了叛逆之路，公然勾结法王腓力二世和国内的叛军向父亲开战。

狮心王理查

亨利二世老了，不复当年的勇武，败给了风华正茂、年富力强的儿子，被迫签订了屈辱条约，不久抱恨而终。约翰没有封地，亨利二世为他争取土地，本来无可厚非，但理查苦心经营阿奎丹多年，自然不愿忍痛割爱，没想到这次纷争，居然活活逼死了自己的父亲。理查当上国王以后，基本不理内政，也很少对过去的行为进行反省，一味穷兵黩武，把所有的精力都放在了东征上。有一次东征，他和盟友法王腓力二世、"红胡子"巴巴罗萨分别率领各自的部队向耶路撒冷挺进。"红胡子"巴巴罗萨半途折翼，途经小亚细亚时，不慎失足落水，当场溺水身亡。腓力二世对东征并没有那么热心，战争后期，只剩下理查继续作战。

每次打仗，他都一马当先、身先士卒，身着黑色战甲，骑着黑色闪电一般的骏马，呼啸着冲向敌阵，抡起战斧不停地劈砍，所过之处鲜血四溅、哀鸿遍野，打得对方措手不及。面对这个瘟神般的人物，苏丹萨拉丁（埃及阿尤布王朝第一位苏丹）大惊失色，马上加强了耶路撒冷的防护。理查瞪大眼睛，贪婪地审视着那片广袤而又神圣的土地，目光如鹰眼般犀利明亮、灼灼闪光。棕色的长发在狂风中乱舞，胡须上沾了沙尘和血，看起来又脏又乱。强烈的征服欲和占有欲，使他陷入躁动狂乱的情绪中，久久无法自拔。他一度想要占领耶路撒冷，由于遇到了势均力敌的对手萨拉丁，一直未能如愿，最后不得不和萨拉丁议和。

双方初步达成了协议。理查在回国的路上，遭到了奥地利公爵利奥波德五世的袭击，不幸被俘。波德五世把他进献给了神圣罗马帝国的国王亨利六世。亨利六世将他关押在了高山上的城堡里。相传，有一天，亨利六世把一头饥饿的狮子扔进了理查的牢房里，想要观看狮子吞活人的惊险画面。狮子张开血盆大口咆哮着，步步紧逼地朝理查走了过来。理查急中生智，在狮子发起进攻之前，以迅雷不及掩耳之势将一只手伸进了它的喉咙里，然后把热腾腾的血红色心脏掏了出来，当着众人的面，大快朵颐地吃掉了那颗心脏。因此得了一个绰号——狮心王。

理查被俘期间，他的弟弟约翰趁机作乱，企图篡夺王位。各路诸侯和伦敦人民联合起来抵制约翰。约翰孤掌难鸣，终因寡不敌众落败。理查被赎回后，赦免了约翰。为了支付赎金，英国几乎快被榨干了。理查满不在乎，继续对外用兵，并在塞纳河上修建了坚固的军事堡垒。他一次又一次地向人民摊派赋税，百姓不堪忍受，终于引发了1196年的抗税风波。然而人民的暴动并没有动摇理查争夺霸权的决心。理查听说沙露堡暗藏宝藏，有一张纯金打造的桌子和十二尊黄金骑士塑像，立时动了贪念，派兵包围了这座城堡，威胁说不交出宝藏，就将里面的居民全部杀死。

一天夜里，理查骑马到城外巡视，一支十字弓对准了他。只听"嗖"的一声，理查被射中了左肩，惨叫着翻落马下。有个叫"屠夫"的医生粗鲁地拔下箭头，简单地包扎了一下伤口草草了事。由于没有得到妥善的救治，理查的伤口化脓感染了，眼看病入膏肓，奄奄一息之际，士兵找到了对他放冷箭的凶手。那凶手还是一个稚气未脱的孩子。他之所以要暗算国王，是因为理查残忍地杀死了他的父亲和两个哥哥。面对这个乳臭未干的黄毛小子，理查选择了宽恕，他不仅没有伤害那个年幼的复仇者，还赏给了他一百个先令，语重心长地说："孩子，好好活下去，带上这笔赏钱，高高兴兴地迎接明天的旭日吧。"按照他的遗愿，人们把他的心脏、躯干、头颅安葬在了不同的地点，他的身体被埋葬在亨利二世的脚下，以此表达对父王的忏悔。狮心王理查生前耀武扬威，残暴凶狠，临死前学会了怜悯和宽恕，灵魂得到了平静，功过是非任由后人评说。

自由之基石——大宪章

　　狮心王理查一生都在忙着征战，腾不出时间打理内政，这个重任就交给了弟弟约翰。约翰为了筹措军费，几次三番地加收赋税，逼迫贵族领主上缴军饷，反抗者要么惨遭杀戮，要么被关入大牢。约翰的名声一落千丈，成了千夫所指的反动人物。理查去世后，处在风口浪尖上的约翰不顾民众的情绪，擅自窃取王位，从此更加声名狼藉。人们普遍认为理查的侄子亚瑟更有资格继承王位。

　　当时亚瑟在英国管辖的法国公国生活，并没有前往英格兰竞争王位。然而约翰仍然觉得侄子的存在是对自己合法统治地位的巨大威胁，于是派人千里迢迢地赶到法国，把年轻的亚瑟抓起来，关入了暗无天日的牢房。不久，人们在塞纳河里发现了亚瑟的尸体。约翰迫害侄子的丑闻传得沸沸扬扬，举国哗然，声讨之声甚嚣尘上。

原来臣服于英国的法国公国不愿接受暴君的统治，纷纷宣布与英国断绝关系，重新回归了法国。约翰派兵镇压，结果大败而还。英格兰贵族趁机包围了伦敦，逼迫约翰谈判。

贵族们虽然认为约翰是个不称职的国王，既没有治国的韬略，又没有美好的德行，总是胡作非为，但并不想推翻约翰的统治。他们都很爱惜自己的名声，看重家族荣誉，不愿背负乱臣贼子的骂名，一味幻想着在维护自身安危和权益的基础上，继续服从国王的命令。约翰因此得到了喘息的机会。困守伦敦时，约翰惶恐万分，以为自己即将被废黜，一度心灰意冷，等到他明白贵族逼宫，只是为了争取谈判的机会，并不想把他拉下马时，不由得松了一口气。

根据约定，约翰只身出城，前往泰晤士河畔的营地，和贵族们会面，然后在议和书上盖章签字。他签署的那份文件就是《大宪章》。《大宪章》规定，贵族和骑士对境内的领地具有继承权，国王不可以向他们征收领地继承税；废除国王在封建主法庭上的裁决权，封建领主具有独立的司法审判权；没有经过同级贵族批准，国王不能随意拘捕囚禁自由公民，无权没收他们的私有财产。

《大宪章》有效限制了王权，有力地挑战了君权神授的传统思想，肯定了贵族和自由人的权益，具有一定的进步意义。它向人们揭示了这样一个道理：所有人的行为都必须遵循法律的框架，即使高高在上的国王也不可以凌驾于法律之上，不能随便逮人判刑，不能随心所欲地征税，必须尊重其他人的合法权益。这份文件已经有了宪政的意味，但毕竟同王权妥协的产物，存在一定的局限性。《大宪章》本质上是政治博弈的结果，是贵族和王权妥协的产物，在削弱王权的同时，提升了贵族的地位，与民权解放没有多大关系。

危机解除以后，惊魂甫定的约翰异常恼怒，认为国王的尊严和权威受到了无理挑衅，愈发痛恨恐吓威胁自己的贵族，一气之下撕毁了已经盖过印章的《大宪章》文件。待贵族们撤离了伦敦，纷纷回到各自的领地时，约翰出尔反尔，公开发表声明废除《大宪章》。贵族们被国王反复无常的态度惹火了，决定

约翰签订《大宪章》

再次用武力逼宫。法国听说英国发生了内乱，不由得蠢蠢欲动，暗中勾结英国作乱的贵族，准备推翻约翰的统治。约翰无力收拾残局，面对内忧外患焦虑不已。在巨大的精神压力下，他不免身心交瘁，不久便一命呜呼了。

约翰的猝然离世，打破了英国政坛的僵局。年仅九岁的亨利三世继承了大统，刚刚登基就明智地接受了顾命大臣的提议，认可了《大宪章》的合法性，并修正了部分内容，整理了37条法案。约翰死得恰逢其时，使得《大宪章》得以保存下来，这份文件的签署对后世产生了极其深远的影响。后来资产阶级制定宪政法案，进一步削减君主的权力，将《大宪章》作为重要依据。关于约翰的死有多种说法，一说他在远征途中得了痢疾，被病魔夺去了生命。流传更多的说法是，在行军途中，他染上了恶疾，身体近乎垮掉，已经没有治愈希望。有人在他的酒里下了毒，他早已察觉，却装作若无其事，将毒酒一饮而尽，很快就毒发身亡。

1297年，约翰的孙子长腿爱德华即位。长腿爱德华将《大宪章》的法条制度确定了下来。当年《大宪章》是约翰迫于贵族的压

力，在违背自身意愿的情况下低头签署的文件，长腿爱德华要是想废除这份文件，简直易如反掌，但是他并没有那么做，他不仅承认了《大宪章》，而且把文件中的词句固定了下来，使之成为一种具有法律效力的文书。这份文书为英国确立君主立宪制提供了法律依据。

在英格兰人民眼里，长腿爱德华是一个开明的君主，在位期间，他完善了英国的法律，使英国在宪政之路上迈出了关键性的一步，故而在人们心目中，他始终是一个光辉美好的形象。相传他长得高大英俊，身材匀称，双腿修长，故而得了"长腿"的绰号。提起"长腿"爱德华，英格兰人民无不心怀敬意。但苏格兰人听到这个名字却恨得咬牙切齿，称其为"残忍的爱德华""苏格兰之锤"，他的名声比匈奴首领"上帝之鞭"阿提拉好不了多少。

这也难怪，长腿爱德华非常喜欢发动战争，通过野蛮掠夺为英国攫取了数不清的财富，在当时的历史时期，英国一跃成为欧洲最富有的国家，正是他多年打打杀杀劫掠的结果。除了抢夺资源和财富以外，他还热衷于兼并别国的领土，屡次远征苏格兰，总想把苏格兰纳入帝国版图。苏格兰英雄威廉姆·华莱士英勇反抗外敌的入侵，结果被残忍处决。这一历史事件后来被好莱坞拍成史诗巨作《勇敢的心》，感染了无数的观众。

当时的长腿爱德华已经步入垂暮之年，老态龙钟，白发苍苍，但仍旧雄心不减，依然是一个武士级的国王，对外十分强硬，性情残忍。更令人不解的是，他病入膏肓时，还痴痴地惦念着征服苏格兰，临终留下遗言，希望军队把他的骨灰带到苏格兰战场，他要看着最后一个苏格兰人缴械投降。长腿爱德华至死没有完成英伦三岛的统一，热爱自由的苏格兰人民始终不肯屈服，直到1707年，苏格兰王国签署了《联合法案》，成为大不列颠联合王国的一部分，长腿爱德华的宏愿才得以实现。

权力的游戏与血王冠——红白玫瑰战争

1337—1453 年，英法两国陷入了旷日持久的战争，双方打得难分难解，战火经久不息，硝烟弥漫了一个多世纪才渐渐散去，这场延续 116 年的世纪之战，被称为百年战争。百年战争期间，英国封建主以捍卫国家安全为由，纷纷建立私人武装，大张旗鼓地发展军事力量。在战场上，这些私人武装确实发挥了重要作用，但战争结束后，封建贵族仍然不肯解除武装，给国家安全带来了很大的隐患。一些手握雄兵的封建贵族蠢蠢欲动，企图拥兵自立，夺得最高统治权。

经过一系列的分化组合，贵族势力逐渐形成了两大集团，一方以兰开斯特家族为首，另一方以约克家族为首。兰开斯特家族代表的是经济相对滞后的北方贵族的利益，约克家族代表的是经济富庶发达的南方新贵的利益。两大家族都属于金雀花王朝的后裔，前者以红蔷薇为族徽，后者以白蔷薇为族徽，在争夺王位继承权的过程中，双方互不相让，由激烈的竞争发展成了自相残杀的流血战争，由于这场战争是由以蔷薇为族徽的封建王族挑起的，所以被称为"蔷薇战争"，又名"红白玫瑰战争"。

有人认为，来自法国的玛格丽特皇后是引发内乱的罪魁祸首，她应该为兰开斯特家族的没落以及兰开斯特王朝的覆灭承担直接责

红白玫瑰战争

任。英国戏剧大师莎士比亚将玛格丽特视为红颜祸水的典型，辱骂其为"法国母狼"。那么玛格丽特究竟是一个怎样的女人呢？她在蔷薇战争中发挥了怎样的作用？她究竟是蛊惑人心的祸国妖姬还是无辜的替罪羔羊呢？想要弄清这些问题，还要从玛格丽特入主英国那一刻说起。

在百年战争中，英国接连失利，被迫和法国签订了《图尔协定》，根据协议，英格兰国王亨利六世将与法国国王查理七世的外甥女玛格丽特结为伉俪，这场政治联姻意味着，法国王室的血统将渗透到英国皇族血脉之中。当时主动权操控在法国手里，法国绝不会割让一块土地作嫁妆，英国避免了继续丢城失地，但没有得到任何实质性的好处，反而处处受人掣肘，英国人因此深以为耻，对玛格丽特自然不会有什么好感。

玛格丽特嫁入英国不久，两国就达成了秘密协议，亨利六世承诺把缅因交还给法国。英格兰人听说后，极为愤怒，纷纷指责玛格丽特大煽枕边风，动摇了亨利六世的意志。亨利六世确实在一封信中提到，他之所以做出这一决策，是因为他挚爱的王后，苦苦请求，他不忍心拒绝，就爽快地答应了枕边人的要求。当年的玛格丽特只是一个十五六岁的少女，是否有能力影响英王的决定姑且存疑。英国人总是不依不饶，无非是认为英王迎娶玛格丽特，什么好处都没捞到，玛格丽特空手而来，没带来一便士和一英尺的土地，有人甚至说英国被阴险诡诈的法国人给算计了。

习惯占便宜的英国人，没有在法国人身上占到一点便宜，反而被法国人抛下的棋子耍得团团转，自然会恼羞成怒，责骂法国人诡计多端。不可否认的是，玛格丽特确实没有给英国带来福音，她和亨利六世长期没有子嗣，王位的继承问题因此变得愈发复杂。贝福特一支与兰开斯特家族血统最近，本来王位应该由这一家族的人继承，但早在 1407 年，亨利四世就废除了贝福特家族的继承权。亨利六世膝下无子，为了进一步巩固兰开斯特家族的利益，很有可能无视祖辈的禁令，把王位传给贝福特家族。这是约克家族所不能容忍的。论血统，理查·约克认为自己才是王位的合法继承人，他的母系、父系均延承了爱德华二世的黄金血脉，他本人也继承了双重王室血统，任何人都没有资格跟他竞争。

理查·约克不仅血统尊贵，而且财大气粗，在不列颠岛和爱尔兰地区拥有大片领地，岁入高达 7000 英镑，但由于不被亨利六世信任，一直没能进入权力核心。理查·约克怀疑亨利六世有意传位于贝福特家族的萨默赛特公爵，因此将对方视为头号敌人，企图借助议会的力量将萨默赛特公爵赶下台，结果未能如愿。后来他又打着"清君侧"的幌子武力逼迫亨利六世就范，再次落败。虽然理查·约克桀骜不驯，屡次僭越，亨利六世仍然没有重重责罚他，只是象征性地把他关押了几周，就无罪开释，为后来的玫瑰战争埋下了隐患。

如果当年亨利六世借机将理查·约克放逐海外，禁止其踏入英格兰，也许就不会有日后的战祸。不过玛格丽特也不是省油的灯，在玫瑰战争中她无疑起到了推波助澜的作用。1453 年，玛格丽特生下爱德华王子，兰开斯特王朝终于有了接班人。不幸的是，亨利六世遗传了祖上的精神疾病，儿子的出世虽然给他带来了短暂的欢喜，却并没有帮助他缓解症状，他被间歇性的精神病发作折磨得死去活来，近乎崩溃，已经不能正常理政了。玛格丽特和理查·约克都想摄政，双方争斗不休，最后理查·约克赢了。玛格丽特是法国人，势孤力寡，不被英国人看好，威望和影响力远不如理查·约克。再说，在此之前，英国王庭从来没有出现过女性摄政王，玛格丽特想开创先河，没有那么容易。

玛格丽特失利后，仍然毫不示弱，继续同以理查·约克为首的约克家族进行夺权斗争。次年，亨利六世病情稍有好转，玛格丽特便怂恿他清洗约克家族。兰开斯特家族和约克家族开战，理查·约克取得了压倒性的胜利，萨默塞特公爵阵亡，亨利六世中箭被俘。理查·约克见好就收，宣布继续效忠王室。亨利六世不想看到英格兰流更多的血，准备接受议和。玛格丽特不同意，执意要讨伐约克家族，双方再次开战。

约克家族到处宣扬爱德华王子是私生子，是玛格丽特偷情的产物，要求剥夺他的继承权。玛格丽特则宣布理查·约克犯下谋逆大罪，要求对他本人和儿子们处以死刑。经过一番吵吵嚷嚷之后，两大家族再次兵戎相见。兰开斯特家族又一次落败，亨利六世又一次兵败被俘。理查·约克强烈要求废黜亨利六世的王位，议会不批准，经过无数次讨价还价，议会同意剥夺爱德华王子的继承权，王位由理查·约克继承，亨利六世在有生之年可以继续担任英格兰国王，人身安全必须得到充分保障。

玛格丽特对这一调停结果很不满意，火速纠集军队打击约克家族武装，约克家族仓促应战，被兰开斯特家族一举击溃。理查·约克和次子双双战死沙场。理查·约克死后身首异处，头颅被悬挂在城门上示众，头顶戴了一顶逼真的纸王冠。然而战争并没有彻底结束。理查·约克的长子爱德华四世卷土重来，挫败了玛格丽特的军队，带领白玫瑰骑士浩浩荡荡地开进伦敦，受到伦敦市民的热烈欢迎。此前，玛格丽特为了筹集军费，无限度地搜刮英格兰人民，已经丧失了民心，民意倒向了爱德华四世。爱德华四世趁机向玛格丽特宣战，这次大战，超过两万人埋骨荒野，双方死伤惨重。爱德华四世获胜，兰开斯特家族遭到血洗，亨利六世携玛格丽特仓皇逃往苏格兰避难。不久，爱德华四世加冕称帝，开创了约克王朝。

1470 年，爱德华四世和盟友沃里克伯爵关系恶化，沃里克伯爵反水，率军攻打英格兰，爱德华四世弃都逃跑，流亡荷兰。亨利六世趁机复位。爱德华四世不甘心，不久又杀回英格兰，推翻了兰开斯特复辟王朝。王位继承人爱德华王子死在战场上，玛格丽特沦为阶下囚，亨利六世被秘密处死。丧夫丧子，孑然一身的玛格丽特孤独地度过五年囚禁生活，后来被表兄路易十一花钱赎回，失魂落魄地返回法国，在修道院里度过余生。

1483 年，爱德华四世驾崩，其子爱德华五世即位，其弟理查德三世摄政。理查德三世杀害了年仅 12 岁的侄子爱德华五世，篡夺了王位。两年后，兰开斯特家族的后代亨利·都铎举兵起事，打败了理查德三世。理查德三世命丧黄泉，死在了沙场上。亨利·都铎迎娶了爱德华四世的女儿伊丽莎白，建立了都铎王朝，统一了兰开斯特和约克两大王族，标志着玫瑰战争的结束。两种族徽合二为一，组成了白蕊红蔷薇的图案，成为英格兰的象征。

纵观玛格丽特的一生，她只是英法两国媾和的棋子，身不由己地嫁给了亨利六世。丈夫软弱无能，还患有严重的精神疾病，无法成为她的依靠，她必须采用强有力的铁腕手段才能游刃有余地游走于各种派系之间，扳倒宿敌约克家族，维护兰开斯特王室的根本利益，孰料弄巧成拙，她的一些过激行为不但加速了兰开斯特王朝的灭亡，还赔上了丈夫和儿子的性命，自己悲悲惨惨地度过了后半生，着实令人同情。玫瑰战争的爆发是两大王族争权夺利，矛盾不可调和的结果，即使没有玛格丽特的参与，这场战争仍然不可避免，玛格丽特不过是被政治斗争裹挟的女人，算不上是战争的始作俑者。

橄榄枝上的荣耀——光荣革命

都铎王朝的最后一任君主伊丽莎白女王把毕生的精力都献给了国家，终身未婚，没能给王室延续血脉，临终前指定苏格兰国王詹姆士·斯图亚特为自己的接班人，英国进入了斯图亚特王朝统治时期。这位外来的国王水土不服，不明白议会在英格兰的运作，鼓吹"君权神授"的陈词滥调，权力慢慢被架空。他的儿子查理一世即位后，继续倒行逆施，不经议会批准就胡乱征税，甚至纵容军队大肆劫掠，惹得天怒人怨，暴动四起，他本人在一片唾骂声中被推上了断头台，斯图亚特王朝灭亡。

此后的几年里，资产阶级和新贵族的代表克伦威尔以护国公之名窃夺了大权，开始实施军事独裁统治。克伦威尔去世后，英国政局陷入前所未有的动荡和混乱。克伦威尔的儿子理查·克伦威尔能力平庸，指挥不动高级军官，就任护国主不到一年，就灰溜溜地下台了。横跨军政两届的高级军官都想效法克伦威尔，成为寡头独裁者，互不服气，展开了激烈的争斗，把政坛搞得乌烟瘴气。混乱之中，保王党分子沉渣泛起，趁机将流亡法国的查理二世（查理一世长子）迎接回国。查理二世公开发表声明：承诺保证人民信仰自由；宽恕并赦免所有革命党人；革命期间变更的地产合法。

查理二世的积极表态，为他赢得了民心。议会承认他是合法的国王，斯图亚特王朝复辟。孰料，查理二世刚刚戴上王冠不久，就翻脸不认人，把之前高调发表的宣言忘得一干二净，大肆迫害革命者。所有审判过查理一世的革命党人均以大逆之罪处死。活着的格杀勿论，已经提前死去的人也不能饶过。革命党党魁克伦威尔受到了掘墓辱尸的待遇。他的尸骨被悬挂在高高的绞刑架上，头颅被摆放在威斯敏斯特厅里展览示众。威斯敏斯特厅是革命党人当年审判查理一世的地方，查理二世公开展出克伦威尔的首级，显然是在为父王查理一世报仇。

查理二世滞留法国期间，受到过法王路易十四的帮助和保护，因此对后者感恩戴德。他无视英格兰人民的反抗情绪，坚决把商业港口城市敦刻尔克卖给法国，使英国蒙受了巨大经济损失。查理二世去世后，他的弟弟詹姆士二世继承了王位。詹姆士二世思想更加反动，他一心想要加强王权，企图恢复封建君主专制统治，采取了很多不利于资产阶级和新贵族的措施，一味逆潮流而动，开历史的倒车，遭到了英格兰人民的强烈抵制。人们一旦听到官方美化歌颂国王的言论，马上悻悻离去。法官也不肯给国王面子，义正词严地宣布遭国王打压迫害的异己分子无罪。空气中弥漫着一股不安的气息，到处充斥着一种"山雨欲来风满楼"的紧张气氛，一切迹象表明一场大战蓄势待发，革命的火种在悄然酝酿。

不久资产阶级联合新贵族发动政变，推翻了詹姆士二世的腐朽统治，英格兰改天换日。当时的资产阶级由农场主、工场主和大商人组成。新贵族包括两种人：一种是从事资本主义生产活动的封建贵族，另外一种是没有贵族血统的资本家，取得了一定的经济地位以后，花钱买了贵族头衔。他们的共同利益诉求是大力发展资本主义。可是腐朽没落的封建王朝，总是不能满足他们的要求，为了摆脱桎梏，他们迫不得已走上了革命的道路，甚至不惜借助外国势力。

在与詹姆士二世斗争最为激烈的时期，资产阶级和新贵族的代表向荷兰国王威廉发出了邀请，请求对方干涉英国的政治，保障议会的权力和资产阶级的利益。荷兰国王威廉迎娶了英国公主玛丽，是詹姆士二世的女婿。虽然同英国王室关系密切，他却非常认同资产阶级的理念，毅然决然地走向岳父的对立面，公开发表声明支持英格兰人民捍卫自由和合法财产的权益。

1688年，威廉出动数百艘战舰登陆英国的托尔基海港，上岸后率领上万名士兵兴师动众地赶往伦敦。他的到来，受到了英国贵族的热烈欢迎。许多位高权重的军官亲自接见慰劳他。詹姆士二世众叛亲离，他的二女儿和女婿纷纷改弦更张，义无反顾地投向威廉的怀抱。百姓议论纷纷，大街小巷贴满批评谴责国王的标语。詹姆士二世自知大势已去，悄无声息地逃到法国。议会推选威廉为英格兰国王，威廉的妻子（詹姆士二世的女儿）为英国女王，夫妻二人共同治理国家。

不久议会批准并通过了《权利法案》和《王位继承法》，终结了封建君主专制制度，确立君主立宪制度。法案规定，未经议会批准，国王不能擅自废除法律，不能随意征收募集税款，不能私自招募军队，甚至不能抛开议会，自己指定王位继承人。从此以后，国王的权力被关进了笼子里，国王再也不能肆意妄为了，处处受到议

会的限制。也就是说，资产阶级通过一场不流血的政变，成功达到了目的，并改变了英国的政治体制。他们以最微小的代价

光荣革命

获得了最大的收益，对这个结果感到分外满意，故而将这次资产阶级革命称为"光荣革命"。

那么为什么英国可以不留一滴血，就能改变本国的政治体制呢？从政治角度分析，英国早在13世纪已经成立议会，王权受到了一定程度的限制，为英国日后走上宪政道路奠定了基础。当时议会分为上议院和下议院两大机构：上议院由王室成员、贵族、骑士和教士组成，议员的席位可世袭；下议院由平民代表组成，议员是选举产生的。两院有参政议政的权力。

起初国王比较讨厌议会对自己指手画脚，禁止议员议政，并想方设法加强君主专制制度，双方斗争得很激烈。《大宪章》生效后，王权进一步削弱。继《大宪章》之后，议会又迫使国王签署了《牛津条例》，规定议会成员和国王共同执政，国王推行的政策必须经过议会批准，才能落实。通过不懈的努力，国王的权力越来越小，议会渐渐占据上风，议员有能力通过政治途径解决国内问题，暴力革命就显得没有那么必要了，这是光荣革命产生的前提条件。

从经济角度分析，英国的资本主义经济发展迅速，为资产阶级登上历史舞台奠定了基础。由于受到地形和自然条件限制，英国本土耕地不足，自然经济不能自给自足，为了生存发展，必须鼓励提倡海外贸易。尽管在封建专制制度体制下，封建自然经济占据主导地位，商业活动或多或少受到限制，但统治者并没有大力推行重农

抑商政策，英国的商业活动一直比较活跃。到 17 世纪，资产阶级和新贵族已经成为两股非常庞大的势力，他们凭借雄厚的财力和巨大的社会影响力纷纷涌入下议院，成为议员，有能力左右国家政策，甚至具备了发动宫廷政变的能力，通过和平手段就能轻而易举地获得统治权，制定有利于发展资本主义的政策，所以就没有必要再进行暴力革命。

巅峰时期的日不落帝国

英国是一个地处欧洲大陆边缘的岛国，陆地面积和自然资源十分有限，人口密集，迫于压力，必然会把目光投向广阔无垠的海洋。因此，英国是个外向型的国家，一直有着强烈的扩张欲望，野心勃勃，盛气凌人，在短短三百年时间里，以一种不可思议的速度在全球范围内疯狂扩张，殖民地遍布七大洲，统治地区横跨二十四个时区，广袤的领土之上，始终有一轮太阳在闪耀，故而被称为"日不落帝国"。

英国的殖民扩张政策大致分为四种。第一种，野蛮征服和掠夺。这种政策主要适用于北美洲和大洋洲的原住民。新航路开辟以后，大批英国白人漂洋过海前往美洲新大陆，对原住民印第安人进行野蛮屠杀，抢占了大片土地，建立许许多多的定居点，将当地的土地资源和自然资源据为己有。

英国人在大洋洲拓展殖民地时，打算把新西兰划入自己的版图，大批的移民者在新西兰的土地上放牧牛养羊，并武力驱逐原住民毛利人。毛利人奋起反抗，打败了英国人，迫使对方签订了平等条约。原住民和白人移民者获得了同样的政治权利和法律地位。由于毛利人的慷慨大度，允许英国移民在自己的土地上生活，作为战败方的英国人还是在海外找到了一块飞地。

第二种，殖民方式是赤裸裸的奴役。西装革履、衣冠楚楚的英国殖民者面对"尚未开化"的非洲土著时，瞬间丧失了文明人的道德感和羞耻感，将数以百万计的非洲黑人装上船只，贩卖为奴。靠奴役剥削黑人，英国人攫取巨额利润，实现了原始资本的积累。

第三种，殖民方式是在海外建立殖民政府。英国人非常懂得因地制宜，在治理印度时，他们采用的便是这一方式。印度曾经有过辉煌灿烂的古代文明，信仰坚定，屠杀、奴役、野蛮征服等手段，必然会激起更大的反抗。为了让印度人服服帖帖地服从自己，英国殖民者采取更高明的策略——推广现代文明，将英国的政治、文化、法律移植到印度，并在当地创建殖民政府，用软实力征服印度人。

第四种，殖民方式建租界，扶植代理人，推行自由贸易，对别国进行经济渗透。这种方式主要针对亚洲个别国家。孟加拉国、斯里兰卡、缅甸、马来亚等国都曾经沦为英国的殖民地。但对于某些历史悠久、国情复杂的国家，英国没有直接进行殖民统治，而是采用建租界的方式，开展自由贸易，拓展海外市场，这样既能获得经济效益，又能降低统治成本，可谓一举两得。

总之，英国各种政策多管齐下，在全球确立了不可撼动的霸权，几乎将大英帝国的旗帜插遍世界的每一个角落。维多利亚女王在位时期，日不落帝国步入巅峰。这一时期，英国资本主义蓬勃发展，经济空前繁荣，遥遥领先于欧洲各国，但女王仍不满足，加紧了侵略扩张的步伐，不惜动用一切手段巧取豪夺，采用武力侵占、强权窃夺、变相收买、阴谋诈骗等种种令人不齿的方式，为英国开疆拓土或赢取治外法权。女王的这些登不了大雅之堂的策略，很难让人将她与"端庄、优雅、高贵"等光辉美好的形象联系在一起，但无论如何，她的这些策略奏效了，英国在各种博弈中成为最大的赢家，收获了累累硕果。

1857 年，英国通过阴谋手段巧妙地夺得了苏伊士运河的控股权，控制了沟通欧亚非三大洲的航道，得以从中牟取暴利。这条位于埃及境内的运河，为英国带来源源不断的财富，却没有起到拉动埃及经济发展的作用，两国国力相差愈发悬殊。1858 年，印度彻底沦为英国殖民地，为大英帝国的王冠又增添一颗闪耀夺目的明珠。

维多利亚女王见证了日不落帝国的辉煌过去和敲诈勒索、武力征伐的掠夺史，当时的英国几乎将全世界的资源收入囊中，首相帕默斯顿曾经骄傲地盘点英国全球掠夺的"功绩"，临终遗言慷慨激昂："北美和俄罗斯的平原是我们的谷仓；芝加哥和敖德萨是我们的矿区；加拿大和北欧半岛为我们种树；澳大利亚为我们牧羊；还有阿根廷为我们养牛；秘鲁送来白银，南非进贡黄金；印度人和中国人为我们种茶，地中海是我们的果园；至于我们的棉花种植园正在从美国南部向地球一切温暖的地方扩展。"

1851 年，英国在伦敦举办了一场别开生面的世界博览会。来自世界各地的二十五个国家参展，展品超过十万件。大英帝国展出的是工业革命时期最令国人引以为傲的工业产品和先进发明，包括各种各样的蒸汽机、高速汽轮船、现代化桥梁模型等，全面展示英国的科技实力和雄厚的国力，风光一时无二。

维多利亚女王盛装出席，春风满面地前往水晶宫参加剪彩仪式，当时她神采飞扬，兴奋不已，嘴里不停地重复着一个词语：荣光，无上的荣光。回到家里以后，维多利亚的心情仍旧久久不能平静，她在日记里用热情洋溢的笔调郑重地写道："今天是我国最隆重的日子，是我国有史以来最光辉灿烂的时刻。"作为一个女王，维多利亚无疑是成功的，她统治着版图面积最为庞大的帝国，以

维多利亚女王

昂首阔步的姿态审视着全世界，眉宇间充溢着掩饰不住的骄傲和自豪，可作为一个女人来说，维多利亚的人生却无比黯淡，丈夫的离世令她哀伤憔悴、悲痛不已，长期以来，她都在扮演悲情寡妇的角色，但柔情和忧伤并没有改变她一贯强悍的行事风格，她依旧是那个傲慢不逊、大权在握的女王，在国际政治舞台上始终担任着当家花旦的角色。

经过调停和斡旋，维多利亚女王成功阻止铁血宰相俾斯麦轰炸巴黎，成了法国的大恩人。她用铁血手腕镇压爱尔兰民族主义者，遭到爱尔兰人的唾弃和痛恨，一生至少遭到六次暗杀。爱尔兰人费尽心机地行刺女王，每次都无功而返，绝望之下摧毁了女王丈夫的雕像。维多利亚为此黯然神伤，仿佛被炸毁的不是一尊没有生命体征的冰冷雕像，而是她的丈夫阿尔伯特亲王本人。

1901 年，维多利亚女王以 82 岁高龄寿终正寝，结束了长达 64

年的统治。在位期间，她做了两件令人津津乐道的大事，一是不遗余力地推行海外扩张政策，二是抚育了9个子女，使英国王室的血统渗透到欧洲诸国，有力地控制了欧洲大陆，因此被后世子孙们尊为"欧洲的祖母"。英国人无比怀念这位女王及她所开创的时代，至今仍有许多人对她念念不忘。

大国的荣光与原罪

英国人身上聚焦着野蛮和文明的双重烙印，他们对全球进行殖民掠夺，贩卖蓄养奴隶，对海外殖民地犯下丑恶的罪行，有过极为不光彩的过去，但是作为一个超级大国，它一度领导欧洲提前步入近代文明社会，将平等、自由、博爱的理念和法治精神传播到各地，不仅改变了欧洲的历史，还影响了整个世界的政治格局，对人类社会做出过无可估量的贡献。

作为老牌殖民帝国，英国有摆脱不掉的原罪，也有抹不去的荣光，所以注定是矛盾的。英国人的心态也是矛盾的，有的人唯利是图，为达目的不择手段，完全不受良知和道德的约束。这些人就是所谓的新兴资产阶级。长期以来，国王和封建贵族被视为腐朽没落的旧势力的代表，不断受到后世的口诛笔伐，而资产阶级作为新生力量，备受推崇和歌颂。其实旧势力未必个个反动，而新生力量未必代表绝对正义，后者取代前者，只是符合历史的一般发展规律罢了，代表着一种必然的趋势，并非是正义与邪恶的较量。

许多资产阶级分子都参与过殖民活动和奴隶贸易，从肮脏的交易中尝到过甜头。他们当中有不少叛逆者，出于良心的自省，为国家推行的海外政策感到无比羞愧，甚至深以为耻，主张尊重人权，废除蓄奴法。他们的努力加速了奴隶贸易的终结，并推动了奴隶制度的瓦解。英国通过废奴法案以后，在全球掀起废奴运动，使无数饱受压迫和奴役的苦难者获得解放。这一切变化都要感谢一个叫威廉・威伯福斯的议员，他是英国废奴运动的发起者，曾经凭借自己的人格魅力和不懈的奋斗，扭转了英国政坛的乾坤，促成了蓄奴法的废止。

威廉・威伯福斯出身富商家庭，家境优渥，堪称天之骄子。不幸的是，9岁那年，父亲突然去世，他被寄养在叔叔家，童年或多或少蒙上了一层阴影。他的叔叔约翰・牛顿年轻时是个性情放荡的纨绔子弟，头脑狂热，狂妄自大，曾经在奴隶船上担任过船长。后来痛改前非，为推行废奴法案不停地奔走呼号，毕生致力于废奴运动。他的诚心忏悔深深感染了威廉・威伯福斯。威廉・威伯福斯很小时就意识到了奴隶贸易的罪恶，长大之后，更加痛恨这种不人道的行径。

威廉・威伯福斯的母亲是个活泼开朗的女人，喜欢参加聚会和其他社交活动，担心儿子受到叔叔的影响，变得阴郁和愤世嫉俗，就将威廉・威伯福斯带在身边。她惊喜地发现，儿子个性阳光，朋友众多，自己担忧的事情并没有发生，不由得释然了。其实叔叔的人生观、价值观已经潜移默化地影响到了威廉・威伯福斯。威廉・威伯福斯毕生都在践行叔叔的价值理念。这是他的母亲万万没有料到的。

像许多成绩优秀的富家子弟一样，威廉・威伯福斯如愿进入英国名校剑桥大学学习，在学校他结交了一个志同道合的好友——皮

威廉·威伯福斯

特。皮特才干出众，20多岁就当上了首相，他一直鼓励威廉·威伯福斯从政。在朋友的激励下，年仅21岁的威廉·威伯福斯开始踏足政坛，成为下议院中年纪最小的议员。威廉·威伯福斯口才一流，经常妙语连珠，语惊四座，发音很好听，音调抑扬顿挫富有韵律感，故而被赞为"下议院的夜莺"。

1784年，威廉·威伯福斯游历欧洲，旅行的路上，思考了很多人生问题，决定辞去职务，投身于传播福音、解救人类苦难的事业。返回英国后，他把这个想法毫无保留地告诉了叔叔。叔叔奉劝他继续留在下议院，因为政府需要听到更多正义的诉求和道德的呼声。皮特也劝他继续在国会任职，理由是留在政府机构，更容易将理想转化成现实。威廉·威伯福斯被说服了，在政坛服务了45年，一直致力于废除奴隶贸易和重建社会道德。

1789年，威廉·威伯福斯在同事和挚友皮特的鼓励下，首次发表废奴宣言，他掷地有声地说："我并不想站在道德的制高点上谴责任何人，但我个人确实以奴隶贸易的存在为耻。因为我们的国家正是在国会的授权之下，从事着这种肮脏可怕的贸易活动。我们都是罪人，应该坦然承认自己的罪责，不该靠指责别人来推卸自己的责任。"

两年后，国会对废奴法案进行投票表决时，主张维持奴隶贸易的票数几乎是废奴票数的两倍，威廉·威伯福斯的提议没有通过。大英帝国显然不愿意放弃自己的既得利益，因为通过奴隶贸易，它每年能从西印度群岛赚取 600 万英镑的巨额收益，还能解决 5000 多名水手的就业问题。在巨大的经济利益面前，正义的呼声显得那么微弱。威廉·威伯福斯首战失利，但他并没有放弃。他和朋友募集资金在西非购买了一块地皮，安置 1900 名黑奴，让他们自治，这个自治区就是狮子共和国的前身。

此后，威廉·威伯福斯又经历了不少挫败，在 20 年的从政生涯里，他连续 11 次提交废奴法案，一次都没有通过。直到 1803 年，国会才以压倒性的票数通过了《禁止奴隶贩卖法案》。当日，国会全体议员为这个结果欢呼了三次，每个人都非常激动。威廉·威伯福斯如释重负地坐在椅子上，忍不住泪如泉涌，掩面痛哭起来。为了这一刻，他争取了 20 年，20 年来他屡败屡战，越挫越勇，锲而不舍地朝着一个目标努力，如今看似胜利在望，却又觉得未来的路很长，奴隶贸易被定性为非法，但奴隶制度并没有完全废除，若要解放所有奴隶，他还需要付出更多的时间、精力和心血。

威廉·威伯福斯知道自己任重而道远，不仅在国内推动立法改革，还试图通过外交手段，说服各国签订废奴条约。由于拿破仑复辟，欧洲的政治形势变得愈加微妙而复杂，各国腾不出精力和英国讨价还价，纷纷签署了该条约。废奴运动在世界范围内如火如荼地开展起来。在威廉·威伯福斯的积极呼吁下，英国国会通过了《奴隶解放法案》，奴隶制度全面废除。政府支付 2000 万英镑的巨额款项为西印度群岛的黑奴塑身，70 万奴隶摆脱了被摧残、被奴役的悲惨命运，同时获得了自由。威廉·威伯福斯无比欣慰，在该法案通过三日后，安然地闭上了眼睛，离开的时候平静而安宁，没有任何挣扎，也没有任何遗憾。

如今威廉·威伯福斯的雕像依然矗立在英国伦敦的广场上，他的雕像成为地标性的文化符号，与之遥遥相对的是海军将领纳尔逊的雕像。每每瞻仰威廉·威伯福斯的仪容时，英国人都会肃然起敬。但是面对在海战中为国捐躯的民族英雄纳尔逊时，情感极为复杂，因为纳尔逊是奴隶制坚定的拥护者，一味冥顽不灵，曾经费尽唇舌为奴隶主辩护，甚至利用自己在上议院的影响力为犯下奸淫罪的奴隶主辩白，人品实在不敢恭维。近年来，民间推倒纳尔逊雕像的呼声持续高涨，人们普遍认为纳尔逊是英国的污点，不足以和道德高尚的威廉·威伯福斯相提并论。这一论断充分说明，英国人乐于站在公正客观的立场上看待历史人物，反思过去的历史，已经走出了以功绩评判是非的浅薄阶段。

随着殖民体系的土崩瓦解，英国又变回岛国，日不落帝国的时代一去不复返，国力大为虚弱，经过两次世界大战的洗礼，经济受到极大重创，后来被异军突起的美国赶上，不知不觉沦为二流强国。但英国仍然是一个世界大国，脱离了罪恶的奴隶贸易和巧取豪夺的殖民经济之后，翻开了文明的新篇章，意味着一个美好的开始，包括威廉·威伯福斯在内的正直人士，将永远以它为荣，以它为傲，以身为一个英国人而感到自豪。

第八章

将浪漫镌刻在骨子里的国度

——法国

　　法国是一个浪漫奔放的国度，浪漫的思潮犹如海面的万顷浪涛一般，波澜壮阔，气势磅礴，来势汹汹地拍打在岸边的礁石上，散珠泻玉，化为轰鸣，成为绝响。法国人有一种镌刻在骨子里的浪漫，但这种浪漫情调不是与生俱来的，而是与法国独特的历史文化有关。与英国相比，法国的历史进程相对缓慢，英国的议会步步为营地限制住了皇权，而法国的王权在漫长的历史时期，稳若磐石，不可撼动。法国最辉煌的时期是太阳王路易十四掌权时期，当时法国的君主专制发展到了顶峰。

　　后来出现启蒙运动，自由平等的观念渐渐深入人心，资产阶级代表民众发声，强烈要求变革，封建王权受到了空前严峻的挑战，人们普遍对现实高度不满，种种怨恨情绪在国家陷入经济危机时喷发出来，变成一股可怕的能量。法国人用极为激进的暴力方式处死国王，创建了共和体制。英国的社会变革是循序渐进式，而法国的社会变革就像宇宙大爆炸一样，瞬间完成，已经超出了理智的范畴。血与火的洗礼和动荡不安的岁月，赋予法国人自由不羁的天性，这就是法国人浪漫的原因所在。这种精神在拿破仑身上体现得尤为明显，他凭借激情和野心，横扫欧洲大陆，书写了一段荡气回肠的英雄史诗，成为永远的传奇。

高卢雄鸡——法兰西的前世今生

印象中的法国是一个令人向往的浪漫国度，它散发着浓郁的古典气息，古色古香，钟灵毓秀，一点也不沉闷乏味，厚重的文化底蕴没有给它带来多少羁绊，反而使它更加随性和自由。法国这个古老的国度，身上不曾裹覆厚重的历史外壳，它非常摩登和现代，总能走在时尚的最前沿，给人以无限的遐想和惊喜。

繁华的巴黎街头灯火辉煌，参天耸立的埃菲尔铁塔是力与美完美平衡的杰作，闪烁的霓虹流光溢彩，大大小小的咖啡馆遍布大街小巷，流动的街景如梦似幻，徜徉在茫茫人海中，脑海里总是充满美好的幻想，渴望逢上一个妆容精致的法国女郎，演绎一段风花雪月的爱情。这是因为巴黎总是能勾起人的美好情愫。

诗人徐志摩曾经轻叹道："到过巴黎的人一定不会再稀罕天堂。"在美国作家菲茨杰拉德的笔下，巴黎奢华绮丽，适合纵情欢愉享乐的梦幻之都。在人们的心目中，法国和巴黎简直就是童话世界的代名词，这是社会嬗变和时代演进的结果，在遥远的古代，法国是另一副样子。

早在古希腊时期，法国大陆就有人烟，希腊人驾着小船千里迢迢来到这里，修建了一座海港城市，这座当时毫不起眼的贸易港就是今天法国的第二大城市马赛。不久，凯尔特人拖家带口大批迁入，积极垦殖疆土，拓展出了一片崭新的区域——高卢，从此被称为高卢人。法国人自诩为"高卢雄鸡"，是因为最早的居民凯尔特人图腾是一只昂首挺胸、神气活现的雄鸡，在拉丁语中，雄鸡和高卢同义。高卢人种植庄稼，制作农具，发明了马车和剑，在长达几个世纪的时间里，每年都忙着和邻居罗马人打仗。直到恺撒领兵杀入，高卢人才彻底臣服于罗马的铁蹄之下。恺撒的接班人屋大维把高卢划分成多个省，高卢渐渐罗马化，人们满怀热情地学起外语，拉丁语成为通用语言。天长日久，这种古老的语言逐渐演化成了拉丁语系的法语。

罗马帝国分崩离析之后，有个叫克洛维的部族首领率领法兰克人（日耳曼人的一支）打败了罗马派来的最后一任总督西阿格里乌斯，统一了高卢地区，以巴黎为首都创立墨洛温王朝。为了笼络人心，巩固新王朝的政权，克洛维开始大肆推广裂土封疆的制度，将土地慷慨地赠送给各地贵族，以换取对方的忠心。这种制度慢慢转化成采邑制，成为封建王朝领主制经济的基础。

开国君主克洛维原本是一个军事首领，年仅 15 岁就当上法兰克的首领，可谓是英雄出少年，打垮强敌西阿格里乌斯时，他只有 20 岁。罗马人、高卢人都不是他的对手，在马颈相交、刀剑铿鸣的战场上，他比久经沙场的铁血悍将还要骁勇，令人为之胆寒。有一天，他和高卢人恶战了一场，凯旋得胜后，把军队驻扎在苏瓦松镇。士兵们听说镇上有一只精美绝伦的大花瓶，料定是价值连城的稀罕物，不由分说就把花瓶抢走了。

花瓶的主人派人到军中索要，克洛维信誓旦旦地保证，一定会把赃物退还。按照惯例，打了胜仗以后，谁也不能霸占战利品，财物的归宿由抽签决定，谁抽到就归谁。克洛维按照老规矩组织大家抽签，同时用眼色暗示：无论我能不能抽到花瓶，都必须把它还回去。大多数士兵心领神会，个个低眉顺眼，表示乐于服从首领的

克洛维画像

权威。可抽到花瓶的那名士兵认为首领破坏了部落的规矩，不肯将东西交出，当即挥起斧头把大花瓶砸得粉碎，还毫不客气地说："即使你是首领，也只能占有抽到的东西。我抽中了就是我的，我想怎么处置是我的自由，你无权干涉。"

克洛维颜面扫地，愤恨不已，但他什么也没说，攥着拳头暂时咽下了这口恶气。有一次部队集合，他似笑非笑地走到那名挑衅自己的士兵面前，喝令他把鞋带系好。趁机杀了士兵，还讥诮地说："没错，你抽到的东西是你的，但是你别忘了，你是我麾下的士兵，归我管，我有权力处置你。"族人吓得魂不附体，从此再也没有人敢挑战首领的权威了。

克洛维当上国王以后，不断强化自己的权威，大肆迫害异己，连自己的亲人都不肯饶恕，最后孤零零地死在巴黎。他刚刚离世，尸骨未寒，他的儿子们便忙着分家产，将法兰克王国瓜分成四份。国家分裂后，变成了松散的组织，王权逐渐陷落，权柄滑落到宫相手中。查理·马特担任宫相时，代替国王执政，已然成为无冕之王，他改变了克洛维时期的政策，不再无偿地分封土地，把土地有条件地封赏给有功之臣，规定功臣可按照自己的意愿将领地继续分封下去，以此确立了一种层层隶属的效忠关系。

查理·马特去世后，他的两个儿子卡罗曼和矮子丕平展开了夺权斗争，最后矮子丕平获胜，建立加洛林王朝。矮子丕平的儿子查理曼大帝通过连年的兼并战争，将王国的版图拓展到莱茵河和易北河流域。他以为自己一手开创的盛世王朝将千秋万代地绵延下去，这种想法显然是太乐观了。他的孙子们继承家业时，按照传统再次将王国瓜分，莱茵河以东成立了东法兰克王国（德国的前身），在罗讷河、索恩河、默兹河以西建立了西法兰克王国（法国前身），在中部地区建立了中法兰克王国（意大利前身）。这三个法兰克王国的国土都是查理曼大帝通过血腥征伐打下来的，故后世将其尊称为"欧洲之父"。

从传奇到没落——加洛林王族的魔咒

查理曼大帝是一个雄才大略的霸主，心狠手辣、武功赫赫，戎马倥偬一生，各种战绩不可胜数，他让欧洲大陆在战栗中流血，所过之处，无数鲜活的生命化为枯骨。然而这样一位狠角色，后世子孙却成了软弱无能的草包，这着实是一种莫大的讽刺。子孙们没有继承查理曼大帝的光环，因为昏庸无能，得了一个个令人啼笑皆非的绰号：胖子查理、傻瓜查理、孩童路易、瞎子路易、结巴路易、懒王路易。也就是说查理曼的后代非胖即蠢，要么浅薄无知，要么傻头傻脑，要么庸庸碌碌，基本上都是一些酒囊饭袋，这就意味着查理曼家族荣光不再，剩下的只有耻辱和笑话。

当时西法兰克王国加洛林家族直系绝嗣，只好邀请东法兰克王国的胖子查理（查理曼大帝的曾孙）主政。胖子查理初来乍到，大部分贵族都不把他放在眼里，只有一小撮贵族承认他的合法地位。

不过坐拥东西法兰克王国，拥有两顶王冠的他，仍然是法国最有权势的男人。最大的问题是，权力和能力严重不匹配，才华撑不起雄心，治理国家时，总是力不从心，既没有政治手腕，又缺乏文韬武略，在位期间毫无政绩，面对外敌的强势入侵，一味妥协媾和，伤透了法兰克人民的心。

881年，胖子查理刚刚参加完加冕典礼，北欧海盗就洗劫了亚琛，似乎在故意羞辱法兰克人。885年黎明，塞纳河上出现了密密麻麻的船队，放眼望去黑压压一片。法兰克人却浑然不觉，仍然沉浸在香甜的美梦中。不久，700多艘战船齐刷刷地到达了河口，诺曼人（维京人的一支）纷纷弃船上岸，浩浩荡荡地开赴巴黎，很快将法兰克人的都城围得水泄不通。吵闹声和喧哗声惊醒了睡梦中的巴黎市民，他们惊恐地发现北欧海盗已经兵临城下了，而国王却无动于衷，竟然没有派来一兵一卒支援。

胖子查理

巴黎人孤立无援，陷入空前的恐慌。危难之际，巴黎伯爵厄德毅然肩负起保卫国都的重任，率领全体军民英勇抵抗。战斗持续了一年多，厄德伯爵指挥若定，巴黎人民同仇敌忾，和海盗军团打得难分难解。诺曼人倾巢出动，始终没有攻克巴黎。直到次年的9月，胖子查理派出的王师才姗姗来迟，到达巴黎首战便遭遇了彻底的惨败，被敌军打得丢盔弃甲。胖子查理大惊失色，马上派人赔付700镑白银乞和，承诺只要诺曼人从巴黎撤军，以后可以随意在塞纳河上自由航行，这无疑是为强盗入侵大开方便之门。

早在秃头查理（查理曼大帝的孙子）当政时期，巴黎人就饱受北欧海盗蹂躏。诺曼人大举南下烧杀抢掠，过境之处鸡犬不宁，房屋被焚毁，到处都是断壁残垣和瓦砾，村庄惨遭洗劫后被夷为平地。秃头查理出兵迎战，大败而回，给了敌方 7000 镑银子，才解除巴黎之围。诺曼人勒索到钱财，大摇大摆地离开了，在接下来的十多年里，频频抢劫法国，他们的战船如潮水般汹涌而来，数目有增无减。法国人的软弱，令他们更加有恃无恐，杀戮劫掠的暴行不断加剧，直到抢到足够多的战利品，强盗们才肯满意地扬长而去。

胖子查理没有汲取前任的教训，依然幻想着拿钱购买和平，结果就好比抱薪救火，北欧海盗的气焰越来越嚣张。处在风头飘摇中的法兰克王国，宛如架在水面上的空中楼阁，随时都有可能被巨浪吞噬。法兰克人对胖子查理失望至极，全都期盼着他能早点下台。920 年，法国发生内乱。各地贵族强烈要求推选新的国家元首。胖子查理无法平息一浪高过一浪的呼声，混乱中惨遭俘虏，继而被废黜，沦为阶下囚。他凄凄惨惨地过了六年的幽囚生活，然后默默无闻地死去。

胖子查理是郁郁而终还是被阴谋害死，我们不得而知。他的人生本身就是一个悲剧。他只是一个优柔怯懦的男人，偏偏生在帝王之家，牵动着两大王国的命运，无力抵制外敌的强势入侵，面对风起云涌的叛乱无所适从，最后背负着骂名满腹悲恨地死去，着实令人同情。客观来说，比起加洛林王室的其他继任者，他的表现还不是最糟的。

胖子查理去世后，贵族一致推选抗敌有功的厄德伯爵当国王。厄德伯爵众望所归，得到了法兰西人民的拥护，但仍有些愚忠者认为只有查理曼大帝的后代才有资格继承王位，于是扶立说话口吃的路易的儿子傻瓜查理即位。正所谓天无二日，国无二主，两大家族为了争夺最高统治权斗争了将近一个世纪。厄德去世后，傻瓜查理成了唯一的君王，执政期间，他最大的举措就是对诺曼人进行招安，册封诺玛首领为罗洛伯爵，大方地将鲁昂等地割让了出去，以为这样做就可以抵御蛮族的入侵。他自视高明的手段，被人看成政治生涯中最大的败笔。人们普遍认为他的才智不足以统治法兰西。

后来厄德的兄弟罗贝尔在贵族们的拥护下，成为新的国王，王冠又回到罗伯尔家族手中。厄德和罗贝尔都是"强者"罗伯尔的儿子，父子两代都曾经拼死抵御过诺曼人。罗伯尔家族为法兰西立下过汗马功劳，备受尊重和支持，但卡洛林王室不甘心大权旁落，仍然挣扎着不肯让贤，两大家族轮流坐庄，等到懒王路易（路易五世）的猝然离世，为卡洛林家族的统治画上休止符，罗伯尔家族的后裔卡佩家族登上历史舞台，开创了卡佩王朝。

末代君王懒王路易是一个非常倒霉的君主，他在世时，由于资历浅，年纪小，一直无法亲政，国政大权牢牢掌握在父亲手中。为了家族的利益，他被迫迎娶安茹伯爵（金雀花王朝后裔）的女儿阿德莱德，新婚妻子比他大二十岁，两人年龄相差悬殊，找不到共同语言，夫妻长期貌合神离、同床异梦，彼此都很痛苦，没能产下一男半女，最后不欢而散。懒王路易亲政时只有 19 岁，还没来得及施展拳脚，就离奇暴毙了，享年 20 岁。他的死是一个世纪悬案，一种说法是他在游猎途中发生了意外，另外一种说法是他被王室成员下毒害死的。由于在位时间只有一年，执政期间毫无建树，所以得了个懒王的绰号。

懒王路易英年早逝，没能留下继承人。按照传统，应该传位于他的叔叔夏尔公爵，因为夏尔公爵是加洛林王室唯一的男嗣。由于加洛林家族出了太多无所事事的庸才，法兰西贵族头痛不已，最终抛弃了王室，推选罗伯尔家族的后裔雨果·卡佩当国王。雨果·卡佩是靠选举上台的国王，担心法国的传位制度发生变化，生怕传统的世袭制被取代，刚刚戴上王冠，就在同年的圣诞节给儿子举办加冕礼。西法兰克王国彻底改天换日。

百年战火中的圣女贞德

卡佩王朝的最后一位国王查理四世去世时，王室嫡系绝嗣，继承人只能从王族旁支中选择，结果瓦卢瓦伯爵的儿子腓力六世继承大位，法国进入瓦卢瓦王朝统治时期。瓦卢瓦王朝灾祸不断，始终被连年不断的战争和纠缠不清的政治斗争所贯穿。腓力六世即位不久，就迎来英法百年战争。

英格兰国王爱德华三世认为，论血统，他也有权问鼎法国的王位，听说腓力六世早早坐上了御座感到愤怒不已，强烈要求对方让位。爱德华三世是查理四世的外甥，虽然也有王位继承权，但法国人民并不希望让一个英国的君主统治自己的国家，所以毫不犹豫地站在腓力六世一边。腓力六世代表民意，断然拒绝了爱德华三世的要求。爱德华三世暴跳如雷，自封为法国国王，然后秣马厉兵，大举进犯法国。腓力六世愤然迎战，战火点燃之后，就好比开启了潘多拉魔盒，阴霾久久不能散去，两国断断续续打了几十年，法国连战连败，首都巴黎沦陷，眼看就要亡国了。法国国王查理六世罹患严重的精神疾病，思绪飘忽，神志不清，在皇后伊莎贝拉的哄骗下，糊里糊涂地签署了《特鲁瓦条约》。

根据条约，法国削夺王储查理的继承权，将公主凯瑟琳嫁给英国国王亨利五世，两国合并，亨利五世担任英法联合王国的国王。条约一旦生效，法国将成为英格兰的一部分，被彻底从地图上抹去。法国形势岌岌可危，孰料关键时刻，发生了戏剧性的一幕，英王亨利五世忽然得痢疾死了。法国有了喘息的机会。紧接着亨利五世几个月大的儿子亨利六世继承王位，这位婴儿国王给英国政局带来很多的变数。英国内部陷入龙争虎斗，无暇顾及法国，被废黜的王储查理趁机自立为王，成为"查理七世"。

英国人逼迫法国人遵守《特鲁瓦条约》，把王位由死去的亨利五世传给婴儿亨利六世。法国人一口回绝，战火再度燃起。1425年，英国军队侵入贞德的家乡。他们到处焚毁房屋，屠杀村民，抢掠财物，把宁静美丽的村庄践踏得支离破碎、满目疮痍。少女贞德目睹了英军的暴行，立志要拿起武器保家卫国。她只是个天真无知的农家女孩，每天与羊羔为伴，不会拼写，也不通晓军事，根本不懂得带兵打仗，但是她有一腔热血和坚定不移的信念，发誓一定要将侵略者驱逐出法国，保卫法兰西的自由。

圣女贞德

当她兴冲冲地找到城防司令波德黎库尔，将自己的想法和盘托出时，波德黎库尔大吃一惊，简直不敢相信自己的耳朵，眼前这个身形单薄的小姑娘，居然幻想着成为法国最高军事长官，还要求面见国王查理七世，这太荒唐了。司令官没理会贞德，不耐烦地把她打发走了。第二年，英军进攻奥尔良，形势十分危急。奥尔良位于卢瓦尔河畔，它是法国的最后一个堡垒，如若失守，英军将长驱直入，攻占法国残存的领土。奥尔良的命运关乎法兰西民族的生死存亡。国难当头之际，贞德挺身而出，马上赶到沃古勒尔城，求见波德黎库尔。司令官被这个异想天开的农家女孩搞得不厌其烦，不肯接见她。

贞德没有放弃，一而再、再而三地要求见面，波德黎库尔被她的爱国热情和坚定执着的精神打动了，认真听取她的救国大计，并引荐她见了查理七世。贞德乔装改扮成男性，小心翼翼地穿越敌占区勃艮第，成功抵达希农，在一座城邦里见到了查理七世。当时法国连吃败仗，已经丢掉半壁江山，如果奥尔良失守，法国将全境沦陷。如今全国士气低落，查理七世对法国的前景不抱任何希望，早已做好流亡国外的准备。贞德的到来犹如及时雨一般恰逢其时，给他带来一线生机。绝望之下，他把整个王国的命运交到这个乡下女孩身上，决定孤注一掷。在对贞德进行一系列审查之后，查理七世答应让她统领军队解救奥尔良，并把自己的宝剑赐给了她。

贞德穿上了骑士铠甲，腰悬佩剑，手擎旌旗，骑着高头大马，威风凛凛地向奥尔良逼近。奥尔良被围困了半年多，城内粮草断绝，守军饥饿疲敝，非常沮丧。狡猾的英国人一边缩小包围圈，一边紧锣密鼓地挖地道，千方百计地攻城。贞德赶到前线后，经过仔细勘察，发现勃艮第大门防备空虚，于是就率领七千法军猛攻这一薄弱环节。英国人看似牢不可破的包围圈被打开了一个缺口，法军如潮水般涌入，冲进了奥尔良城。贞德挥舞着寒光凛冽的宝剑，高举战旗，率先冲向英军阵地。法军追随她的脚步，排山倒海，奋勇杀出一条血路。贞德的旗帜指向哪里，法军就冲向哪里，杀得英军片甲不留。法军犹如神助，一扫往昔的颓废，忽然变得锐不可当。英军招架不住法军凌厉的攻势，且战且退，最后不得不暂时放弃阵

地，各自逃命。

城中的军民听说援军赶到了，不由得喜出望外，男女老幼倾城出动，高举着火把迎接贞德的到来。贞德攻入奥尔良后，英军马上缩小包围圈。贞德毫不畏惧，经过耐心细致地侦察，她发现英军在军事部署上存在严重的失误，围城的军队过于分散，各自坚守要塞，首尾不能相顾，信息传递不畅，短时间内很难兵合一处。针对敌方的致命弱点，贞德制定了各个突破的军事策略，带领法军和奥尔良军民夺取了城东的桑鲁要塞，打通了卢瓦河上游的通道，紧接着挥师南下，向卢瓦河下游的屠棱要塞发起了猛烈的攻势。

贞德一马当先，手持战旗第一个登上攻城的云梯。城上万弩齐发，箭如雨下，贞德冒死爬向城墙高处。英军惊慌失措，把目光锁向贞德，箭矢密集地向贞德射去。贞德避之不及，肩头中了一箭，失足从半空跌落，重重地摔到地上。她强忍着钻心般的疼痛，一把拔掉箭头，胡乱地包扎一下，转身又投入激烈的战斗。法军见统帅身负重伤，却依旧不下火线，大为感动，精神为之一振，战斗力倍增，终于在天黑之前拿下了屠棱要塞。

法军愈战愈勇，经过连续的浴血奋战，攻克并摧毁了英军的所有堡垒，解除了奥尔良之围。法国一片欢腾。奥尔良大捷后，贞德率军收复了许多北境的失地，名声传遍大江南北。法国人对这位女英雄的崇拜达到了极点，有人甚至把她看成上帝派来的使者，尊其为"圣女"。贞德在民间的威望超过了国王和贵族，查理七世和封建领主大为不快。后来贞德在一次规模较小的战役中受伤被俘，擒获她的勃艮第人，将她转手卖给了英国人。

查理七世袖手旁观，丝毫没有营救她的意思。贞德由于功高震主，被法国抛弃。她至死都没有弄清自己为什么会成为火刑柱上的祭品。虚伪狡诈的英国人扮演起卫道士的角色，正襟危坐地出现在审判席上，控诉贞德女扮男装，斥责其为异端。他们故意妖魔化贞德，把她描述成蛊惑众生的女巫，并判处她火刑。贞德蒙冤而死，死时年仅 19 岁。这位勇敢的法兰西女英雄救国行为化为不朽的传说，成为一段令人永远无法忘怀的传奇。

"太阳王"光辉背后的阴影

1589 年，瓦卢瓦王朝的末代君主亨利三世遭到刺杀，不幸蒙难，死后没有留下子嗣，这个多灾多难、纷争不断的乱世王朝结束了长达 261 年的统治，正式落下帷幕。瓦卢瓦王室的远亲亨利四世即位，波旁王朝开始。

波旁王朝统治下的法国，浮华奢靡，金光闪耀，那是一个纸醉金迷、笙歌燕舞的世界，男人裹着繁复的服装，女人打扮得珠光宝气，贵妇头上插着珍禽的翎羽作装饰，装束夸张，行为矫揉造作。盛大的舞会上，觥筹交错的社交场合，人们都在不遗余力地炫耀自己的财富和地位。在这种风气的熏染下，"太阳王"路易十四横空出世，被包装成凡间的神，所有法国人都在赞颂他的英明和伟大，欧洲人也对他推崇备至，认为他像天上的骄阳一样光芒四射、无可匹敌，人们对他的崇拜达到了无以复加的程度。可历史上真实的"太阳王"和人们口口相传的形象却大相径庭。

路易十四是法国在位时间最长的君主，5 岁登基，23 岁亲政，77 岁寿终正寝，在位 72 年，执政生涯长达 54 年。那么在半个多世纪里，路易十四都有哪些可圈可点的政绩呢？为何能收获如此多的赞誉呢？他亲政后，马上采用强有力的手段巩固专制统治，将国家机器变成实现个人意志的工具，强横地打出了"朕即国家"的旗帜，然后先后发动四次大规模对外战争，扩大了法国的版图，使法国一跃成为欧洲头号军事强国。

路易十四

从某种程度上说，路易十四在位的时候，恰逢是法国历史上最强盛、最显赫的时代，那时的法国不仅是个军事大国，文化、经济、艺术都异常繁荣，凡尔赛宫恢宏富丽、举世闻名，令人惊叹迷狂，巴洛克艺术光彩夺目，巴黎成为时尚之都，其他国家艳羡不已，竞相模仿。在长达两个世纪的时间里，法语作为最高雅的通用语言，被上流社会接受，欧洲人以能开口讲一口流利的法语为荣，有的贵族不会用母语拼写，却能用法语作诗。人们把这一切归功于路易十四，不免有失偏颇，一个对外穷兵黩武，对内无比专制的君王，是否担得起如此多的赞誉？

真实的路易十四远不像人们想象中那样光辉高大，他头戴时髦的假发，是为了掩饰严重的脱发；脚踩高跟鞋，是因为身材矮小，只有穿上高跟鞋，才能凸显自己的高大伟岸；偏好华丽的服饰，是为了彰显自己的尊崇地位，同时炫耀法兰西的繁华与绚烂。总而言之，路易十四是个形貌不佳、好大喜功，且高度自恋的君主，即位时，他接手的就是一个蒸蒸日上、欣欣向荣的国家，而不是一个百孔千疮的烂摊子，只要稍加努力，就能把它带向强盛。路易十四虽然是个有所作为的君主，但是没有雄才大略。

路易十四是君权神授的鼓吹者，对内一直推行高压政策，不允许任何人指摘自己的过失，剥夺巴黎高等法院评议国王的权力，残酷镇压反对自己的贵族，不肯召开三级会议，想方设法限制议员代表参政议政，还要求国内的全体臣民保持思想的大一统，大力推行文化专制政策。他一边宣扬王权至上，召大批贵族入宫为王室服务，一边巧施手腕，将地方军队的调动权牢牢把控在自己手里，同时积极扩充军备，引进当时最先进的武器，随时准备血腥镇压反叛的贵族。

执政期间，路易十四一直致力于军事扩张，不断发动大规模战争，为了维持庞大的开销，他无休止地搜刮老百姓，致使平民百姓生活在水深火热之中。当时贵族阶层和教士均不必纳税，沉重的赋税由广大贫苦农民和普通公民承担。不公平的税收制度加剧了国内的阶级矛盾，更糟糕的是官僚机构贪污腐败严重，中饱私囊的官员多得数不胜数，百姓既要供养军队和王室，又要给贪官污吏提供油水，苦不堪言。财政部长柯尔贝大力整顿吏治，截流部分赃款，增加国家税收，却依然无法缓解财政困难。

战争的巨大消耗，使法国连年资不抵债。情急之下，路易十四开始实行重商主义政策，鼓励对外出口，采取多项措施刺激工商业发展。重商政策在一定程度上拉动了法国的经济增长，是他为数不多的英明举措之一。解决财政危机以后，路易十四马上忘记了过去捉襟见肘的难堪日子，不惜耗费巨资建造凡尔赛宫。宫殿落成后，路易十四整天举办舞会、宴席，和贵族大臣们尽情享受着美酒佳肴，从早到晚言笑晏晏，丝毫也不觉得疲倦。据说他进入凡尔赛宫大厅，只要匆匆瞥上一眼，就能知道当天谁没到场。受宠的贵族不敢缺席，几乎每天都要赴宴，这样就腾不出心力打理自己的领地了，对地方的控制力越来越弱，所有的权柄都集中到了君王手里。

路易十四不动声色地削夺了贵族的权力，但也为此付出高昂的代价。通宵达旦的宴饮、极尽奢华的聚会、丰盛的大餐、花天酒地挥霍无度的生活方式，不仅消耗了国库，使法国的财政问题雪上加霜，还对法国的社会风气产生极大影响，在全国范围内掀起一股奢华之风，贵族纷纷效法，百姓的负担越来越重，国家危机四伏。据说仅仅是王室宫廷的开支，就花光了法国大半年的税收收入。饱食终日、虚荣心极重的贵族，像寄生虫一样贪婪地吸食着民脂民膏，地方税收根本就不够用。

路易十四执政晚年，法国近乎崩溃，人民普遍贫困，国力衰落，波旁王朝盛极而衰，已经到了日薄西山的时刻。不知不觉中金光四射的太阳王渐渐步入古稀之年，变成一个年老体衰、疾病缠身的老头子，往昔的神采不再。在短短一个月内，他接连失去三位亲人，孙子、孙媳、长曾孙纷纷撒手人寰。哀伤之余，他又要面对战争的惨败，不知道该怎样收拾残局，僵卧病床时常常一个人默默地垂泪，夜里不时被可怕的噩梦惊醒。

1715年，路易十四的腿生了疽，患处大面积溃烂，身体散发出一阵阵刺鼻的臭味，御医束手无策，只能任由它慢慢腐烂。倒霉的是旧病未愈，又添新疾，没过多久，他又染上热病，终日卧床不起。弥留之际，他把五岁的王储叫到床榻前，泪流满面地说："孩子，你长大之后，一定要做一个伟大英明的国王，不要像我这样热衷于战争，喜欢建造规模浩大的建筑，要友好地和邻邦相处，多为百姓谋福祉。我未能做到的事，希望你能做到……"太阳王光芒褪尽后，露出了凡人的本色，勉励完后人，便带着无尽的唏嘘短叹离开了人世。

被误解的路易十六

路易十四去世后，他的曾孙路易十五即位。当时路易十五只是一个五岁的孩童，不能亲政，由三位顾命大臣摄政。可是路易十五长到亲政的年龄，仍然不愿意为国事操劳。他的老师弗勒里忧心忡忡，毅然以 70 岁老迈之躯出来辅政。可惜路易十五不成器，没有军事才能，却热衷于对外征服，结果屡战屡败，致使政府债台高筑，几乎将祖父戎马一生开拓的土地一点一点丢失殆尽，不断让法国蒙羞。

路易十五虽不擅长处理军国大事，却非常懂得享乐，一味沉溺声色犬马，颓废到无可救药的地步。晚年，路易十五的私生活异常糜烂，整天忙着和情妇寻欢作乐。他的情妇蓬巴杜夫人千娇百媚、美艳绝伦，曾经用轻浮浪荡的口吻幽幽地吐出了那句令人心惊的名言："我们死后哪怕洪水滔天。"路易十五与她臭味相投，只管自己享受，结果他死后 15 年，大革命的洪水淹没了王庭，他的孙子路易十六成了牺牲品。

路易十六生不逢时，他即位时，波旁王朝江河日下，国运一日不如一日，祖上一直热衷于军事扩张，让法国背上了沉重的外债包袱，每年还债的利息几乎要消耗掉国家半年的财政收入。国弱民穷的情况下，路易十六又花了不少银子支持美国打独立战争，加剧了法国的财政危机。偏偏在这个时候，天公不作美，国内连年大旱，放眼望去，赤地千里，饿殍满地，到处都在闹饥荒。由于粮食短缺，面包和农产品价格飞涨，百姓买不起食品，饿得半死不活。与其同时，大量商品积压，工厂纷纷倒闭，工人大批下岗。

眼看民生凋敝，路易十六忧心如焚，他知道法国人民已经交不起税了，于是召开了中断175年的三级会议，决定改革税制，向第一等级和第二等级征税。第一等级和第二等级由教士贵族组成，只是一小撮人，却霸占了国内大部分土地，作为特权阶层，不用缴纳一分钱的税款。第三等级由工农阶层和资产阶级组成，占据人口的大多数，为主要纳税对象。富得流油、挥霍无度的人不用纳税，而穷苦潦倒、食不果腹的工人、农民却要承担繁重的赋税，这显然是不公平的。

其实贵族和教士也希望召开三级会议，一心想着抓住这次千载难逢的机会，限制王权。在此之前，路易十六提出要在全国范围内征收地产税，目的很明显，就是想在贵族和教士头上动土，强制他们缴税。贵族、教士纷纷捂紧了钱袋，异口同声地要求开会讨论征税问题。路易十六十分配合，毫不犹豫地主持召开了三级会议。以前，法国国王一言九鼎，全体臣民都得听他号令，议会形同虚设，三级会议已经被废止很久了。路易十六破天荒地重启会议，其实是冒着很大的政治风险的。果然，第一等级和第二等级代表联合起来发难，不但不肯乖乖缴税，还强烈要求限制王权。

路易十六最初的策略是，利用第三等级牵制第一等级和第二等级，逼迫贵族、教士就范。第三等级议员是平民的代表，按常理推断，他们的利益诉求与国王基本一致，都希望看到第一等级和第二等级掏出白花花的银子，弥补财政赤字，以此减轻广大平民的负担。第三等级内部非常团结，不仅步调完全一致，还说服了一些比较开明的贵族议员加入自己的阵营，赢得了选票的大多数。占据上

风以后，他们开始自行其是，自行成立
了国民大会，将国王一脚踢开，宣布任
何决策只有经国民大会批准才能生效，
国王的命令不再具备法律效力，同时公
布讨论的结果：所有法国人无论高下贵
贱都必须缴税，贵族和教士不再享有特
权，统统要缴纳税款。

路易十六画像

路易十六的目的达到了。可接下来
发生的事情完全出乎他的意料，超出他
的掌控。国民大会决定颁布宪法限制王权。这不是他所期望的。路
易十六不甘心大权旁落，不想成为一个统而不治的傀儡，于是暗暗
纠集军队，准备镇压议会。这个不明智的决定，直接导致法国大革
命的爆发。当时启蒙运动已经在法国兴起，涌现出孟德斯鸠、伏尔
泰、卢梭等主张自由平等的伟大思想家，传统的王权至上观念遭到
前所未有的挑战，民众呼吁限制王权的声音日益高涨，路易十六看
不清形势，结果遭到法国人的唾弃。

满腔怒火的巴黎市民攻陷了巴士底狱，杀死狱长，释放了为数
不多的几个犯人。路易十六听说后，悄悄撤走军队，不但没有兴师
问罪，反而亲临市政厅，坦然接受了三色帽徽，承认人民武装队伍
的正义性和合法性。他希望用温和的方式解决分歧，不希望看到大
规模流血悲剧的发生，所以选择妥协和退让，希望自己仁慈开明的
态度能平息巴黎人民的怒火。可是法国人并不买账，他们厌倦了国
王，厌倦了旧体制，革命的洪流势不可当，共和机制乃大势所趋，
是时候该埋葬旧王朝了。

波旁王朝气数已尽，路易十六无力回天，可是他不甘心，幻想

着借助国外的力量重新夺回王冠，结果被当成反革命分子和叛国者，死在断头台上。作为旧势力的最高代表，路易十六一直备受苛责，有人说他是镇压革命的暴君，是专制制度的象征，十恶不赦，死有余辜；有人则嫌弃他软弱可欺、优柔寡断，面对来势汹汹的暴民，一味宽容忍让，没能遏制革命的势头，结果不仅让自己成了刀下鬼，还害得全家惨遭血洗。

路易十六是一个性情柔和似水、和颜悦色的老实人，注定与烈火般狂暴激进的革命不能相容。面对群众冲天的怒火，他无所适从，拒绝采取强硬的手段，结果背负着暴君的骂名被推上断头台。面对铡刀阴冷的寒光，路易十六不由得苦笑。若干年前，为了减轻死刑犯的痛苦，他曾亲自参与刀片的改良工作，把刑具改成三角形，现在这个新发明就要用在他自己身上了。少顷，刽子手走上来，动作无比粗暴，想要扒掉国王的外衣。路易十六制止了他们，自己把衣服脱了。刽子手又想上前捆绑他，他羞愤难当："你不能捆绑我，你可以执行命令处死我，我没意见，但永远不能捆绑我。"

刽子手错愕不已，真没想到这个逆来顺受、如羔羊般软弱的国王会发那么大火。路易十六在最后一刻展露出王者的威严，不过很快他的怒火就平息了，又恢复了往日的淡定和善。他发表临终遗言时，周围鸦雀无声，群众表情肃穆，安静得出奇，广场上回荡着国王最后的声音："我是无辜的，我不承认你们强加给我的罪行，但我原谅所有把我逼向死地的同胞。希望我的血能给法兰西人民带来益处，我流干鲜血后，但愿法兰西再也不要流血了。"满腹仇恨、革命热情高涨的民众简直不敢相信自己的耳朵，那个顽固不化的暴君临死前居然大谈什么宽恕、原谅之类的，还说得那么大义凛然，这是他们所不能理解的。

路易十六还有很多话要讲，但指挥官想让他闭嘴，鼓手们拼命擂鼓。喧天的鼓声淹没了路易十六慷慨激昂的演讲。路易十六识趣地闭上了嘴，十分配合地躺在铡刀下。只听咔嚓一声，手起刀落，国王身首异处。不知谁高喊了一声："共和国万岁！自由万岁！"民众沸腾了，此起彼伏地高呼着同一个口号。压抑了好几百年的怒火，在短短的一瞬间，犹如火山海啸般凶猛地喷发出来，迸发出天崩地裂般可怕的能量。士兵拎着国王血淋淋的头颅，向欢腾的群众展示。人们争先恐后地奔向断头台，纷纷掏出手绢、布料蘸取刑台上的鲜血。

整个巴黎陶醉在胜利的喜悦里，市民欢呼着、呐喊着，激动得近乎发狂，谁也料想不到，砍下国王的铡刀，不久又会以同样的方式砍掉革命领袖罗伯斯庇尔和丹东的头，当时周围观者如潮，广场周围人山人海、人声鼎沸，革命领袖血溅刑台时，人们同样欢呼雀跃、兴奋狂躁，没有人为生命的逝去叹息，怜悯宽恕之类的字眼再也没有出现过。

激进的革命领袖罗伯斯庇尔在被处死之前，以人民的名义大力推行血腥的红色恐怖政策，把一批又一批的无辜者推上断头台，法国血流成河，许多人莫名其妙地被贴上反革命的标签，惨遭无情血洗。革命政府、共和国，在成立之初，没有给法国带来新希望，反而带来更多的混乱和恐怖，这个结果显然不符合法兰西人民的预期，但没有人敢发出抗议的声音。谁会预料到，伟大无私的革命领袖、共和国首脑，居然比封建帝王还专制残暴呢？

归根结底，路易十六只是封建制度的一个符号，人民处死他，是为了将这个令人切齿痛恨的反动符号彻底从法兰西抹去，并没有想过，他们摧毁的是一个活生生的人。真实的路易十六或许不像雄才大略的君主那样政绩斐然，但也算不上是昏君、暴君。他一生简朴，从不像贵族老爷们那样挥霍无度，在国家不富裕的情况下，拨付大笔资金扶危济困、改善民生，大力兴办慈善机构和乞丐收容所，这足以说明他是一个关心民间疾苦的善良国王，如果他有"太阳王"一半的狠辣，有罗伯斯庇尔一半的残忍和无情，是不会给任何人提供伤害自己的机会，更不会在最后时刻宽恕杀死自己的人。

一个具有无上权威，执掌生杀予夺权柄的人，表现得优柔寡断、畏畏缩缩，不是因为胆小怕事，天生就是孬种懦夫，而是因为心慈手软、于心不忍，不愿践踏弱者，不愿伤及无辜，这是一种本真和善良，不是软弱。路易十六正是这样的人，可惜真正能理解他的人太少。或许只有他的妻子玛丽皇后才是最懂他的人，走上断头台之前，其毅然给即将成为孤儿的儿子留下遗言：永远不要为父母报仇，原谅所有把我们推向绝境的人。夫妻俩的临终遗言惊人一致，想来不禁令人唏嘘。

荒野雄狮——拿破仑

在法国乃至全欧洲，最光辉闪耀的人物莫过于拿破仑·波拿巴，他是法兰西人的骄傲，是法国有史以来，最了不起的盖世英雄，仅凭一己之力，便扫荡全欧洲，将封建壁垒打得七零八碎，加速了封建制度的瓦解，改变了整个欧洲的格局。可是在人们心潮澎湃地高呼着他的名字，把他推向神坛时，他却做出令所有人大跌眼镜的举动，将法兰西共和国改为帝国，并加冕称帝，屡屡发动侵略战争，这是为什么呢？他究竟是一个反封建反专制热爱民主的大英雄，还是一个披着伪装的阴谋家和野心家呢？想要真正认识拿破仑，我们需要了解更多。

拿破仑出生于科西嘉岛。西嘉岛上重峦叠嶂，层林密布，莽莽苍苍，景色壮阔苍凉，居民尚武好斗，热爱自由，曾经联合起来赶跑了热那亚侵略者，实现了短暂的自治。可惜好景不长，诡计多端的热那亚人秘密地把科西嘉岛卖给法国。法国付钱之后马上派兵进驻，不由分说地占领了科西嘉。拿破仑的父亲夏尔·波拿巴英勇地参加了卫国独立战争，可惜没能战胜强大的法国，科西嘉岛最终并入了法国的版图。反法民族分子纷纷逃到英国避难，夏尔·波拿巴留了下来，接受了法国当局的赦免。

拿破仑

夏尔·波拿巴屈膝折节的行为，受到了同胞严厉的指责，拿破仑曾一度因为父亲立场不坚定而感到羞耻。其实他不知道，父亲这么做是有苦衷的，归顺法国是为了给他赢得一个光辉的未来。正是因为识时务地接受了赦免，波拿巴家族的贵族血统才得到承认，拿破仑才有机会进入法国布里埃纳军校学习。拿破仑从十岁开始，便离开家乡，在法国接受正统教育，专攻炮兵学。本地学员瞧不起这个来自穷乡僻壤，一口浓重外地口音的科西嘉人，经常嘲笑欺侮他。拿破仑身材瘦小，看起来弱不禁风，却用拳头征服了所有对他不敬的小伙伴，树立了凛然不可侵犯的威严。这段不愉快的经历彻底改变了拿破仑的性格，从此他变得争强好胜、桀骜不驯，开始迷信武力。

16 岁那年，拿破仑失去了父亲，心灵遭受到沉重的打击。家境贫寒的他不得不中断学业，提前参军入伍。在军队里，他永远是最好学、最能干的一个，很快脱颖而出，由一名无名小卒晋升为炮兵少尉。他渴望将自己平生所学的运用到战场上，憧憬着让科西嘉摆脱法国的控制，重新获得独立，可惜未能如愿，但他一直密切关注着法国的政治局势。1789 年 6 月，他目睹了巴黎群众逼宫的场面，路易十六眼睁睁地看着数以千计的街头乱民乱哄哄地涌入伊勒里宫，不但没有采取任何应急措施，还天真地幻想着用宽容友善的态度感化造反的民众。拿破仑对此嗤之以鼻，忍不住叫嚷道："蠢货，用大炮轰倒几百人，其他人不就吓得一哄而散了吗？"

法国大革命步入高潮时，以罗伯斯庇尔为代表的雅各宾派成立了革命政府，一边忙着镇压反革命分子，一边清剿保王党，忙得不亦乐乎。断头台上鲜血成流，革命扩大化以后，许多无辜者也被牵连进去。年轻的拿破仑在镇压保王分子时展露出卓越的军事才华，用密集的火炮攻下敌方的军事堡垒土轮。因作战有功，晋升为准将，后来因为不听指挥，断然拒绝到意大利兵团服役被削夺了军衔。两年后，他再次为共和国立下大功，平息了保王党的叛乱，受到上级的赏识和提拔，荣升为陆军中将。当时他年仅 24 岁，英气勃发，锐气逼人，成为军政两届最耀眼的一颗新星。

1796 年，热月党人发动政变，处死了罗伯斯庇尔，成立了都政府，红色专政恐怖时期宣告结束，但经历了长期的内乱和动荡之后，法国的政局依旧不稳定。当时的法国正值多事之秋，内忧不断，外患不止，欧洲各国的封建势力联手组建反法同盟，企图扼杀如火如荼的法国大革命。在这种情形下，都政府派青年将领拿破仑出兵意大利，粉碎反法同盟组织，保卫革命果实。拿破仑不负众望，一举击溃了反法同盟军，迫使对方按照法国的意愿签订了停战条约。大获全胜以后，法军在意大利大肆杀戮和抢劫，犯下累累暴行，但丝毫没有损害拿破仑的名声，他凯旋得胜归来，受到狂热的膜拜，被赞美和掌声包围，成了法兰西共和国最伟大的英雄。

1798 年，拿破仑远征埃及失利，铩羽而归。欧洲诸国蠢蠢欲动，又在策划着组建反法同盟，国内的保王党势力沉渣泛起，悄然抬头，法国人民极其不安，热切地盼望拿破仑能力挽狂澜，铲除国内外的反动势力，保卫法国的和平与安宁。群众五体投地的膜拜和惊天动地的欢呼，让拿破仑受宠若惊，他这才知道自己在人民心目中的地位有多么崇高，认为时机已经成熟，窃取国家政权的时刻到了，回国不久就发动了雾月政变，成为法兰西最高执政长官，实施独裁统治。1804 年，拿破仑公开发表声明："历史证明，共和政体不适合法国，帝制才是最佳原则。"随即建立法兰西第一帝国，在巴黎圣母院举行了加冕典礼。当日他身着戎装，英姿飒爽地出现在公众视野里，迫不及待地将王冠从教皇手中抢夺过来，戴在自己头上。这个令人瞠目结舌的举动充分暴露出他的野心。

1812 年，拿破仑远征俄罗斯，兵临莫斯科城下。亚历山大一世孤注一掷不肯投降，下令纵火焚城，把粮草烧得干干净净。法军什么也没得到，占领的只是一座废墟而已。严寒在即，人困马饥，法军几乎陷入绝境，冻死饿死者不计其数。凛冽的寒风呼啸而至，将广袤荒凉的俄罗斯大陆变成一片冰天雪地，法国士兵没有经得住暴风雪的考验，纷纷命丧黄泉。拿破仑的精锐部队损失殆尽。当他灰头土脸地撤回法国时，纠集的残兵败将累计不到一万人。

经此一役，法兰西帝国一蹶不振，不久被反法同盟军推翻，拿破仑被流放到厄尔巴岛。路易十八趁乱复辟了波旁王朝。法国人民开始怀念拿破仑当政的岁月。次年，拿破仑卷土重来，杀回法国，驱逐路易十八，重新夺得大权，再次迎击反法同盟。因为天降大雨，副将指挥失误等多种原因，拿破仑兵败滑铁卢，脸色惨白，泪流满面地离开了战场。随后，拿破仑被流放到圣赫勒拿孤岛，无所事事地度过了人生最后的时光。

拿破仑下台后，法国的政权几经变更，出现过代表资产阶级利益的七月王朝、法兰西第二帝国及二战时期的两个短命的政权——亲德的维希政府和戴高乐创建的共和国临时政府，但大部分时间都是共和制，法兰西人民先后建立了第二共和国、第三共和国、第四共和国、第五共和国。由于民主观念深入人心，代表民心所向的共和制在法国扎了根，集权专制的局面不复存在。拿破仑大帝以战神的形象功彪史册，变成了一个永远都不可能复制的神话。法国人充分汲取历史的教训，创立了半总统制半议会的政治模式，总统和总理共同治理国家，权力均受到议会的制衡，这种政治制度被称为双首长制，政体延续至今，未曾改变。

第九章

思维严谨的西欧强国

——德国

　　任何一个国家、任何一个民族都能发现作风严谨的人，循规蹈矩、做事认真的工作者在地球上并不难找，也不稀缺，但像德国那样整个国家、整个民族全都严于律己，把"严谨"二字贯彻到生活的各个方面，却是少见的。德国全民严谨的秘密是什么？这种民族性格的形成，主要与当地的自然环境及人文历史有关。德国处在纬度较高的地区，光热不足，人们经常要和严寒抗争，渐渐形成了不苟言笑、严肃保守、按部就班的性格特点。从历史角度分析，德意志长期处在四分五裂的状态，长期受外国势力的支配，直到1871年才完成统一，立足于世界民族之林不足200年。苦难的过去决定了德意志是一个悲怆的民族，不可能生出随性散漫的基因。

　　步入近代，德国先后在第一次世界大战、第二次世界大战中落败，受到战胜国严厉的制裁和惩罚，且饱受纳粹主义的茶毒，这些不太光彩的历史使广大德国人极为恐惧和不安。他们迫切地想要向世界证明自己，所以事事力求完美，希望能做到最好，不知不觉地，形成了全民严谨的性格。德国人做事讲求精确，不允许"大概""也许""差不多"等不负责任的词汇出现，故而能以精工制造闻名于世，并生产出高质量的尖端产品。

神圣罗马帝国的诞生

843 年，庞大的法兰克王国一分为三，德国的前身东法兰克王国从中分裂出来，实现了主权独立。当时的东法兰克王国并不是一个统一的强盛国家，境内群雄割据、公国林立，形同一盘散沙。萨克森公爵亨利发动叛乱打败了国王康拉德一世，得以问鼎王庭，经过谈判，双方达成协议，康拉德一世同意把王位让给亨利，亨利承诺允许康拉德的弟弟在领地内实现完全的自治。亨利加冕称帝，史称亨利一世，又名捕鸟者亨利，开创了萨克森王朝。

亨利一世临终前，指定自己的儿子奥托为王位接班人，按照日耳曼人的规矩，王储的合法身份需要民众大会确认才能生效。936 年，奥托在国都亚琛的一座广场上，被认定为未来合法的国王，在万众瞩目中接过先王的权杖。奥托从十岁起，就开始追随父王东征西讨、南征北战，由于见惯了血染尘沙、横尸遍野的战争场面，习惯了从横刀跃马的杀戮中寻找快感，内心变得冷峻、麻木、粗粝，所有纯真浪漫的情愫不复存在。他登基时，年仅十四岁，却已经褪去年少的青涩，显示出与年龄极不相称的老辣和成熟。

这位马背上的王子虽然英气勃发，外表青春俊美，目光中却流露出傲慢冷酷的神情，像极了他的父王。仪式中，他缓缓接过象征至上王权的宝剑和斗篷，举手投足极尽王者风范。晚上，他做了一个奇特的梦，梦见查理曼大帝大步流星地走到他面前，鼓励他说："到罗马去，让教皇给你加冕，这样，你就是伟大的罗马帝国的继承人了。"说完，便拂袖而去。奥托急急忙忙追赶，却怎么也追不上，心里一慌，梦醒了。奥托辗转反侧，无法再入睡，野心和抱负瞬间被激活，他发誓一定要振兴萨克森王朝，让它在自己的手里变得像罗马帝国一样光辉和伟大。

奥托志向远大，但毕竟太年轻，政治经验不足，公爵不甘心被羽翼未丰的幼主统治，纷纷起兵造反，一时间刀兵四起，叛乱的旗帜在东法兰克王国的土地上到处飘扬。奥托气恼不已，立刻披挂上阵，亲自率军平叛，将乱臣贼子一一擒获。公爵们为了活命，纷纷低头认错，请求国王饶过自己。奥托即位不久，立足未稳，并不想大开杀戒，于是册封他们为王公大臣，将所有的叛乱者变成自己的附庸。奥托刚刚松了口气，前线又传来一个坏消息，巴伐利亚公爵洛林撕毁了效忠契约，再次起兵作乱。奥托顾不得洗去连日征战的风尘，马上发兵讨伐。王师日夜兼程驰骋了三日，抵达距离诺伐拉城几里之遥的地方，不日就能兵临城下。

洛林公爵闻讯大惊，马上组织人马迎战。士兵不肯出战。洛林公爵急得团团转，承诺愿拿出一半家财犒赏大家。士兵不为所动，仍然不肯为他打仗。洛林公爵走投无路，准备乔装改扮秘密潜逃。由于仆人告密，他被奥托捉住。奥托骑着高头大马，居高临下地审视着眼前的俘虏，怒骂道："卑鄙无耻的家伙，上次你心怀不轨举兵谋反，我宽宏大量赦免了你，你不知悔改，又聚众造反，实在罪不可恕。你现在有三个选择：跳崖自尽、横刀自裁、上吊自杀。你选哪一个？"

洛林公爵吓得浑身发抖，心想：跳崖将粉身碎骨，拔剑自刎过程太痛苦，只有上吊能勉强接受，于是选了第三种死法，被吊死在了一棵树上。奥托处死了洛林公爵，并没有迁怒他的家人，将巴伐利亚公爵的头衔封给了洛林的弟弟。在接下来的几年里，奥托武力平定了各公国的叛乱，迫使所有企图浑水摸鱼、拥兵自立的公爵屈膝臣服，牢牢控制住萨克森、法兰克尼亚的广大疆域。在平定内乱的过程中，他不仅表现出过人的军事才华，还很有智谋和韬略，巧妙利用中级贵族和大贵族之间的固有矛盾，从中挑拨离间，坐收渔翁之利，迅速瓦解了贵族同盟，使之无法再与王庭抗衡。

951年，奥托开始觊觎意大利领土。意大利国王归天后，奥托高调迎娶了寡妇阿德莱德王后，不费吹灰之力便将意大利闪耀的王冠戴在自己头上。可惜没得意多久，就被儿子、女婿的叛乱搞得焦头烂额。他的儿子和女婿都是贪得无厌的人，全都认为自己应该获取更大的权力，从意大利捞到更多的油水，奥托的职责分配令他们感到很不满意，二人一拍即合，谋划联合反动势力兵谏王庭。

奥托大帝

奥托带领精锐部队迅速平定了叛乱。这次家族内部的纷争，给他留下惨痛教训，他从中领悟到，血浓于水的亲缘关系并不可靠，即便是至亲，也可能因为利益之争反目成仇。三年后，他重新分封国土，把自己的亲信派遣到各地管理公国。国家政局稳定了下来，从此叛乱事件就很少发生。他的儿子一块土地都没得到，喋喋不休地抱怨说："我的父王就像一头看守猎物的狮子，把每个占领的国家牢牢地抓在自己手里，对自己的儿子吝啬得无以复加，连尺寸之地都没给我。"

961年，奥托骑着战马大张旗鼓地进驻罗马。罗马教皇约翰十二捧着一顶王冠，郑重地将它戴在奥托的头上，正式认可奥托的统治地位。奥托离开意大利，返回德国。仅仅过了半年时间，罗马便出现了骚动，贵族托比诺发动叛乱，囚禁了教皇约翰十二，扶立自己年过七旬的叔叔为新教皇。奥托听说后，立即发兵远征意大利，打败并俘虏了托比诺，解救了约翰十二。次年，约翰十二为他举行加冕礼，承认他是罗马人的皇帝。

其实罗马教皇势力衰微，影响力早已大不如从前，但接受教皇加冕是奥托多年来的夙愿，只有完成这一仪式，他才认为自己被赋予神圣的权威和合法的地位。为了给自己的帝国披上神圣的外衣，奥托将其命名为"神圣罗马帝国"。对此法国思想家伏尔泰不无讥讽地评论道："它既不神圣，也不罗马，更非帝国。"

的确，它没有继承罗马皇帝传位的法统，毫无神圣感可言，所以不神圣；统治者没有罗马血统，是地地道道的日耳曼人，所以也不罗马；它并不是一个集权制的统一国家，权力分散在大大小小的领主、公爵手中，本质上就是一个联邦制的松散组织，所以不能视为帝国。所谓的神圣罗马帝国与强盛一时的古罗马帝国毫无瓜葛，甚至连翻版都算不上，但它的创立者奥托的功绩却得到史学家的肯定，被后世尊称为奥托大帝。

铁血宰相俾斯麦

长期以来，德国都处在四分五裂状态下，境内诸侯林立，版图破碎不堪，神圣罗马帝国崩溃后，德意志领土更加支离破碎，独立邦国的数量急剧增加，大多数邦国领地都非常狭小，许多邦国面积只有 20 多平方英里。国家分裂，实力疲弱，统一大业势在必行。国土面积最大的邦国普鲁士肩负起这一重任。英国、法国如火如荼地进行资产阶级革命，忙着改天换日时，德国连一个统一的国家实体都没有，远远被甩在了后面。普鲁士人意识到，如果再不结束分裂局面，这个民族将永无出头之日。

　　1862年，普鲁士议员高举民主自由两面大旗，提出国家大事应由议会投票表决决定，少数必须服从多数，多数票通过的决策，可立即生效。当时邦国内存在国王、平民代表、资产阶级三股政治力量，由于不同主体利益诉求不同，投票表决时，会场上总是吵吵嚷嚷，议员们把宝贵的时间浪费在唇枪舌剑的斗争中，迫在眉睫的事情常常被延误耽搁。新任首相俾斯麦头痛不已，在就职不久，发表了一篇煽动人心的著名演说，他斩钉截铁地说："纸上谈兵没有任何意义，多数人讨论决议或者浪费唇舌夸夸其谈，并不能解决我们现在所面临的问题，如今，只有铁血政策可以拯救德国。"

俾斯麦

　　俾斯麦是铁血政策的鼓吹者，他认为，在这个弱肉强食、残酷无情的现实世界里，和风细雨、斯斯文文的方式已经过时了，只有执掌火与剑的强者才能赢得胜利，铺就王者之路。他对那些长袖善舞、喜欢高谈阔论的政客十分反感，曾主张使用武力将那些喜欢耍嘴皮子的代表们全部驱散。

　　俾斯麦个性强硬，与他的成长经历有很大关系。他出身普鲁士贵族世家，父亲是个崇尚武力的军官，行事雷厉风行，潜移默化地影响到他的性格养成。母亲家室显赫，有外交官和内廷大臣的雄厚背景，熟悉上流社会和宫廷事务，对权贵阶层要弄的各种权谋手段和高明伎俩了如指掌。为此，俾斯麦从小就讨厌权臣和政客，喜欢用最简单、最有效的方式解决问题。年轻时的俾斯麦性情刚烈、喜怒无常，脾气非常火暴，动辄拔刀与人决斗，在大学期间，跟自己的同学决斗27次，脸上留下多道伤疤，以致毁了容破了相。俾斯麦满不在乎，反而把那一道道狰狞丑陋的疤痕当成了荣耀的勋章。

从政以后，俾斯麦性情大体未改，依然是那么逞强好胜，像被红布激怒的公牛一样好斗，他采用强硬手段逼迫议员们臣服于自己的淫威之下，然后筹划着运用军事外交手段实现德意志的统一。当时的欧洲大国不希望德国崛起，千方百计地阻挠德国统一，俾斯麦意识到完成统一大计必须想方设法排除外部势力的干扰。法国和俄国关系不睦，不可能联手对付普鲁士；英国和法国因为分赃不均，在瓜分海外殖民地时冲突升级，彼此交恶，联手的机会也很小。影响大局的只剩下奥地利了。

奥地利本是德意志联邦的一部分，有足够的实力与普鲁士争锋，俾斯麦计划将奥地利永远逐出德意志联邦，好让普鲁士做联邦首脑。经过一番审时度势分析，俾斯麦决定向强邻丹麦开刀，间接打击奥地利。德意志联邦的两个小公国石勒苏益格和荷尔斯坦因，处在丹麦的统治之下，奥、法、俄、英、普、瑞六国承认丹麦对两地的控制权。1863年，丹麦颁布宪法取消两个公国的传统特权，将其并入丹麦王国的版图，违背了与六国达成的协议。俾斯麦以维护国家主权为由，挑起对丹麦的战争，并拉拢奥地利一起打击丹麦。英、法、俄三国默许了他的军事行动。奥普联军大兵压境，迅速占领了石勒苏益格、荷尔斯坦因所在的日德兰半岛，丹麦被迫起草协议，割让两个小公国。奥地利得到了荷尔斯坦因，普鲁士得到了石勒苏益格，事后奥普两国又瓜分劳恩堡。劳恩堡对奥利地来说是一块飞地，奥地利无法绕过普鲁士对它进行有效的管理，只能把归属于自己的那部分卖给了普鲁士。

收拾完丹麦之后，俾斯麦开始集中火力对付奥地利。北德意志的众多邦国依附奥地利，不肯归顺普鲁士，要统一北德意志必须击垮奥地利。在对奥战争中，俾斯麦使用当时世界上最先进的武器设备，运用四通八达的铁路网和电报系统，与敌军周旋，并运用娴熟的外交策略，与意大利组成同盟，共同向奥地利施压，利用各国之间的矛盾，促使俄国、英国、法国保持中立，然后出其不意地入侵奥地利所属的荷尔斯坦因，把战火慢慢烧向奥地利腹地。普军连战连捷，一路凯歌，按照事态发展的形势，完全有能力攻下维也纳，吞并奥地利，但俾斯麦没有那么做，选择了见好就收，逼迫奥地利承认以普鲁士为首的北德意志联邦，并退出联邦，永远不要插手内部事务，成功统一了德意志的北境。

德意志南境问题，比北境还要棘手，法国支持各公国独立，法王拿破仑三世（拿破仑的侄子）致力于维护一个分裂的南德意志。俾斯麦认为必须与法国开战，才有希望统一南德意志，暗暗等待时机的来临。

1868 年，西班牙爆发了革命，成立了临时政府，俾斯麦贿赂当权者，提出让普鲁士国王威廉一世的堂兄当国王。如此一来，西班牙将脱离法国的掌控，倒向德国。拿破仑三世大为震惊，强烈要求威廉一世保证不让普鲁士人统治西班牙。威廉一世同意了，劝说堂兄以大局为重，放弃西班牙王位，避免将国家拖入战争泥潭。法国人却不依不饶，又要求威廉一世做出永久性的承诺，威廉一世拍电报礼貌地回绝了。俾斯麦趁机删减电报内容，经过断章取义的处理，和平的信号被误解成了开火的先兆。拿破仑三世忍无可忍，愤然对普鲁士宣战。

法军仓促应战，武器弹药准备不足，甚至连本国地图都没有准备好，边境线上驻扎的军队无所事事地浪费一个星期，行动十分被动。这一仗俾斯麦蓄谋已久，因此普鲁士军队准备非常充分。法军刚刚越过边境，就遭到普军的英勇抵抗。紧接着，普军发动反攻，兵分三路痛击法军。经过数场恶战，法军被击溃，普军长期直入攻入巴黎，占领了凡尔赛宫。拿破仑三世惨遭俘虏。俾斯麦成功统一了德意志联邦。

恐怖的"绞肉机"之战

19世纪末期，欧洲列强的实力对比发生了巨大的变化，借助两次工业革命的东风，后起之秀美国、德国在经济总量和综合国力上超过了老牌殖民帝国英、法、俄三国，但多数的殖民地仍然被英、法两国霸占着，德国对此极为不满，遂积极推行海外扩张政策，在非洲、太平洋多个地区建立殖民地，意图雄霸全球，此举引起了英、法、俄三国的警惕。

欧洲列强在争夺殖民地的过程中，逐渐分化成两大军事集团——以德国、奥匈帝国为首的同盟国和以英法俄三国为首的协约国。双方虎视眈眈地紧盯着对方，矛盾越来越尖锐，渐渐发展成剑拔弩张的态势，欧洲大陆变成一只危险的火药桶，稍有一点风吹草动就有可能引发爆炸，局面变得不可收拾。

在这种紧张气氛下，一名塞尔维亚热血青年开枪打死了前来阅兵的奥匈帝国王储费迪南大公，这起刺杀事件瞬间挑起了欧洲各国紧绷的神经。奥匈帝国打着复仇的旗号向塞尔维亚宣战。俄国以盟友的身份站在塞尔维亚一边。德国站在同盟国的立场上，鼎力支持奥匈帝国，随即向俄国宣战。法国、英国纷纷卷入了纷争。协约国、同盟国成员纷纷加入战斗，第一次世界大战全面爆发。

在第一次世界大战中，历时最久、打得最为惨烈的战役莫过于凡尔登大战。战事持续十个月，法、德两国出动的兵力超过100个师，双方都付出了惨重的伤亡代价，因此这场大会战被称为"凡尔登绞肉机"。凡尔登是法国的军事要塞，它就像一颗凸出的尖牙，对进入法国北境的德国部队构成巨大的威胁。只要拔下这颗尖牙，德军就可以无所顾忌地直扑巴黎，灭亡法国，这样，再腾出手来对付英、俄两国就易如反掌了。德军总参谋长法金汉扬言："一定要让法国人把鲜血淌尽流干。"

凡尔登战役

1916 年 2 月，德国架起千门大炮，开始对凡尔登狂轰滥炸，一枚枚致命炮弹密集地砸向法军阵地，把那里打成了一片血海和火海。伴随着惊天动地的爆炸声，法军的战壕被炸成平地。投掷完重磅炸弹以后，德军又发射了不少霰弹，疯狂扫射前线上的法军，并举起喷火器焚烧沿线阵地，无数法军葬身火海。经过多次猛烈的轰炸和地毯式的机枪扫射之后，凡尔登附近的战壕损毁殆尽，郁郁葱葱的森林在冲天的大火中化为灰烬，高高的山头不复存在，被完全削平，法军无遮无拦，赤裸裸暴露在德军的炮火打击之下。

整个战场被弥漫的浓烟烈焰包围，隆隆的炮声不绝于耳，喊杀声、哀号声响成一片，经过两天恶战，法军大败，防御阵地被德军全线占领，一万人沦为战俘。法军战败的消息传到总司令霞飞的耳朵里，他不禁大惊失色。前一个月，德军兴师动众地增兵香贝尼，霞飞误以为德国人的目标是香贝尼，放松了凡尔登的防备。德国炸毁凡尔登阵地时，他才意识到对方是在玩声东击西的把戏，自己上当受骗了。他当机立断，连忙下令增兵驰援凡尔登。

法军在短短几天时间里，将 19 万军队和 2 万多吨的军需物资成功运送到前线，完成了不可能完成的任务，迅速扭转了战局。双方的兵力对比趋于平衡，德国优势不再。法金汉没有想到法军会在如此短暂的时间里，增派那么多援军，对此无比吃惊，但他丝毫也不胆怯，甚至有点兴奋，准备和法国人痛痛快快地大战一场。法国人配备了重量级大炮之后，双方火力相当，德军寸步难行。德国步兵在硝烟炮火的掩护下疯狂冲杀，发起了猛烈的进攻，法军用遮地数里的炮弹迎接他们，德军前赴后继地倒在血泊中，损失惨重，不得不引兵撤退。

法金汉下令暂时避开法军锋芒，转而攻击马斯河左岸，稳步占领沃堡垒。历经三个多月的浴血奋战，仍然没有攻破法军坚固的防线。德、法两国进入对峙阶段，打了很久的拉锯战，长期僵持不下。1916 年 10 月，法军全面反攻，德军节节溃败，抢来的炮台和阵地全部还给了法国人，识相地退出了凡尔登战场。这场规模浩大的战争，不仅耗尽了法国人的鲜血，也让德国人几乎把血液流干。双方玉石俱焚，谁也没占到便宜，但胜利的天平渐渐向协约国倾斜。

德军在凡尔登溃败被视为一战的转折点。凡尔登是巴黎的门户，一度被誉为"巴黎钥匙"，德军未能如愿拿下这一战略要地，包抄巴黎的原定计划彻底破产，在消耗了有生力量之后，迟迟找不到出路，导致了最后的失败。在这场战役中，由于法军的炮弹数量远远少于德军，德军曾一度占据上风。有一天，一名法国小兵向德军发射了一枚炮弹，歪打正着地点燃了德军的弹药库，将其彻底炸毁，德军的情势急转直下，蒙受了难以估量的损失。

凡尔登战役对于协约国来说具有里程碑式的意义，对于以德国为首的盟约国来说则是一场天大的灾难，它使德国输掉了整场战争，被迫为这场非正义性的战争买单。第一次世界大战是殖民地瓜分不均引起的，无论是德国，还是英、法、俄三国，谁都无权站在道德制高点上指责对方，但德国公然违背国际公约，在战场上率先使用杀伤力巨大的毒气弹，引起别国军队纷纷效仿，造成大量的伤亡，应当受到谴责。英、法等协约国获得胜利后，没有对战争做出任何反省，把全部责任一股脑儿推给德国，理直气壮地瓜分胜利果实，蛮横地欺压德国，致使德国人复仇情绪高涨，为第二次世界大战的爆发埋下隐患。

艰难的崛起之路

柏林墙倒塌后，两德走上了统一道路。由于东德和西德经济发展水平相差悬殊，产业结构存在较大差异，在统一过程中，遇到了不小的阻力。在东德国有企业占据主导地位，是国家的经济支柱，资产私有化之后，大批的工人下岗失业。留下来的工人工资一夜暴涨，迅速追赶上西德的工资水平，与此同时，裁员风暴刮遍各大工厂，大幅度裁员，致使失业人数高居不下。

西德政府接管东德时，东德的经济发展已经停滞，不得不大量举债。为此，德国背负了巨大的债务负担。在其后的 10 年里，由于被债务所累，经济发展迟缓。历经两次世界大战的炮火洗礼，德国的领土几经变更，德意志一次次被打倒，一次次崛起，历史证明，国家只有统一才能强大，战争并不能给国家带来光明前途，唯有发展经济才是硬道理。德国人痛定思痛，尽最大努力弥合战争带来的创伤，不惜倾尽所有去缝合两德地区的裂痕。东德基础设施不完善，工业发展模式与西德不相容，西德需要注入大笔的资金，不断缩小两地的差距。

后来，欧洲诞生了一种新的货币机制——欧元。欧盟成员国迎来一次经济大繁荣，GDP 出现井喷式的增长，往昔的欧洲霸主德国却表现平平，似乎刚刚摆脱经济低迷的状态，经济徘徊不前，失业率突破了安全警戒线，超过 10%。那时谁也不曾想到，德国会在短短十五年时间里，实现经济腾飞，英国媒体曾一度把德国形容成"欧元区的病人"。然而这个病人不仅以最快的速度康复了，而且一跃成为领跑欧洲的领袖，这实在是令人匪夷所思。那么德国人究竟是怎么做到的呢？

德国成功的秘诀在于精工制造和自由化的市场经济。众所周知，德意志是一个行事严谨的民族，非常懂得"差之毫厘，谬以千里"的道理，做事从来不会马马虎虎，一向讲究精益求精，基于对完美的不懈追求，他们制造出的产品不仅高端大气、精致实用，而且在细节方面无可挑剔，因此缔造出无数享誉全球的品牌。

德国制造能得到全球认可，与德意志的民族特性有很大关系。德国人在工作中严格要求自己，做事井然有序、按部就班，不随意更改规则，在生活中规则意识也很强。有这样一个故事：在

今日的德国

一个风雨交加的夜晚，一个德国青年开车送父亲到医院急诊。半路上遇到了红灯，当时夜色深沉，街上杳无人影，周围也没有别的车辆通行。尽管如此，父子俩还是在默默等待交通灯变色。等了很久，依然是红灯。最后，儿子忍不住了，准备发动车子穿越马路，结果遭到了父亲的痛斥。又过了很久，这对父子才发现原来是交通灯坏掉了，红灯持久不熄，而绿灯一直不亮。有些人听过这则故事

之后，嘲笑德国人墨守成规、不知变通，但正所谓"不以规矩，无以成方圆"。正是因为德国人恪守规则，严于律己，才能制造出令全世界信赖的尖端产品，这是那些头脑灵活、自以为聪明的民族永远做不到的事情。

德国能在短时间内实现民族复兴，很大程度上是因为，德国人善于反思，以良好的自省态度赢得了世界的尊重，得以重新回到国际社会的舞台。在两次世界大战中，德国犯下了可怕的罪行，既伤害了全人类，也伤害了自己，被贴上了法西斯的标签，名声毁于一旦。战后，德国积极反省，不仅为受害者支付了巨额的赔偿，还多次放下自尊，诚恳地低头认罪。勃兰特总理站在奥斯威辛集中营死难者的墓前，亲手献上花圈，然后毫无征兆地做出一个令全世界都大为震惊的举动——双膝跪地，代表德国法西斯向犹太民族谢罪。这一事件被称为"华沙之跪"，它并没有矮化德国的形象，反而使德国更加高大。

勃兰特不是德国唯一虔诚忏悔、痛悔前非的总理，也不会是最后一个，现任总理默克尔曾经发表声明说，德国有责任让本国人民世代记住纳粹分子的罪行，保证同样的悲剧不再重演。德国在深刻反思历史罪行的同时，大力发扬人道主义精神，慷慨接纳难民，为无数饱受战火蹂躏的平民提供庇护。自2012年以来，德国在短短几年时间里，陆陆续续收容的中东难民超过110万人。德国人的善举，国际社会有目共睹。

德国从废墟中崛起，本身就是一个奇迹，虽然德国仍然没有中断对过去的忏悔，但国际社会已经对它另眼相看，声讨德国的声音几乎不复存在。德国在欧盟的影响力也越来越大，在希腊深陷次贷危机，西班牙、葡萄牙、意大利、爱尔兰等欧洲国家经济全面衰退的时候，德国领导力凸显。在未来的欧洲，德国所扮演的角色必然会越来越重要。

第十章

诗情画意中的艺术胜地

——意大利

在欧洲最有艺术氛围的国度，唯法国和意大利莫属。意大利是文艺复兴的策源地，诞生过达·芬奇、米开朗基罗、拉斐尔等重量级的艺术大师，这些耳熟能详的名字成了后世永远也无法超越的高峰，至今令人望其项背。那么意大利文艺鼎盛的原因是什么呢？归纳起来，主要有两点：一是深受古希腊、古罗马文化的影响，二是大部分时间处在动荡分裂状态，风云跌宕的历史和种种不确定性，赋予了意大利人艺术家的特质。

意大利的英雄加里波第是诗意的、浪漫的，侠骨柔肠、洒脱不羁；意大利的绘画大师、雕塑大师、建筑大师，不拘泥于形式，懂得如何将古典艺术和大胆前卫的理念相结合，设计理念永远是超前的；意大利的军队不喜欢盲目服从，作战时意兴阑珊，留下了许多令人啼笑皆非的笑话……

红衫侠客加里波第

意大利从法兰克王国分离出来以后，一直处于四分五裂、邦国林立的状态，像德国一样，它也曾受到外部势力的干扰，统一之路布满荆棘。意大利内部群雄争锋，时局动荡，外部威胁重重，饱受异族压迫欺凌，北境和南境的两西西里分别被奥地利和西班牙两大强国控制着。意大利人肩负着争取民族独立、统一祖国两项使命，负担不可谓不重。

国难当头之际，热血青年加里波第挺身而出，凭借神出鬼没的游击打法，以小博大，一次次挫败了数倍于自己的强敌，为意大利的民族解放和统一大业做出了巨大的贡献。他的功绩不仅限于意大利，足迹遍布南美，曾经为巴西、乌拉圭等国家的独立解放事业而战，大名传遍整个世界，连美国总统林肯都对他佩服得五体投地。与一般的沙场勇将不同，加里波第并不看重军功、荣誉和虚名，他就像一个见义勇为、打抱不平的江湖侠客，哪里有不平事就剑指哪里，到处除暴安良，非常令人敬佩。

加里波第的人生十分传奇。虽是一个叱咤风云、名震天下的战将，但他从小并未接受任何正规的军事教育，成才经历完全不同于战神拿破仑和铁血宰相俾斯麦。加里波第的父亲是一名水手，长到十多岁的时候，加里波第子承父业，也成了一名水手。海上天气瞬息万变，随时都有可能遭遇狂风巨浪，每一次出海，都堪称是一场冒险之旅。风和日丽时，水面波澜不惊，似乎没有什么危险，但平静的表象下，可能暗涛汹涌，潜藏着巨大的危机。谁也不知道下一秒会发生什么。这种动荡不安朝不保夕的经历，塑造了加里波第勇敢、坚毅的品质，使他变成了一个有胆有识、酷爱冒险的激进青年。

当时的意大利山河破碎，只有北境的撒丁王国取得了独立，大部分国土都处在外国势力的统治之下。许多仁人志士不堪外侮，纷纷揭竿而起，走上救亡图存的道

加里波第

路。有个叫马志尼的革命领袖创建了青年意大利党，领导进步青年救国救民。加里波第毫不犹豫加入了该组织，并参加解放意大利的起义。由于发动起义的条件不成熟，革命没有成功，马志尼被迫流亡伦敦，加里波第漂洋过海，逃到了南美。

1835 年，加里波第在巴西招募意大利同胞，组建了一支训练有素的游击队，帮助巴西共和国对抗反动的帝国政府军。1843 年，加里波第转战巴拉圭，帮助巴拉圭迎战阿根廷。他带领的游击队来无影去无踪，像幽灵一样神秘莫测，把敌人耍得团团转，常能以少胜多、出奇制胜。在野外作战条件非常艰苦，游击队员连像样的军服都没有，加里波第从肉丝加工场借来屠夫的工作装，给队员们充当军装，没想到这套如火焰般鲜艳的红衣服，日后会变成革命的标志，人们为此亲切地称呼他们为红衫军。在革命的过程中，加里波第邂逅了一位热情奔放、美丽迷人的巴西女侠，两人出双入对、并肩战斗，十分引人注目，一时传为美谈。

1848 年，意大利革命风暴又起。加里波第的爱国热情瞬间被点燃了，他按捺不住内心的激动，马不停蹄地返回欧洲，带着数百

名红衫军杀回意大利。经过多年的经验积累，他的游击战法已经到了炉火纯青的地步，他把所有的策略和战术都用在战场上，打退了数量庞大的法国干涉军。紧接着以两千兵马击败了三倍于自己的那不勒斯王国军。在保卫罗马的战役中，加里波第迎头痛击法军，杀得昏天黑地、日月无光，制服撕成了一条条碎布，上面血渍斑斑，经过一轮轮砍杀，军刀卷刃，弯成了残月状。他衣衫褴褛，满身血污，眼神炯炯发亮，就像从地狱里跑出来的不死战神一样。

加里波第在战斗中表现得异常英勇，怎奈敌众我寡，游击队的战斗力比不上法国正规军，罗马最终被法军占领，加里波第被迫撤军。后来奥地利和法国联合围剿加里波第，加里波第驾帆远航，一口气跑到了美国。直到 1854 年，才回到祖国。1859 年，热爱自由的意大利人民再次举起民族独立的大旗，撒丁王国打算趁机统一意大利。首相加富尔伯爵极力劝说加里波第为撒丁王国作战。加里波第认为报效祖国的时刻到了，立即组织了一支志愿军，采用灵活多变的游击战术与奥地利军队周旋，将对方赶出了伦巴第。撒丁王国乘胜收复了该地的首府米兰。

1860 年，意大利西西里岛人民不堪忍受那不勒斯王国的压迫，爆发了轰轰烈烈的民族大起义。义军势单力薄，革命之火很容易被扑灭。一向路见不平、拔刀相助的加里波第怎能袖手旁观？起义爆发的第二个月，他便率领志愿军带着干粮、淡水和武器，火速驰援西西里。攻打西西里首府巴勒莫，加里波第麾下只有区区 8000 人马，那不勒斯王国派来的军队超过了 2 万，在敌我力量悬殊的情况下，加里波第采用了上攻伐谋的策略，将一半的敌军骗到城外，然后集中优势兵力猛烈攻城。高楼里的居民纷纷响应，用滚烫的开水招呼王国的军队，不时投下花盆、钢琴等重物砸向敌人的脑袋。经过两个月的战斗，西西里终于获得了解放。

同年 8 月，加里波第乘胜讨伐那不勒斯，国王连忙派兵迎战。孰料王国军队的士兵都非常崇拜加里波第，见到志愿军居然高兴地欢呼万岁，随后装模作样地进行了几次小规模的械斗，几乎不战即溃，纷纷举旗投降。加里波第没有遇到有效的抵抗，轻而易举地进入了那不勒斯。国王吓得弃城出逃，因为不甘心失败，立即纠集残兵败将疯狂反扑。双方展开了血战。加里波第浴血奋战两天，终于打败了王国的军队，解放了南意大利。他无条件地将自己收复的土地交给了撒丁王国，随后功成身退，隐匿江湖。加里波第过了几年平静的田园生活，天生侠肝义胆的他，多次重出江湖，两度参加解放罗马的战斗，还参与了普法战争，于 1882 年与世长辞。他是意大利的民族英雄，也是国际主义战士，被誉为"两个世界的英雄"，他的英雄事迹流传颇广，激励了无数有志青年为正义而战。

佛罗伦萨三杰

意大利是一个充满艺术气息的国度，有古朴别致、造型精美的名胜古迹，有巧夺天工、惟妙惟肖的雕塑珍品，有色彩厚重、气势宏伟的砖红色穹顶，有举世闻名的文化古城佛罗伦萨，令人叹为观止。佛罗伦萨是文艺复兴的策源地，云集了达·芬奇、米开朗基罗、拉斐尔等艺术巨匠，群星璀璨，人才荟萃，绘画雕塑堪称一绝，素有"艺术之城"之美誉，是世界各地文艺青年心驰神往的圣地。

　　文艺复兴运动兴起于佛罗伦萨，并非偶然。欧洲最早的资本主义萌芽诞生在这里。资产阶级拥有雄厚的资本以后，希望能从中世纪的文化桎梏中解放出来，按照自己的意志和追求生活，对封建社会提倡的陈词滥调早已厌烦不已，急需在思想文化领域掀起一场革命。

　　由于意大利是古罗马文化的继承者，佛罗伦萨新兴资产阶级和广大知识分子，接触了大量古希腊古罗马的文化典籍，从中汲取了不少精神养料，他们对现实的渴望与古希腊古罗马倡导的人文精神不谋而合，故而打出文艺复兴的旗号，借复古宣扬人性解放，宣传自己的价值观，这就是文艺复兴产生的主客观条件。

　　文艺复兴最具影响力的人物首推旷世奇才达·芬奇，他绘制的《蒙娜丽莎》，恬静优雅，气质动人，一袭如烟似雾的黑纱，营造出了一种神秘冷艳的梦幻感，尤其是眼角、唇边若有若无的微笑，似喜非喜，似愁非愁，乍一看隐隐有一种温馨的暖色，换个角度观察，又似乎带有一点揶揄的味道，没有人能猜到那抹永恒微笑所蕴含的意蕴，它似乎包含着万千的信息，暗含着世人所不知道的秘密，历经岁月变迁，迄今为止仍然无人能破解它的真实含义，故而把它定义为世上最捉摸不定的神秘微笑。达·芬奇的艺术才华可见一斑。

达·芬奇老年自画像

　　达·芬奇涉猎广泛，研究科目包罗万象，在绘画、解剖学、数学、工程学、天文学、建筑学、动力学、物理学等多个领域都有很深的造诣，堪称一个百科书式的全能人物。他留下的神秘手稿，奇思妙想层出不穷，充分展示出他博大精深的智慧。那些令人眼花缭乱的发明创造，本来是现代社会才有的东西，却早已在达·芬奇脑海中成型，这简直令人难以置信。他不仅绘制了直升机、圆锥形坦克、降落伞、螺旋桨、脚踏车，还设计出救生圈、潜水衣、潜水艇等装置，据说他发明的潜水设备，能让人轻松地在海底漫步，实现与鱼群共舞的梦想。

达·芬奇如此高产，能取得这么多令人惊叹的成就，与他的独特身世有关。他是一个私生子，按照当时的传统，不被允许学习希腊文和拉丁文，而意大利的所有书籍都是用这两种文字编写的，这就意味着达·芬奇一生都没有接受过系统的正规教育。由于思想不曾被前人的固有经验束缚，达·芬奇天马行空的想象力不曾受到限制和扼杀，在好奇心和求知欲的引领下，他有了许多惊人的发现。他用自己的双眼观察大自然和人类自身，一度为万物生长的规律、水的流动和鸟类的飞行着迷。为了探求艺术和科学的真谛，他公然打破禁忌，解剖死尸，忍受着令人作呕的尸臭味，详细记录各组织的结构，发现了人体器官的工作原理，这些发现对后世产生了极为深远的影响。

米开朗基罗是与达·芬奇并驾齐驱的重量级人物，他不像达·芬奇那样热衷于发明创造，在艺术以外的领域无所斩获，但在绘画、雕塑、建筑三大领域都获得了登峰造极的成就。他的大卫像一惊问世就惊艳了整个世界，至今仍是佛罗伦萨学院美术馆镇馆之宝。由于他的一双巧手和无可匹敌的斧凿之工，苍白的大理石被赋予了血肉和生命，那和谐优美的线条、充溢着激情和爆发力的肌肉、青春健美的体态，展示出的是一种咄咄逼人的美，无人能抗拒它的魅力。

如果说大卫像代表的是永恒的人体美，那么西斯廷穹顶画就

米开朗基罗

是一座不朽的丰碑。为了完成这部波澜壮阔、惊世骇俗的伟大作品，米开朗基罗倾尽了才华和心血，在近四年半的时间里，他仰着脖子，长久保持一个姿势，通宵达旦地站在高高的脚手架上工作，差点被这项繁重艰苦的劳动拖垮身体。精心地绘制完300多个人物以后，他的视力毁了，阅读信件的时候必须把信高举过头顶才能看清，身体严重变形，腿脚肿胀得连脱靴子都困难。他的努力没有白费，这幅鸿篇巨制被后世视为有史以来最伟大的绘画作品之一，《创世记》得以震烁千古，在画面中，亚当侧身伸出手臂，手指与上帝轻轻相触，似有智慧火花闪现，这令人浮想联翩的世纪接触，意味着人文主义的诞生，因为上帝、天使身后的背景其实是大脑的解剖图，含义不言自喻，智慧源于人的大脑，人才是宇宙中最了不起的存在。

拉斐尔自画像

文艺复兴中最年轻的重量级艺术大师当数拉斐尔，他仅仅活了37岁，在短暂的人生里，将艺术创作推向极致。他不像达·芬奇那样无所不通，也不像米开朗基罗那样气魄宏大，他的作品自成一派，以细腻、典雅、柔和著称，影响后世画坛400余年，迄今为止仍然被世界各地的画家所推崇。其中《面包师的女儿》是以他的心上人弗纳利娜为原型创作的，画中人物清纯甜美，双目凝视，顾盼生辉，嘴角残留的笑意隐约可见，看起来非常迷人。它也许不是拉斐尔最好的一幅画作，却见证了他生命中最为刻骨铭心的一段爱情，正是因为这份无果而终的恋情，年轻的天才画家拉斐尔才过早地离开了人世，将艺术生涯永远定格在37岁。

滑稽逗趣的意大利军队

艺术气息浓郁的意大利在第二次世界大战中充当了法西斯的帮凶，成为纳粹德国的盟友，曾经犯下过罪行，奇怪的是，唯有法西斯党魁墨索里尼受到指责，意大利军官士兵的战争罪责被一笔抹去，如今，人们所津津乐道的，是意大利人在战场上各种令人啼笑皆非的表现，有些历史学者甚至断言，如果不是意大利状况频出，没完没了地拖德国的后退，反法西斯战争可能不会那么快结束，意大利的糟糕表现和丢人战绩，加速了法西斯纳粹的倒台，为残酷血腥的战争涂上了一层诙谐逗趣的喜剧色彩。那么意大利人的战斗力真的像传说中的那么差劲儿吗？

据说，参战国夜以继日地忙着研发新式武器时，意大利人也在没日没夜地琢磨研究，不过他们研究的课题与武器开发没有任何关系。本着民以食为天的原则，意大利人首先想到的是如何解决吃喝问题。别国的军队全都粗茶淡饭、饮食低劣，意大利人可不愿委屈自己，经过通宵达旦地研究，他们终于发明出速冻食物，这样即使整天在硝烟弥漫的战场上奔波，也能好好享用美食了。有一次，意大利军队在行军途中忽然感到饥饿难忍，当时距离最近的补给站至少有10公里，大家不愿饿着肚子继续奔走，索性集体煮面条吃，结果被盟军轻松俘获。

红茶和红酒是意大利人的最爱，为了在战场上喝到这两样饮品，他们购入了至少3000吨红茶，红酒更是多得不可计数，盟军缴获的战利品中，红酒的数量要远远多于弹药的数量。红酒的包装上写着"喝醉了就不会恐惧战争了"的标语，似乎隐隐暗示着意大利人喝酒不单纯是为了享受，更多是为了壮胆。

在第二次世界大战期间，意大利的伙食始终是最好的，所以被意大利军队俘虏是一件幸事，战俘时常能吃到豪华大餐，每天都能大饱口福。有一次，意大利人抓到一个英国飞行员，把他关到集中营。到了晚上，为这位初来乍到的俘虏提供了一顿看似平常的晚餐，桌上摆着美味的通心粉和新鲜的肉食，还有酸甜可口的水果和精致的红酒。飞行员惊呆了，自参加战斗以来，他从未吃过如此丰盛的食物，一度怀疑这顿饭就是自己人生中的最后一餐。

第二天早上，他痛苦地睁开眼睛，等待被枪毙，没想到敌方的将帅很友好地对他说："对不起，我们的士兵昨天犯下一个小小的错误，误把您当成普通的士兵了，晚餐的档次不够，今天将给阁下提供将校级别的晚餐。请阁下原谅我们照顾不周。"数十年以后，意大利人辟谣说，当年俘虏的那名飞行员是英国的皇室成员，自然要多加优待，普通的飞行员可享受不了这么高级别的待遇。通心粉、肉食、水果、红酒一应俱全，对普通的意大利官兵来说同样是一种奢想。

传说在沙漠作战时，意大利军队打了败仗，请求德军迅速支援。德军火急火燎地赶去和意大利盟友会师，两军相遇时，德军恼火地发现，意大利人正浪费宝贵的水源，专心致志地煮通心粉。后来意大利人辟谣说，传闻讲述的是阿拉曼战役。当时意大利的两个师被英军击败，后退了200多里，撤退途中遇到了一个意大利将军。将军知道他们遭遇了惨败，日后也没有希望取胜，但仍然不打算离开，决定和自己的勤务兵一块儿战死沙场，临战前，对士兵们说："决战前夕，大家可以吃点家乡的通心粉……"

美军打入意大利本土时，发现意大利人毫无斗志，于是降低了攻击的力度，节省了不少弹药。有一天，德国的侦察机在战场上空盘旋了一会儿，意大利军官为了维护颜面，不得不下令进攻。美

第二次世界大战中的意大利军队

军觉得意大利人是在虚张声势，心不在焉地回击了一通。德军侦察员恰好看到了这一幕，误以为美军被意大利人震慑住了，忍不住夸赞道："意大利人好厉害，他们成功抵挡住了美军的凌厉攻势。"直到德国派来的援军抵达战场，双方才真刀实枪地展开激战。

到了晚上，意大利人总能放心地呼呼大睡，因为他们坚信，自己睡着了，敌人也应该进入梦乡了，对方不可能放弃宝贵的睡眠时间发动突然袭击。结果被英军连夜偷袭。在北非战场上，意大利军队和英军互相用炮火攻击对方，战斗刚打响时，意大利军人煞有介事地发炮，炮弹一枚接一枚地砸向英军，可是坚持不到三分钟，意大利人就竖起了白旗。英军一头雾水，不明白对方葫芦里究竟卖的是什么药。意大利人振振有词地说："找不到撬棍，没有办法打开弹药箱。"

长期以来，流传着这样一种说法：别国负责打仗，意大利人专门负责搞笑。对此意大利人气愤不已，他们承认自己的同胞在第二次世界大战中扮演了不光彩的角色，助纣为虐加入了法西斯阵营，为此理应受到广大和平人士的强烈谴责，但觉得意大利军人和意大利人民不应该被取笑。意大利官兵并不认同独裁者墨索里尼的对外

政策，为了履行军人的职责，怀着无比纠结的心情赶赴战场，战斗中亦有伤亡，那些死难者不但没有获得同情，反而沦为笑柄，这实在是令人难以接受。

意大利军队战斗力偏弱，根本原因在于，他们参加战斗实乃情非得已，大多数军人是被纳粹头目墨索里尼驱赶到战场上的，并不是心甘情愿地打仗。第二次世界大战时期，希特勒受到顶礼膜拜，德国人愿意为他赴汤蹈火，整体战斗力自然很强，墨索里尼在意大利的号召力根本不能与之相提并论，从内心深处，意大利人不愿为墨索里尼代表的独裁政府效力，他们找不到拼死作战的理由，所以在作战过程中才会表现得心灰意懒，才会留下如此之多令人逗趣的笑话。

第十一章

天涯之巅，大陆之尽头

——西班牙

西班牙位于欧洲大陆的尽头，西临大西洋，东临地中海，深受海洋文明的熏陶，比欧洲其他国家更加热情狂放。西班牙是火红色的，提起这个国度，首先映入脑海的就是炽热如火的红，舞者飞扬的舞裙是红色的，斗牛士手中的斗篷是红色的，节日里，人们互相喷洒的番茄汁是红色的。西班牙人似乎不知道拘束为何物，也不清楚什么叫作适可而止，一味放纵自己的天性，凡事追求极致，永远都是那么旗帜鲜明，人为地涂抹出铺天盖地的红。正因为如此，疯女王胡安娜才会爱得死去活来，为了爱情把自己燃烧成灰；王室成员才会疯狂地从美洲搬运黄金，把自己的国家埋葬在了金币里；左派和右派才会如此极端，在本国乃至全世界的范围内，制造了前所未有的动乱。极端的西班牙有过光辉灿烂的过去，也有过不堪回首的黑暗岁月，一度迷失过，如今大国梦碎了，但国人依旧热情不减，依旧追求一种极致的生活，依旧率性和奔放。

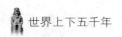

为爱痴狂的疯女王

西班牙地处欧洲大陆的西南边陲，形状宛若一只伸向地中海的拳头，火药味十足，这里自古就是兵家必争之地。克罗马农人、凯尔特人、腓尼基人、希腊人、迦太基人、罗马人、西哥特人、阿拉伯人纷至沓来，都曾在这片土地上留下过深深的印记。克罗马农人是西班牙最早的居民，公元前 9 世纪，凯尔特人大举迁入。

从公元前 8 世纪起，西班牙不断受到外族侵略，先后被武力强大的罗马人、西哥特人和摩尔人支配过，在长达 500 年的漫长岁月里，以罗马帝国行省的身份存在，罗马帝国瓦解后，被西哥特王国统治了三个世纪。公元前 710 年，西哥特人为了争夺王位陷入内乱，有个当权者引狼入室，邀请摩尔人率军登陆伊比利亚半岛，帮助自己夺取王冠。摩尔人反客为主，趁机征服并占领了伊比利亚半岛，开启了长达 800 年的统治。

后来，摩尔人王族争权夺利，内讧不断，帝国分崩离析，西班牙人趁机展开"光复运动"，将所有异族统治者驱逐出国境，终于实现了民族独立。1469 年，阿拉贡国王斐迪南二世迎娶了卡斯蒂利亚女王伊莎贝拉一世，标志着两大王国合二为一，西班牙正式完成了统一大业。斐迪南二世和伊莎贝拉一世的女儿胡安娜是西班牙史上最悲情的女王，她不仅权力被架空，还接连受到丈夫、父亲、儿子的利用和迫害，在与世隔绝的高塔里悲悲惨惨地度过了大半生，以致精神失常。虽然宫廷充满尔虞我诈的斗争，但像胡安娜这样被至亲残忍伤害和连番算计的，在整个人类史上都很少见。

胡安娜是伊莎贝拉女王的掌上明珠，从小娇生惯养，备受宠爱，过着童话一般的生活。17岁那年，她邂逅了英俊潇洒、风流倜傥的奥地利王子腓力普，人生为之改变。腓力普比她年长一岁，鼻梁秀挺，眼眸深邃，眉宇间有一股掩饰不住的英气，嘴角浮动着调皮的笑意，看起来就像一个玩世不恭的浪荡公子。胡安娜为他着迷，隐隐约约感觉到对方似乎也对自己

胡安娜画像

有兴趣。少女情窦初开，雀跃不已，脑海里充满了天真烂漫的幻想。当时西班牙、奥地利王室都在竭力撮合这段婚姻，所以两人相识没多久就举行了婚礼。胡安娜认为她和腓力普是天作之合，将来一定会幸福。

殊不知，所谓的一见钟情可能仅仅是一种美好的错觉，电光火石中擦出的爱情火花，燃烧得越凶猛，熄灭得也就更快。归根结底，他们的结合只是政治联姻的产物，腓力普不曾爱过胡安娜，自始至终，都只是胡安娜一厢情愿而已。婚后，她把所有的心思都放到丈夫身上。丈夫要骑马，她就像仆人一样为他挽缰绳，丈夫喜欢挥汗如雨地打球，她顾不得身娇体弱，也跟着在球场上跑来跑去。她一刻也离不开腓力普，希望朝朝暮暮与之相守，一旦看不到那个熟悉的身影，她就会坐卧不宁。然而她的痴缠令腓力普感到无比厌烦，亦步亦趋的陪伴没有换来半点柔情，换来的只有一脸的不屑。

胡安娜怀孕以后，窈窕玲珑的身体变得臃肿笨重，无法继续取悦腓力普。腓力普对她的态度更加冷淡了，只要一有空就到外面拈花惹草，艳遇绯闻不断，有时还和侍女偷情。胡安娜听到流言，心碎不已。有一次腓力普刚刚从外面幽会回来，胡安娜忍不住追问了几句，腓力普十分恼火，两人争吵了起来。胡安娜情绪失控，随手

给了腓力普一个耳光，腓力普马上还给她一个更响亮的耳光。胡安娜捂着脸，呆若木鸡。心中虽有万千委屈，却还是服软了，撒娇地扑倒在丈夫怀里，喃喃地说："无论如何，我总是爱你的。"

为了防止丈夫在自己眼皮底下偷欢，胡安娜把略有姿色的侍女全部遣退了，宫廷里只剩下相貌平庸、身材刻板的女子。胡安娜仍然不放心，害怕丈夫跑到外面偷欢，于是派人跟踪丈夫，教人随时向她报告丈夫的一举一动。她变得越来越神经质，只要一听到有关丈夫偷香窃玉的传闻，她就会抓狂，时而撕心裂肺地号哭，时而声色俱厉地责备对方不忠，时而低三下四可怜巴巴地乞求怜爱。

随着哥哥姐姐的相继离世，在家中排行老三的胡安娜成了无可争议的王位继承人。基于利益的考量，一向花心的腓力普行为有所收敛，伪装成含情脉脉、温柔体贴的样子。胡安娜误以为丈夫浪子回头，没想到对方坚持没多久，就露出了本性。博爱多情的腓力普不愿为一朵花放弃整座花丛，在他眼里，胡安娜俨然就是累赘和羁绊，一度阻碍他寻欢作乐。为了摆脱这种羁绊，他执意把胡安娜一个人留在西班牙，准备独自返回奥地利。伊莎贝拉一世不同意，他竟暗中策划逃跑，虽然没有成功，但此举仍然深深地刺伤了胡安娜。

伊莎贝拉一世过世后，这个世界上再也没有人疼惜和保护胡安娜了。胡安娜的父亲斐迪南二世和腓力普达成了一笔政治交易，约定对外宣称胡安娜精神错乱、行为失常，不能履行女王的职责，以此架空她的权力，然后两人分享大权。贵族们为了维护自己的切身利益，纷纷宣布效忠胡安娜，斐迪南二世和腓力普的阴谋没有得逞，胡安娜并没有追究他们的罪责。

1502年，腓力普外出参加宴会。胡安娜因为又一次怀孕，行动不便，没有随行。宴会结束后，腓力普又兴致勃勃地跑去骑马打球。玩到兴起时，有点忘乎所以，不慎从马背上摔了下来。胡安娜看着受伤的丈夫，心痛万分，瞬间忘记了对方施加在自己身上的所有伤害，一直无微不至地照顾着他。可惜腓力普福薄，由于伤势过重，最终还是不治身亡。胡安娜悲痛欲绝，不敢相信腓力普真的离开了人世，极力欺骗自己说，他一定是睡着了，很快就会醒来，照常骑马打球，当然，还会对别的女人暗送秋波、打情骂俏。

不知过了多久，胡安娜才敢面对现实，坦然接受了丈夫的死讯。后来她生下第六个孩子，准备终身守寡。她的父亲斐迪南二世趁她心理脆弱的时候，略施诡计，获得了共治权，然后把她囚禁在古堡里的塔楼中。此前，胡安娜因为疑神疑鬼，经常歇斯底里地发脾气曾遭到过丈夫腓力普囚禁，此举受到斐迪南二世的默许。胡安娜又一次沦为囚徒时，精神受到很大的刺激，经常在夜半三更时胡言乱语，有时还会唱歌，几近疯癫。

好不容易熬到父亲去世，胡安娜以为自己终于可以重见天日了，孰料她的儿子查理得到共治权以后，居然狠心继续关押她。在权力面前，亲情脆弱得不堪一击。丈夫、父亲、儿子都把她当成政敌，为了大权独揽，恨不能将她囚禁到死。胡安娜绝望之际，国内爆发了起义，起义者公然竖起反对查理的大旗，尊胡安娜为西班牙合法女王。不幸的是，起义被镇压下去了，希望稍纵即逝，胡安娜长期被幽禁在一间没有窗户的屋子里，过着暗无天日的生活，一直生不如死，直到1555年才以76岁高龄离开了人世。死后留下一大堆谜团和种种猜测，有人说她天生就是精神分裂患者，更多的人认为她是被丈夫、父子、儿子折磨疯的，一个女人，连番遭到亲人背叛，长期被拘禁在伸手不见五指的黑屋子里，身心受尽摧残，即便心理再强大，也会疯掉吧。

从大发横财到"黄金漏斗"

胡安娜的儿子查理五世（卡洛斯一世），继承了巨额的家产和大片的领土，没费多少枪炮就得到了半个欧洲和美洲的殖民地，还当上了神圣罗马帝国的皇帝，曾一度骄傲地说："在西班牙的领地上，太阳永远都不会落下。"这就是日不落帝国名称的由来。

长期以来，人们一直误以为第一个打出日不落帝国旗号的是英国，因为英国的殖民地遍布全球各个时区，事实并非如此，西班牙才是世界上第一个日不落帝国。卡洛斯一世在位期间，西班牙领有格陵兰、意大利、尼德兰、加拿大、南北美洲大片土地，版图一度拓展到非洲和大西洋沿岸，疆域之广，令人咋舌。欧洲各国的王室之间经常通婚，血缘关系非常复杂，利益盘根错节，幸运的继承人，可从祖上继承好几个国家的领土，卡洛斯一世运气极佳，不费吹灰之力就能坐享大好江山。西班牙的运气也非常好，因为伊莎贝拉一世的资助，哥伦布发现了美洲新大陆，在随后的几十年里，西班牙人将源源不断的黄金白银运回本土，还开辟了广袤的殖民地，一度富得流油。

在当时的历史时期，人们脑海中没有国际公约的概念，发现一块崭新的陆地，插上帝国的军旗，就可以直接将其划归到国王陛下的名下。西班牙殖民者靠着这种方法到处圈地画地，占据了大片的无主之地。如果登陆的土地有人烟，也不要紧，冒险家们只需略施小计，便能把那些天真无知的土著酋长骗得团团转，迫使对方签署文件割让土地。

西班牙王室认为征服那片未开化的蛮荒之地，根本不需要劳师动众，所以懒得派正规军，驻扎在美洲的军队多半是私人招募的武装，这批人虽是一群乌合之众，却不容小觑，有个叫皮萨罗的文盲，仅带领 169 人，就灭亡了强盛一时的印加帝国，还勒索了足以填满一整间石室的金子，事后将其中的五分之一上缴给西班牙王室。国王为了鼓励国民到海外开疆拓土，创建殖民地，大方地承诺，征服者担任该地的总督，掠夺来的财富大部分归私人所有，只需上缴一小部分给王室就可以了。开出的条件相当诱人，无数抱着发财美梦的西班牙人漂洋过海来到新大陆淘金。

西班牙宝船把一箱一箱的黄金、白银从美洲搬运到欧洲，在浩渺无际的大海上构建起一条黄金水道。只要沿着航线出发，总能满载而归。自从新航路开辟以后，美洲的贵金属大部分进了西班牙的腰包。据说，截至 16 世纪末，全球约 83% 的金银流入了西班牙。然而这笔横财并没有形成原始资本的积累，它集中到了王室和贵族手中，从未流向民间，对本国的经济毫无贡献。权贵阶层面对金山银海，产生了一种幻觉。

误以为全世界的财富唾手可得，金钱取之不尽用之不竭，渐渐腐化堕落。上至君主下至王公大臣，都养成了奢侈浪费、好逸恶劳的习性。富人比拼挥霍，个个出手阔绰，动辄一掷千金，将大量的财富消解于无形。

西班牙统治阶级习惯了坐享其成的日子，以为什么都不必做，金条银锭就会像雨点一样砸下来，一点奋斗的动力都没有。当时流传着这样一种说法："伦敦造纤维，荷兰织布，西西里岛盛产海狸皮和驮马，米兰织锦，全世界都在侍奉马德里的国王陛下，而我们尊贵的国王不需要为任何人服务。"正是基于这种心理，富有的西班牙贵族只知道疯狂购买奢侈品，却不肯付出任何劳动，一度轻视实业发展，结果直接导致西班牙的衰落。那些从美洲殖民地搜刮来的黄金，就像倾盆大雨一样倾泻在西班牙尖而高耸的屋顶上，一瞬间全流走了，除了金色的幻梦以外，什么也没剩下。财富好比手中的沙子，不知不觉便流失了。

由于奢华之风大行其道，西班牙掀起了消费热潮。英国、荷兰、法国、德国的高档奢侈品纷纷涌入西班牙市场，赚取了大量的金币。他们用赚来的外汇发展实业和轻工业，促进了资本主义的发展。英国和荷兰得以迅速崛起。从中获益最多的是荷兰。所以人们都调侃地说："西班牙吃新大陆，却养肥了荷兰。"西班牙由此被誉为"黄金漏斗"。因为它吃下去的黄金，都悄无声息地流向了荷兰的胃里。

意外发现的宝藏，没有给西班牙带来任何实惠和好处，非但如此，外来金银的流入，制造了前所未有的混乱。特权阶层的贪欲被刺激得无限度膨胀，为了捞钱，不惜卖官鬻爵，在拍卖土地的同时，大肆兜售官爵和司法权，扰乱了正常的秩序。土地和权柄落入财大气粗的贵族手中，这些人在地方上一手遮天、呼风唤雨，一味欺凌弱小的百姓，百姓生活在水深火热之中，痛苦不堪。

美洲的金银大批地流入西班牙市场，扰乱了本地的货币体系，国内的金银货币大幅度贬值，与此同时，工业产品和农产品的价格疯狂上涨，引发了"价格革命"。西班牙的产品标价虚高，在国际市场上不具备任何竞争力，出口受到限制。出口转内销，阻力更大，由于财富都集中在权贵手中，普通老百姓收入微薄，购买力普遍低下，买不起价格节节攀升的商品，国内市场也日渐萎缩。在本土产品没有销路的情况下，商人转而干起走私的买卖，将质优价廉的外国货走私到西班牙出售，这种做法进一步打击了原本孱弱不堪的国内产业。

百姓生存环境恶化，统治阶级满不在乎，他们仍然在想方设法花钱，消耗金钱最快的方式莫过于参加战争。因为钱多得花不完，西班牙人到处耀武扬威，没完没了地打仗。卡洛斯一世耗干了国库，仍嫌不过瘾，居然举债支持战争。1557—1597年，西班牙曾多次宣布过破产。但暂时的财务困境并未使国王感到苦恼，他乐观地想，只要再从美洲运回几船黄金白银，所有的问题便会迎刃而解。国王忘记了一个最简单的道理，地球上的资源是有限的，美洲富含金矿、银矿，但金银总有耗尽的一天。直到 17 世纪 30 年代，墨西哥银产量迅猛下滑，西班牙人才清醒过来，设法阻止白银外流，可惜一切都太迟了。他们已经把掠夺来的金银花得干干净净，由黄金帝国变成欧洲穷国以后，又欠了 1 亿金币的债务，经济长期低迷不振。

遥想当年，哥伦布驾着简陋的小船历经劫难，发现了美洲新大陆，至死都没有找到梦寐以求的黄金，时隔多年以后，西班牙殖民者发掘出了数不清的真金白银，高兴得哇哇大叫，觉得自己仿佛来到了金银珠宝垒砌的天堂，眼前的景象如梦幻般美妙，谁都不曾料想到美梦也会变成噩梦，成堆的金银不仅没有让西班牙更加辉煌，反而压垮了强盛一时的西班牙帝国。

内战真相——激进左派和保守势力的殊死对抗

20 世纪初期，欧洲大陆新思潮泛滥，民粹主义、民族主义、法西斯主义、自由主义、无政府主义、共产主义等激进思想层出不穷，位于西欧尽头的西班牙处在各种风暴和旋涡之中，不断承受着各种浪潮的冲击，随时都有可能改换天日。世界各国都在关注着它的局势变化。

1936 年 7 月，左翼政府同以弗朗哥为首的右翼集团展开了殊死较量，西班牙内战爆发。战争历时两年零九个月结束，时间不长，但却给西班牙带来了几乎摧毁性的打击。西班牙人在谈及这段历史的时候，无比沉痛地说："半个西班牙死掉了。"内战期间，似乎全世界的人都蜂拥到了西班牙，他们穿着不同的服饰，操着不同的语言，满怀着激情和理想，在西班牙的国土上展开了意识形态的较量和武力的对决。西班牙内部的自相残杀，演变成了世界人民的自相残杀。一颗颗炸弹从天而降，从四面八方扔向西班牙，伴随着一阵

西班牙内战

阵巨响，地面上留下大大小小的弹坑和一具具血淋淋的尸体，没有人准确地统计过，内战中，究竟有多少西班牙人在战火中丧生。

长期以来，人们都认为这场内战代表的是正义与邪恶的全面较量，因为它云集了世界各地的人，还曾受到法西斯势力的干涉，右翼代表弗朗哥一度受到希特勒和墨索里尼的支持，为此有人把它看成反法西斯战争的一部分。其实事情并没有那么简单。左翼共和国政府力图除旧布新，扫除封建遗毒，本来无可厚非，但行为太过偏激，不分青红皂白地残杀了大量教士，奸淫了无数清白无辜的修女，革命进入高潮之后，演变成暴力运动，手无寸铁的平民亦遭到了清洗。经过一轮又一轮的大开杀戒，左翼分子完全丧失了理智，开始自相残杀，大规模地迫害无政府主义者和温和派代表。广大知识分子和进步青年纷纷被投入监狱，不久就被枪毙。左翼作家乔治·奥威尔侥幸脱险以后，无比愤怒地痛斥道："人们误以为这场战争是正义的，大家为保卫民主而战，事实上它是一个天大的谎言，是一个彻头彻尾的骗局。"

左翼政府的正义性大打折扣，右翼集团也不是什么善男信女，以弗朗哥代表的右翼势力枪决的人绝不比左翼少。左翼右翼关系紧张之际，弗朗哥曾暗杀过左翼分子，发动政变推翻民选的共和政府之后，血腥镇压左翼人士，害死了不少拥护共和制的有志青年。弗朗哥统治西班牙四十年的漫长岁月里，推行的是军事独裁统治，给

西班牙人民带来了无尽的恐怖回忆。

弗朗哥出身军人家庭，又当过军官，行事一贯强硬，他相信只有采用铁腕手段，才能建立秩序。在发动军事政变前夕，已经做好了不成功便成仁的准备，决定要用最残酷的方式扳倒左翼，即便让西班牙流干鲜血也在所不惜。他甚至强调说杀戮在所难免，因为它是恢复社会秩序的必要手段。内战期间，他不断派出暴徒暗杀左翼人士，左翼为了报复，也开始暗杀右翼。一时间法律成了一纸空文，社会秩序完全崩塌，人们无所顾忌地践踏别人的生命，一边高喊口号，大谈主义，一边做出卑鄙残忍的行径。杀人不再是犯罪行为，忽然之间成了"正义之举"，任何一个人都可以干脆利落地杀掉敌对阵营的人。

滥杀无辜的行为被表扬、被高举，真相淹没在精心包装的谎言之下，人们可以理直气壮地去报复自己不喜欢的人，以正义的名义惩罚"敌人"。仇恨的情绪四处蔓延，道德底线崩溃，人类似乎丧失了反思的能力，习惯了披着神圣的外衣行邪恶之事。民众热情高涨，以"横眉冷对千夫指"的姿态怒斥弗朗哥，奋不顾身地投入到革命洪流中。不可否认，在纷乱的时局中，仍然有一部分人保持着冷静清醒的头脑，知道自己为什么而战。他们不远万里奔赴西班牙战场，组成"国际纵队"，英勇地加入反法西斯斗争中。志愿者中，有舞文弄墨的诗人、手无缚鸡之力的艺术家，也有身强力壮的矿工、码头工人，他们都不是经过严格训练的军人，却怀揣着共同的理想，放弃了原本安定的生活，不约而同地聚集在世界上最危险的地方。他们愿意把自己的热血倾洒在陌生的土地上，甚至愿意献出宝贵的生命。

国际纵队的成员无疑都是一群理想主义者，但那些干预西班牙的政客却是冷酷的现实主义者。苏联为西班牙共和政府提供武器时，要求对方用黄金支付。战斗打响没多久，西班牙共和政府就把一半的黄金悄悄地运送到了苏联，部分用来购买武器，部分请苏联政府代为保管。黄金抵达苏联国境时，斯大林说："西班牙人别想再看到那些沉甸甸的黄金了，这就好比他们永远不可能看到自己的耳朵一样。"苏联人说到做到，西班牙人交给苏联代为托管的黄金彻底蒸发了，至今仍然没有人知道那笔宝藏的下落。

1938 年，意大利出动军用飞机对巴塞罗那狂轰滥炸，在短短的一分钟之内，约有 150 名平民死于空袭。弗朗哥的支持者在军事方面紧密地配合着右翼势力的行动，为了胜利不惜一切代价。共和派渐渐处于下风。其实从 1937 年开始，苏联便减少了对共和政府的援助，而德国和意大利却加大了对右翼势力的支援。大多数西方国家怕引火烧身，不愿蹚这趟浑水，英法两国开始推行绥靖政策，国际纵队在付出了巨大的伤亡代价以后，黯然撤离了西班牙。1938 年年底，弗朗哥稳操胜券，公开宣称共和派犯下了不可饶恕的罪名，新政府绝不会赦免他们。

1939 年，弗朗哥兵不血刃地攻下了巴塞罗那，守军不战而降。数十万共和军和西班牙难民逃亡法国。位于核心地区的共和派手里掌控着近 30 万军队，在大敌当前之际，却依旧忙于内斗，纷纷把阴森森的枪口对准了自己人。血战了四天之后，领袖人物匆匆忙忙撤离了西班牙，普通的军官和士兵来不及逃走，被弗朗哥的行刑队一举歼灭。1939 年 3 月 27 日，马德里沦陷，同年 4 月 1 日，西班牙内战宣告结束，弗朗哥成了笑到最后的胜利者，开启了漫长的独裁统治。

外国的志愿者、军队、飞机大炮在一夜之间消失得无影无踪。饱经战火洗礼的西班牙百孔千疮、满目疮痍，到处都是尸体横陈、血流漂橹的悲惨景象。亲历那场内战的人，提及过往，忍不住叹息道："半个西班牙死了。"付出了惨重的代价之后，西班牙在艰难曲折中继续行进，直到 1976 年，才开始向议会民主政治过渡，最终确立了君主立宪制、议会民主制的政治体制。

第十二章

辉煌一时的军事大国
——奥斯曼帝国

奥斯曼帝国是一个军事强国，它的缔造者是土耳其人。古代的土耳其人尚武好战，把战争当成了一种生存游戏，每个军人都渴望建功立业，希望最大限度地拓展本民族的生存空间，掠夺更多的土地、资源和财富。他们从不手软，也没有悲悯之心，只想用刀剑杀出一条血路，用铁蹄踏出一马平川，用武力征服目力所及的所有地方。经过无数的杀伐，终于建立起了一个称霸亚欧非的庞大帝国。帝国的军队所向披靡，创造了攻无不克、战无不胜的神话，剑锋所指，除了尸骸，什么也没留下。东罗马帝国就是毁在了这支强悍的军队手里。到了近代，奥斯曼帝国被更强劲的对手击败，瞬间土崩瓦解，再也不复往日的辉煌。

威震亚欧非的军事帝国

在欧洲版图上，奥斯曼帝国是一个特别的存在，它地处东西文明交相辉映处，继承了东罗马帝国的优秀文化，又吸收了东方文明的先进成果，曾经辉煌一时，强盛时期，横跨欧亚非三块大陆，把黑海变成了自己的内湖，势力范围囊括三分之二的地中海。当时整个欧洲都在它的铁蹄下颤抖。谁也不会想到，这样一个庞大的帝国日后竟会一战即溃，被肢解成许多国家，如今只剩下土耳其，领土面积不足 80 万平方公里，颇令人感叹。其实，奥斯曼帝国由盛而衰符合历史的一般发展规律，本质上它是一个军事帝国，因为武力强大而走向辉煌，后来因为军事疲弱而迅速衰败，也在情理之中。由于在一战中败给了协约国，被战胜国瓜分，以致分崩离析、土崩瓦解，大国梦一夜之间灰飞烟灭，真可谓成也战争败也战争。

奥斯曼帝国是由土耳其人（西突厥的一支）创建的。在遥远的古代，土耳其人经历了多次民族大迁徙，茫茫的中亚大草原、降水丰沛的伊朗东部、天府之地小亚细亚，都曾经留下过他们的踪迹。在蒙古铁骑的威逼下，首领厄尔图格鲁尔被迫带领族人举家搬迁，罗姆苏丹不忍心看到同种的土耳其人颠沛流离，于是便把位于小亚细亚北境的索古德封给了厄尔图格鲁尔，希望这些同种的兄弟能够安居乐业，过上崭新的生活。

厄尔图格鲁尔自觉服从罗姆苏丹的统治，成为其臣属。他的封国濒临拜占庭帝国（东罗马帝国），以罗姆苏丹国藩属国的身份，拱卫着宗主国。厄尔图格鲁尔去世后，他的儿子奥斯曼继承了大位。当时国际形势风云变幻，武力征伐的剧目每天都在上演，罗姆苏丹国被横冲直撞的蒙古大军冲击得七零八落，没过多久就走向覆灭。奥斯曼所在的封国羽翼渐渐丰满，一天天强大起来。时机成熟后，奥斯曼高调宣布独立建国，以苏丹自诩，他创建的帝国就是日后的奥斯曼大帝国。

奥斯曼是一个出色的政治家，也是一个富有韬略的军事家，在他的引导下，国家一步步走向强盛。在位期间，他团结了一切可以团结的力量，接纳了不同民族、不同信仰的战士，慷慨地把丰美的土地赐给战功赫赫的将领，组建起一支强大的武装，创造了攻无不克、战无不胜的神话。

奥斯曼画像

进入 14 世纪，欧洲陷入分裂动荡，步入了衰退期，奥斯曼帝国得以异军突起。为了完成宏图霸业，奥斯曼迎娶了苏菲派长老谢赫的女儿，借助岳父的威望和名声，使更多志同道合的战士投奔到自己麾下。即位之初，岳父曾经赠给他一把削发如泥、锋芒闪烁的宝剑，这把剑后来成了帝国历代帝王加冕登基时，必须接受的圣物。

在羽翼未丰阶段，奥斯曼非常懂得韬光养晦，出于战略需要，他曾尊奉伊儿汗国（蒙古帝国四大汗国之一）为宗主国，毕恭毕敬地向蒙古王庭纳贡。在当时的历史时期，奥斯曼帝国不具备与蒙古争雄的实力，所以奥斯曼把目标移向了相对孱弱的邻国——拜占庭帝国。拜占庭帝国虽然延续了罗马的光辉，但历经岁月沧桑，如今已经变成一个百病缠身的老人，战斗力大不如从前。由于兵源严重不足，它不得不大批量地招募雇佣军，雇佣军各怀心事，凝聚力不

强，在土耳其人的猛烈攻击下一败再败，厄斯基色希尔、莱夫凯、卡加希萨尔、伊内格勒、耶尼谢希尔等城池陆续沦陷，成为奥斯曼的囊中物。

1301 年，奥斯曼取得了巴法埃农大捷，力挫拜占庭军队。奥斯曼连战连捷，决定乘胜夺下布鲁沙，布鲁沙是拜占庭帝国的军事要塞，只要拿下这个据点，就等于控制住了马尔马拉海峡，从此便可驰骋欧洲。由于城内有重军把手，城池固若金汤，这场攻坚战打得异常艰难，历时九年才渐渐进入尾声。破城前夕，奥斯曼油尽灯枯，奄奄一息时，给儿子乌尔汗留下遗言，教导他"要做一个仁慈正直的君王，要重视学者的价值，保卫自己的族人"。说完，便满怀对这个世界的留恋和不舍，匆匆离开了人世。

乌尔汗带领军队攻下了布鲁沙，并把国都迁移到了此城，将父王奥斯曼埋葬在那里。奥斯曼执政时期，他建立的国家只是一个处在疯狂扩张时期的小国，这个国家后来演变成地跨亚非欧三大陆的世界性强国，是后世子孙不断奋斗、不断开疆拓土的结果。他的儿子乌尔汗创建了一支强大的常备军，这支军队训练有素，武器装备精良，杀伤力巨大，在多场战斗中均有出彩的表现。常备军有一个不成文的规定，每名士兵都必须终身服役，要么战死沙场，要么奋战到最后一息，在流干最后一滴血之前，绝对不可以退伍。

奥斯曼帝国从创建伊始，就保留着浓厚的尚武传统。到了乌尔汗统治时期，尚武精神进一步发扬光大，男孩自幼接受严格的军事训练，老老少少皆踊跃参军，人们以掠夺为荣，对战争有着一种异乎寻常的迷恋，打起仗来异常勇猛。在他们的连番攻伐下，拜占庭帝国在小亚细亚的领土几乎被蚕食殆尽，最后只剩下一座孤城。

奥斯曼帝国曾经如此强盛，几乎所向无敌，为何经历一场战争便四分五裂，从此一蹶不振了呢？根本原因在于，它是由占有少数人口的土耳其人创建的政权，内部民族众多，各派系各民族之间存在着隔阂和矛盾，无法形成向心力、凝聚力。

从某种意义上说，它只是一个靠军事手段拼凑起来的松散组织，根本不是一个统一的帝国，既没有统一的语言，也没有统一的文化，臣民没有归属感，有些部族长期保持着半独立状态，只要时机成熟，便可脱离出去。帝国鼎盛时期，尚能遏制蠢蠢欲动、心怀二志的地方诸侯，一旦走了下坡路，就丧失了控制局面的能力。在第一次世界大战中，奥斯曼帝国遇到了前所未有的强大对手，战败后元气大伤，无法继续维持庞大的帝国体系，帝国很快便土崩瓦解。

奥斯曼帝国的分裂和衰落是历史的必然，任何一个靠战争手段、血腥攻伐壮大起来的国家都不可能长久，随着文明的演进，好战的国家都会渐渐退出历史舞台，成为人类社会的前车之鉴，如此一来，和平和发展才能成为世界的主旋律。

君士坦丁堡的陷落

奥斯曼帝国最富传奇色彩的人物莫过于穆罕默德二世，他是帝国的第七任苏丹，即位时年仅 20 岁，却比老辣世故的中年人城府更深。其生母是一个美貌卑微的女奴，按照血统，同父异母的幼弟更有资格继承王位。为了顺利爬上苏丹的御座，他残忍地害死了尚在襁褓中的弟弟。

有一天，他不怀好意地拜访了父王最宠爱的妃子，与庶母亲切友好地交谈了一番之后，便匆匆离开了。那个可怜的女人事后才发现，儿子莫名其妙地淹死在澡盆里。溺死了弟弟之后，穆罕默德二世干脆一不做二不休，又把毒手伸向了刚刚痛失爱子的庶母，将其送给了一个奴隶。他残害家人的行为饱受后世批评，因此得了一个"饮血者"的恶名。

"饮血者"穆罕默德二世完成了祖先未竟的事业，攻下并占领了君士坦丁堡，灭亡了拜占庭帝国。那次攻城行动在人类军事史上具有特别的意义。君士坦丁堡绝不是一般的军事堡垒，外墙和内墙又高又厚，由坚不可摧的石料垒砌而成，周围瞭望塔密布，戒备森严，城防部署已经到了滴水不漏的程度，想要拿下这座屹立千年不倒的坚城又谈何容易呢？穆罕默德二世十分清楚攻城的难度，最初并不打算强攻，他一边向康斯坦丁大帝抛橄榄枝，制造和平的假象，一边调动军队步步紧逼君士坦丁堡。

康斯坦丁乞和，不断给穆罕默德二世送厚礼，还送去了黄金。然而穆罕默德二世对金子丧失了兴趣，除了君士坦丁堡以外，他什么也不想要。他甚至提出愿意和拜占庭帝国交换国土，声称只要康斯坦丁拱手让出君士坦丁堡，他愿献上奥斯曼帝国征服的大片希腊领土。用一座城池换取一大片土地，似乎很划算，但康斯坦丁拒绝了。君士坦丁堡是拜占庭帝国的首都，也是帝国残存的最后一座城池，它要是易主了，帝国便失去存在的根基。

谈判破裂后，穆罕默德二世大兵压境，很快发起猛烈的攻城行动。君士坦丁堡的守军多为老弱病残，年轻力壮者数量有限，面对来势凶猛的十万大军，不禁有些胆寒。战斗刚打响不久，很多人弃城逃走了。来自威尼斯和热那亚的志愿军居然成了中坚力量。穆罕默德二世率领的攻城大军久经征战，经验丰富，十分骁勇，士兵都是从好战的国家选拔出来的。双方的力量悬殊。大战前夕，穆罕默德二世向康斯坦丁发出了最后通牒，慷慨陈词道："只要你肯缴械投降，我会宽恕你和你的臣民，保障你们的人身安全和财产不受侵犯。"

康斯坦丁又一次拒绝了，决定与这座城池共存亡。穆罕默德二世叹息着摇摇头，下令大规模攻城。首次进攻便被英勇无畏、顽强抵抗的守军打退了。穆罕默德连忙架起大炮，用猛烈的炮火轰击城墙。他使用的大炮是世界上最复杂也是最先进的武器，爆弹重达半吨，炮管和炮膛都很长，乍一看就像一只诡异的钢铁怪物，张着黑洞洞的血盆大口，不断喷射东西。每次发射，都会发出石破天惊的巨响，连天上的飞鸟都吓得浑身颤抖。中弹的地方，粉尘碎屑飞溅，到处尘土飞扬，外层城砖瞬间化为粉末，但城墙依旧屹立不倒，它的厚度和坚固程度无可匹敌，即便是当时最具杀伤力的大炮也奈何它不得。

穆罕默德二世不得不改变策略，关键时刻，他走了一步险棋，决定深入金角湾，从侧翼包抄君士坦丁堡。康斯坦丁早就预想到了这一点，不仅在那个杳深的海湾部署了兵力，还用一条粗大的铁链锁住了湾口，未经允

君士坦丁堡的陷落

许，任何外国船只都休想进入那片水域。孰料，穆罕默德二世急中生智，居然想出了一个天才般的登陆计划，他让士兵把战船涂抹上油脂，然后拖到原木上，在畜力和人力的牵引下，一艘一艘地搬运上山，再从山岭运到岬角地带。这是一桩空前绝后的大胆行动，根

据固有经验，所有人都认为战舰必须在水面上航行，运送船只必须走水路，谁也不会料想到穆罕默德二世会拖着上百艘战船翻山越岭，所以当土耳其人的战舰仿佛从天而降一般出现在金角湾时，君士坦丁堡的士兵惊得目瞪口呆，士气开始低落。

康斯坦丁知道大势已去，但誓死不降，坚持战斗到最后一息。他面不改色地站在城头指挥战斗，军官请求他撤离时，他怒喝道："现在已经到了生死存亡的时刻，我怎能抛弃我的国家和人民，怎能丢弃祖先的基业，独自苟活？我心意已决，誓与城里的臣民共存亡！"战斗进入尾声阶段，穆罕默德下令集中火力对准城墙的某个点轮番轰击，结果不到一个月，这堵千年不倒的老城墙开始大面积坍塌。拜占庭人把所有的希望寄托在了运气上，他们相信只要圆月高照，他们的圣城就不会陷落。可是天空出现了月全食，他们认为这是一个不祥的征兆。

城池攻破前，康斯坦丁发表了最后一场动情的演说："也许弱小的动物会被强大的天敌追赶，但你们个个都是光荣的勇士，你们继承了古希腊古罗马的荣光，身体里流淌着罗马英雄的血……"为了提升士气，穆罕默德二世承诺，攻下君士坦丁堡之后，允许军队大肆劫掠三天，抢来的金银珠宝统统归个人所有，他本人分文不取，只要攻下君士坦丁堡的荣誉。最后君士坦丁堡陷落，康斯坦丁战死，尸首埋没在堆积如山的死人堆里，穆罕默德二世扫荡全城，也没有找到他的遗体。

第十三章

莽莽苍苍的世界

——俄罗斯

俄罗斯大陆莽莽苍苍，寂静的雪原，耐寒的白桦林，相映成趣，天地间白茫茫一片，景色苍凉而悠远。寒冷严酷的自然环境，造就了俄罗斯民族彪悍强硬的性格。从体量上看，俄罗斯是世界上国土面积最大的国家，堪称一个庞然大物，如果用熊来作比喻的话，它至少是一头大熊。熊的性格，可简单概括为人不犯我我不犯人，人若犯我必当奉还。这种特点确实比较符合俄罗斯的国民性格。

战斗民族的蒙古基因

提起俄罗斯，我们脑海中常会出现这样一幅幅熟悉的画面：矗立在风雪中的尖屋顶，沐浴着午后的阳光，色彩明丽的建筑呈现出一派金碧辉煌；荒凉的西伯利亚，杳无人烟，覆盖着厚厚的森林，地面上铺满了皑皑的白雪；人们细细地品尝着昂贵新鲜的鱼子酱，一杯一杯地喝着口感辛辣的烈酒伏特加，连美食都这么富有民族特性。的确，俄罗斯民族是战斗民族，酷寒的气候，广袤苍凉的地域风貌，赋予了他们粗犷豪放的天性，印象中的俄罗斯人似乎个个硬朗，不知道妥协为何物，受了欺负一定要加倍偿还。但他们的祖先却也被征服过、奴役过，有过一段不堪回首的岁月。

俄罗斯人的祖先是东斯拉夫人和罗斯人（维京人的一支），公元前9世纪，他们在乌克兰的基辅兴建了一个名为基辅罗斯小国，国土面积仅有782平方公里，据说这个小小的弹丸之地就是俄罗斯的雏形。俄罗斯由一隅之地变成世界上面积最大的国家，是先民不断扩张的结果。13世纪初，基辅罗斯发生内讧，各公国的贵族领主互相倾轧、争斗不休，蒙古大军乘虚而入，征服了基辅罗斯全境，并占领了俄罗斯绝大多数互不统属的小国，在广袤的钦察的大草原上建立了金帐汗国。

俄罗斯境内的各个小国纷纷沦为金帐汗国的藩属国，诸侯们只有接受蒙古人的册封才能获得合法统治权，每年都要给蒙古王庭缴税上贡，还要定期朝见叩首，必要时提供兵源。诸国王公被蒙古人治理得服服帖帖，但对待自己的同胞却很强横，因为不团结，内耗非常严重。在各公国互相打压排挤的过程中，莫斯科公国异军突起，成为一股强悍的新生力量。莫斯科公国的崛起得益于得天独厚的自然环境，周边水土丰美，交通四通八达，又有其他公国作屏障，距离蒙古人、日耳曼人、维京人的地盘较远，相对比较安全。不少人为了逃避金帐汗国的奴役，纷纷到此定居，给当地增加了大量的劳动力。经过数十年的建设，莫斯科公国逐渐强大起来，一跃成为基辅罗斯诸国中最具发展潜力的国家。

从14世纪开始，出于发展的需要，罗斯诸国加强经济合作，联系日益紧密，为日后的统一提供了条件。莫斯科公国利用权谋手段博取蒙古大汗的信任，在蒙古人的支持下，迅速吞并好多小公国，国土面积不断扩大。金帐汗国国力日渐衰落，统治俄罗斯人的过程中，越来越力不从心，于是决定扶植代理人，帮助自己收税和压制其他公国。莫斯科公国的统治者尤里·达尼洛维奇趁机示好，竭力巴结蒙古人，迎娶了蒙古大汗的妹妹，以皇亲国戚和奴仆的双重身份为蒙古主子服务。蒙古大汗对他赏识有加，有意把他培养成自己的鹰犬，大方地拨给他一支军队，以供其对付其他公国。孰料尤里·达尼洛维奇命短，最终死于政敌之手，蒙古人不得不重新寻找代理人。

尤里·达尼洛维奇的弟弟伊凡·达尼洛维奇（伊凡一世）成为新的培养对象。伊凡·达尼洛维奇比哥哥还要狡猾，也更懂得官场政治和人情世故，经常用厚礼重金贿赂蒙古贵族，轻而易举地得了大公的封号。有了名号之后，他便开始仗势欺人、狐假虎威，一边搜刮民财中饱私囊，利用发达的水路交通网聚敛财富，一边大肆兼并他国领土，使莫斯科公国不断发展壮大。到了伊凡三世统治时期，局势发生了变化。金帐汗国分裂成许多国家，国势衰微，而莫斯科公国却日益强盛起来，已经具备脱离蒙古人统治的资本。

伊凡三世伺机而动，时机不成熟时，对蒙古人继续保持着卑躬屈膝、逢迎讨好的态度，恭顺地自称臣属，乖乖地扮演着代理人的角色，倚仗蒙古主子的威信，到处东征西讨，兼并邻国。但是当蒙古人要求他履行缴税上贡的义务时，他却拒绝了。蒙古使者十分恼火，大声斥责伊凡三世有不臣之心。伊凡三世恼羞成怒，一气之下斩杀了使者，正式宣布莫斯科公国脱离金帐汗国的统治。蒙古大汗阿合马闻讯勃然大怒，亲自率军讨伐莫斯科。

伊凡三世准备对抗金帐汗国

大战在即，伊凡三世面对曾经横扫欧亚的蒙古铁骑，忽然胆怯了，扔下20万大军，带着少量随从逃回莫斯科，临阵逃脱前，命令王子马上撤兵。王子毫不怯战，继续留守前线。伊凡三世灰溜溜地打道回府时，受到群众的嘲笑和指责，当时几乎所有人都认为他是一个不折不扣的懦夫，一个可耻的逃兵，不配统治莫斯科公国。伊凡三世迫于舆论的压力，又返回了战场。最终，东斯拉夫人的军队和蒙古铁骑在乌拉尔河相遇了。

双方隔河相望，对峙很长时间，蒙古大军尝试着强渡冰河，试了好几次都没有成功。东斯拉夫人的炮火太过猛烈，人马无法通行，一次次返回到了岸上。阿合马期望立陶宛大公卡西米尔四世能配合自己，一块儿夹击东斯拉夫人。他的计划没有奏效。莫斯科公国以利益相诱，成功拉拢了克里米亚汗国（从金帐汗国分裂出来的一个汗国），教唆对方出兵立陶宛。卡西米尔四世全部心思都放在保卫立陶宛上，无暇顾及阿合马的合围计划。

战事持续到冬日，蒙古兵马疲敝，粮草奇缺，丧失了战斗力。伊凡三世迅速抓住有利时机，派兵直捣黄龙，偷袭了金帐汗国的首都。阿合马大为紧张，马上下令班师回朝。引兵撤退前，还虚张声势地给伊凡三世写了一封威胁信，叫嚣说过了严冬，自己会率兵再次讨伐莫斯科，奉劝伊凡三世老老实实地上缴贡赋，免得日后后悔。伊凡三世无视对方的警告，依旧不肯缴税。第二年，阿合马死于内乱，金帐汗国覆灭，蒙古人在俄罗斯的统治彻底画上了句号。

蒙古人统治俄罗斯两个世纪之久，对俄罗斯的政治、文化、军事等各方面产生了极为深远的影响。从政治角度分析，正是因为蒙古族的入侵，才促使俄罗斯走向了大一统和集权。被蒙古占领时期，俄罗斯充分反思了自己的所作所为，认为正是因为国家分裂，力量孱弱，才会被外族征服。他们痛定思痛，最终创建以莫斯科公国为中心的统一国家，结束了诸侯割据的混乱局面。也就是说，蒙古人在客观上，为俄罗斯的强大做出了巨大贡献。但事物都有两面性，蒙古人的到来，从某种意义上来说，也阻断了俄罗斯的文明进程。由于蒙古人的强势入驻，俄罗斯和西方世界的交流被人为地割断，民主思想无法传播到俄罗斯大陆，俄罗斯人最后接受了蒙古人推行的中央集权政治制度，与西方的差距越来越大。

俄罗斯尽管摆脱了异族的统治，但仍然打上了很深的蒙古烙印，它继承和吸收了蒙古的政治制度、战略战术与扩张主义思想，甚至融合了蒙古的血统和基因。从 13 世纪开始，蒙古人和俄罗斯人的祖先东斯拉夫人就开始大面积地通婚混血，东斯拉夫妇女生下许许多多有蒙古血统的孩子。在俄罗斯，不少大名鼎鼎的将军、誉满天下的科学巨匠、历史学家都有蒙古血统。

疯狂的改革家——彼得大帝

俄罗斯人获得独立自治后，建立了中央集权制封建国家，开启了长达 371 年的沙皇统治。在众多沙皇中，对俄罗斯历史影响最大的当数彼得大帝。他是俄罗斯第一个睁眼看世界的人。正是因为他大刀阔斧的改革，俄罗斯才由一个积贫积弱的农奴制国家一跃成为世界强国。假如俄罗斯历史上不曾出现过彼得大帝这样有前瞻眼光的帝王，俄罗斯可能会长期止步不前，在漫长的历史时期都将处在一种愚昧保守、故步自封的状态，根本就不可能成为今日的金砖国家。俄罗斯能够从贫弱中崛起，彼得大帝功不可没。

由于姐姐索菲亚的迫害，彼得大帝很小的时候便离开了宫廷，迁居到莫斯科近郊避难，很长一段时间不问政事。闲暇时间，他常常和使馆区的外国人来往，接触到了西方文化和先进理念。夺得大权以后，他迫切渴望让俄国同世界接轨。当时他痛苦地发现俄国太原始、太野蛮、太封建、太落后了。英国发展了资本主义，确立了君主立宪制，早就摆脱了蛮荒的状态，科学文化欣欣向荣、蓬勃发展；法国已经成为欧洲大陆的超级强国，巴黎成为欧洲的时尚中心，全欧洲的人都在为它痴狂。俄国百废待兴，政治经济文化远远落后于欧洲各国，农奴和文盲占据社会的主体，贵族作威作福、无所事事，平民一贫如洗、目不识丁，长年浑浑噩噩地过日子，每当寒冬来临，人们就躲在屋子里喝酒，以此逃避现实。

彼得大帝意识到只有让俄国打破与世隔绝的状态，他的国家才能从死气沉沉的氛围中摆脱出来。经过审时度势的思量，他决定建造海军舰队，加强和欧洲先进国家的联系，改变闭关锁国的现状。俄国没有造船技术，也没有通晓海军事务的人才，对大海一无所知，一切都得从零起步。彼得大帝一口气派遣了50多名留学生到欧洲各国学习先进的造船技术和海军事务，告诫他们必须学业有成才能回国。他还以身作则，以微服出巡的方式游历西欧各国，孜孜不倦地学习新技术、新理念、新思想。

保守的大臣一度反对他到异国他乡取经，认为此举有失沙皇的尊严。俄国的君王已经600多年没有踏出国门了。彼得大帝的出行在国内引起广泛的非议。彼得大帝不在乎，不管不顾地去了荷兰的扎安丹海港，在铁匠盖里特那里安顿下来。他坚持自己动手铺床做饭，一有空就到精密工具的制造车间和制绳工厂参观，一边观察一边做笔录。

彼得大帝

为了隐藏身份，他打扮得相当低调，上身穿着镶有笨重纽扣的短上衣和无领外套，下身是便于行走的肥腿裤子，行头和当地普通的船夫没什么两样。但扎安丹的居民还是识破了他的身份。他们断定眼前这个高大魁梧、气度不凡的俄国大汉就是当今沙皇。其中有个人大胆地盯着彼得大帝看，彼得大帝十分不悦，随手扇了那人一个耳光。围观的人群忍不住哈哈大笑起来，对被扇耳光的人说："你应该感到荣幸，因为挨了一耳光之后，就被册封为骑士了。"彼得大帝无可奈何，只好仓皇逃离，驾着小船去了阿姆斯特丹。

在阿姆斯特丹，彼得大帝乔装改扮成一个木匠，天天到工地上干活，日出而作日落而息，累了就坐在木料上歇息。辛苦工作了三个月后，他的木匠师傅给他颁发了一张证书，证明他参与了三桅战舰的建造工作，熟悉每一个流程，已经成长为技术精湛的木匠，在造船技艺和绘制图纸方面，有深入的研究。不久，彼得大帝启程去了伦敦，参观了牛津大学、科学院、天文台和工地，一路上大开眼界。随后去了奥地利，招募了许多技术人员，从水手、医生到水利专家不一而足，还采购指南针、船锚、帆布等物资，一口气花掉 300 万卢布。

回国后，彼得大帝马上推行激进的改革措施，强迫臣民剃须易服。俄国人自古就有蓄须的传统，胸前那一把乱蓬蓬的大胡子，是尊贵、自律、阳刚的象征。俄国男子小心翼翼地照看自己的胡须，一根也不敢毁伤，还要花不少心思保养，使其光滑油亮、风采飘逸。由于西欧人普遍不留须，整张脸光滑清爽，彼得大帝愈发看不惯俄国人的大胡子，操起剪刀挨个给王公大臣剪胡子。保守的俄国贵族恐惧地盯着散落一地的胡须碎屑，吓得差点哭出声来。紧接着，彼得大帝便颁布了禁须令，严禁臣民蓄须。他用同样的方法淘汰传统的服装，强迫俄国人穿时髦的匈牙利装和德国服饰。人们渐渐地接受了外来的新鲜事物。彼得大帝趁热打铁，把改革延伸到军事、行政、教育、工商业等各个领域。

他创办多所现代化军事学校，修建各类兵工厂，并大量培养军事人才，把一批又一批俄国青年派遣到西欧强国学习军事知识。1699 年，他在莫斯科设立市政厅，并在全国各地设自治署，配备相关官吏，处理工商业事务。他照搬西方的发展模式，把广大的俄国疆土划分成 50 个州，每个州配备行政机构。然后进一步深化改革，设立参议院、税务院、外交院、监察院、司法院等多个部门，规定各行政部门采用投票的方式决策日常事务。

为了实现强国之梦，彼得大帝不惜与一切旧势力决裂，他顶着来自各方的压力，力排众议推行改革，一度用鞭子推广诏令。整个俄罗斯都在他的铁鞭下颤抖。谁要是胆敢阻挠改革，就会付出惨重的代价，惩罚措施令人不寒而栗，从罚款到抄没家产，从酷刑加身到流放边疆，直到处以极刑，各种折磨五花八门。彼得大帝绝不容忍任何人质疑自己，反对者要么被投入监狱，要么被公开处死，个个都没有好下场。他甚至连自己的亲生儿子都不肯宽恕，将叛逃的儿子捉来，活活拷打致死。

儿子死去的第二天，彼得大帝没有腾出时间处理悲伤情绪，照常参加一切政治活动，脸上面无表情，仿佛什么事情都没发生过一样。经历了白发人送黑发人的悲剧，彼得大帝又与自己的母亲、叔叔、岳父断绝了关系，成了一个孤家寡人。即便如此，他也丝毫没有动摇过改革的决心。这位众叛亲离、孑然一身的沙皇承受着常人难以想象的孤独和落寞，挥舞着皮鞭大棒驱赶着俄罗斯前进，用最简单、最粗暴、最专制、最野蛮的方式把自己的国家带入文明社会，缔造了千秋功业。

第十四章

东亚岛国，在水一方
——日本

　　日本是一个善于借鉴别国优秀文化的民族，在古代，日本积极向中国的隋朝、唐朝学习，通过有选择的吸收，创建了具有本国特色的服饰、文字。步入近代，日本把目光投向了西方，推行一系列大刀阔斧的改革措施，使日本由落后的封建国家一跃晋升为东方强国。第二次世界大战失败后，日本向美国学习，废除过时的法律，淘汰本民族文化中糟粕的部分，渐渐焕发新气象。日本虽是一个好学不倦的民族，但并不是原封不动地照办照抄别国的东西，而是能将不同的文化融会贯通，并结合本国的国情，创造出具有自己特色的东西。

烂漫樱花下的菊与刀

日本地处东亚，是一个四面环水的岛国，很久以前，那座小岛上就有了人烟。在奈良地区，有个部落忽然强盛发达起来，征服了周边所有的部落，形成了部落联盟。岛民给新部落取了一个新名字，叫作大和。后来大和的势力范围越来越大，逐渐演变成为一个国家，它就是日本的雏形。这个国家的国民被称为大和民族的子孙，国王有新的名号——天皇，自诩为天照大神的后代。

古代的日本天皇对外界充满好奇心，很早就开始睁眼看世界。他发现邻国的经济文化比自己发达，本着谦虚好学的态度派遣留学生前往学习很多有价值的东西。日本人所向往的邻国就是中国。中国和日本虽然距离较近，但古代的交通很不发达，日本想要漂洋过海来到中国大陆学习，通常要付出巨大的代价，稍不小心就会葬身海底。从中国人那里，日本人学会了琴棋书画，学会了遣词造句的方法，觉得中国的方块字笔画太多，太过复杂，于是简化了中国字，创造了简单易辨的日文，又改进了中国的唐装，设计出宽大飘逸的和服。

在天皇的统治下，日本经历了飞鸟时代、奈良时代、平安时代。平安时代末期，贵族藤原氏野心膨胀，试图取代天皇治理国家。天皇诚惶诚恐，为了保住权位，雇用武士集团。武士集团不负所望，帮助天皇打败了藤原氏，为国家立下了大功，从此成为天皇的鹰犬。这群骁勇善战的武士渐渐发展成两股势力——源姓武士和平姓武士。为了争权夺利，两大武士集团开始火并，最后源姓武士取得胜利，集团头目受到天皇的嘉奖，被册封为大将军。大将军既有专业化军队，又有朝廷敕封的名号，渐渐恃宠而骄，不把天皇放在眼里，自己设置行政机构，创建幕府，代替天皇处理国家大事。日本进入幕府统治时期。

　　第一个幕府时代军府设在镰仓，故而被称为镰仓时代。镰仓时代末期，日本冒出两个天皇。当权者打着尊奉天皇的名义互相讨伐，乱局持续了56年。南北分裂的局面结束后，

日本武士

军府迁移到室町，室町幕府时代开始了。室町幕府掌权时期，日本政局动荡，实力强大的军阀纷纷拥兵自立，日本陷入了诸侯割据的战国时代。战国时期，出现了织田信长、丰臣秀吉、德川家康三巨头，三人都怀揣着统一日本的宏图大志，经过多年的努力，终于结束了战火纷飞的时代。德川家康将军府迁移到江户，开启了江户幕府时代。

　　德川幕府统治时期，日本奉行闭关锁国的政策，发展一度滞后，到了近代，被美国一炮打开了国门。日本人这才知道原来德川幕府只是纸老虎，于是联手推翻了它的统治。权杖归还了天皇。天皇沉寂数百年以后，终于扬眉吐气，再次成为国家的最高统治者。有个叫明治的天皇，非常向往西方文明，开始推行维新变法，史称明治维新。通过变法，日本走上了现代化的强国之路。

　　日本强大以后，开始到处侵略扩张，一味鼓吹军国主义，多次侵略奴役亚洲国家。第二次世界大战中，加入了法西斯阵营，对人

类犯下了滔天罪行。战败投降后，在西方的影响下，日本组建议会内阁，天皇成了一个有名无实的象征，国家走上民主之路。对日本国民影响最大的西方人当数麦克阿瑟，在麦克阿瑟的引导下，日本抛弃了极端的武士道精神，摒弃愚忠思想，开始反思自己的历史，找回失落已久的人文情怀。

由于深受历史的影响，日本的国民性格具有鲜明的双重性，日本的文化刚柔兼济，表面和谐，其实有许多不可调和的矛盾之处。日本的文化特征简单可以概括为菊与刀的文化。在中国，菊是隐逸者的象征，给人以柔和、恬淡、高雅的感觉。而在日本，菊代表的是皇家家徽，与清香淡雅的花朵毫无瓜葛。刀象征着武士道文化。

在战场上，日本士兵不屈服、不畏死，既不爱惜自己的生命，也不珍惜他人的生命，无论对待别人还是对待自己，都非常冷酷和残忍，自己犯了错误或是不能准确无误地执行上级的命令，通常会以切腹自杀来谢罪。日本人认为无论做过多少错事，只要肯切腹就可以将一切的罪过抵消。贪生怕死、苟且偷生的人是不配活在这个世界上的。当时日本的全民信仰就是对天皇的无条件效忠，所有的军人都愿意为天皇肝脑涂地、马革裹尸。天皇在他们的心目中是神一般的存在，而广大贫民则如草芥一般一文不值。

在全球化浪潮的冲击下，日本文化中的糟粕被一点一点淘汰了。现在没有人会嚷着为天皇陛下效忠了。对天皇的愚忠转化成为对父母对师长的敬爱。耍狠好勇的武士道精神转变成了坚强隐忍的品格。有的日本人喜欢晨时置身在冰冷的瀑布下沐浴，或者在寒风呼啸的冬夜往自己身上反复泼冷水，他们这么做不是为了自虐，而是为了锻炼自己顽强的品格，增强承受痛苦的能力。不可否认的是，日本人确实具有吃苦耐劳的精神；否则也不可能在短短几十年之间，实现民族复兴。第二次世界大战结束后，日本还是一穷二白的国家，经济非常不景气，国民在贫困线上挣扎，日子过得苦不堪言。在最黑暗、最绝望的日子里，日本人咬紧牙关，本着不怕苦、不怕累的精神艰苦奋斗，最终成功改变了自己的命运，并改变了国家的命运。

日本是东方国家，深受东方文化的影响，集体主义观念深植于社会土壤中，国民比较重视集体活动，崇尚团队合作精神。日本的国花樱花是集体主义和武士道精神的象征。樱花灼灼其华，盛开时极为壮观，凋零时满地绚烂，花期一过，没有一朵花会贪恋春光，纷纷脱离枝头，一齐零落成泥碾作尘，为春天献祭。

无处不在的道文化

日本人常认为自己的国家就是世界的尽头。因为古代交通不发达，信息比较闭塞，哪怕是一衣带水的国家，交流起来也比较吃力。日本作为一个岛国，很难把自己接收的信息传递过去，古老神秘的东方文明传到日本，就意味着抵达了终点站，不会再传向更远的国度了。随着岁月的推移，东方文化在日本沉淀发酵，渐渐开出奇异的花朵。

中国文化对日本民族影响深远，日本人将中国的道家文化发扬光大，形成了茶道、花道、棋道、剑道、书道，任何事物一旦升华到"道"的境界，几乎就达到了登峰造极的地步。"道"和"技"是相对而言的，做一件事情如果只停留在技术层面上，那么永远都不可能突破自我，达到臻美的境地。"道"存在的意义，并不是让寻常的事物变得高深莫测。故弄玄虚不是"道"，虚无境界也不是"道"，附庸风雅、矫揉造作也不是"道"。"道"存乎于心，是对事物的透彻理解。以绘画而论，画作的气韵和风骨就是"道"。

日本人对"道"有着一种天然的敬畏心理。譬如喝茶，并不是专业的茶道师才讲求茶道，普通的日本国民也有不少崇尚茶道者。日本人的茶道，熔哲学、美学、艺术追求、伦理观念为一炉，对品茶人的座次、姿势和拿杯的动作都有要求，容器也分外讲究，粗瓷旧碗比温润光滑的瓷器更受欢迎。因为后者太过张扬高调，而前者象征着自谦自重。日本人品茗时，很讲求情调和氛围，茶室必须素雅清静，泡茶的过程中要耐得住寂寞，不能过于性急，待到茶香四溢时，方能细细品酌。敬茶要谦恭有礼，不能心不在焉。

日本的茶道文化已经有 1000 多年历史，已然成为日本文化中根深蒂固的一部分。重视茶道的人，每次饮茶都要郑重其事地拂尘脱鞋，然后烫杯温壶、煮水泡茶、用壶盖轻轻拂茶末儿、端碗试茶，整套流程下来，至少要花三四个小时。急功近利的人是无法感受到茶道的美妙的。现代社会人们的生活节奏越来越快，回归茶道，在某种程度上可起到舒缓压力的作用，有利于修身养性，陶冶情操。日本人因为总是来去匆匆忙忙，曾被誉为经济动物，发扬茶道文化，不仅能使日本人减慢脚步，找回正常的人生节奏，还能让他们找回自我，脱离经济动物的角色，重新变回有血有肉、有思想、有感情的人。因此，茶道对日本民族具有非同一般的意义。

日本的棋道文化也很值得研究。不懂棋道的人往往取胜心切，只想速战速决，希望能用凌厉的攻势和狠辣的招数击败对手，这样的人无法从下棋的过程中找到任何乐趣。长期以来人们错误地认为，竞争之道就是棋道精神之所在，人类社会的弱肉强食、功法决断反映在小小的棋盘上必然精彩万分。其实这是对棋道的曲解。棋道代表的是为人处世之道，太过注重结果就丧失了享受过程的乐趣，太过在乎输赢就失去了淡定从容的心境，太过咄咄逼人，不仅有失风度，而且显得非常浅薄。

真正懂棋道的人，下棋时往往不疾不徐，气定神闲，每次深思熟虑之后才会走出关键性的一步，每一次出手都能惊起一片赞叹，即便在最紧张的时刻，也总是显得那么游刃有余。看高手对决是一种无上的享受，因为高手不同于心浮气躁的凡人，就像隐匿在山林间的世外高人一般，永远那么闲适，永远那么潇洒，有一种棋落惊风雨的气概。棋品即是人品的反映，真正有境界有追求，不被名缰利锁牵绊的人，必然能下出一盘好棋。

日本的剑道精髓所在，可浓缩为三个字，即守、破、离。守指的是放下架子和傲慢之心，潜心向别人学习，守住一般的准则，谨遵老师的教诲，实实在在打好基础。破指的是抛弃固有技法和传统的招式，突破所有规范和条条框框的限制，让自己进入更高的层次。离指的是适可而止，停下脚步静下心来，总结新经验新方法，创造出新的招数，另辟蹊径，开拓出新的境界。

从剑道分析，守破离的原则是很容易理解的。初学者必须掌握最基本的规则，学会最基本的招式，打下坚实的基础，才能突破规范，突破自我，达到无招胜有招的境界，一味拘泥于前人的经验，永远都找不到自己的出路。需要注意的是，守破离的顺序是不可以颠倒的，没有守，就谈不上破，什么都不懂，却偏要挑战传统、破坏规则，是一种莽撞愚蠢的行为。只有经历了守的阶段，能够将所学到的东西融会贯通，变成自己的精神养料，才能有所突破，晋升到更高的层次和境界。

守、破、离源于剑道，但不限于剑道，如今它已经推广到各行各业。日本料理大师乙女哲哉数十年如一日地制作天妇罗美食，技艺已经到了炉火纯青的地步，但他不拘泥于前人的经验，每天都在思考该怎样让天妇罗的味道和口感提升一个层次，怎样让油最大限度地发挥效用，最终悟出了油不是火候、不是味道，而是能量的道理，把传统的油炸食品变成了低卡路里的绝品美食，仅仅用油炸的方式即做出了蒸、炒、烹、煎的效果和口感。他炸出的天妇罗别有风味，不可复制。他的故事就是守、破、离最好的诠释。

动画制作大师宫崎骏坚持用传统手绘的方法创作，从不使用新朝的 CG 技术，佳作层出不穷。手绘的线条温暖、柔软、细腻，远比电脑画出的线条要生动，但非常耗时间也很耗人力，除宫崎骏，几乎无人敢尝试手绘制作。宫崎骏对手绘动画的坚守就是"守、破、离"中"守"的体现。但他的作品并没有停留在"守"的层面上，里面融合了很多创新手法和了不起的构想，形成了独特的画风，完美体现了"破"和"离"，取得了别人难以取得的成就。

第十五章

民族大熔炉
——美国

　　美国是一个移民国家，几乎融合了来自世界各地的民族，祖先源自欧洲各国，从建国伊始，就会集了不同文化、不同信仰的居民。因此比起其他国家，美国更具包容性和兼容性，人文景观更加多姿多彩，呈现百家争鸣、百花齐放的特点。美国的独特之处在于，它的历史比较短，没有经历过封建社会，王室、贵族、尊卑贵贱、等级秩序等在世界各国盛行一时的东西，在美国完全没有根基。所以美国对血统、身份并不看重，更看重人本身的价值，追求自由平等，行事直率，从不讲究繁文缛节。

原住民的啼血歌哭

美国是一个横刀跃马的民族，他们的祖先是来自欧洲各地的移民者和拓荒者，有成批的退伍军人、薪资微薄的公务员、在底层社会挣扎的贫苦工人、木匠、漆匠，还有梦想发财致富的农场主、亡命天涯的江洋大盗，饱受政治迫害的通缉犯，等等，这些人两手空空，一无所有，在旧秩序旧世界里看不到希望，新大陆给了他们一次重生的机会。他们怀揣着同一个梦想，不远万里来到完全陌生的土地，背着火枪，带着成箱的弹药，腰上悬着佩剑，随时准备披荆斩棘。

在移民者眼里，新大陆是冒险家的天堂，是一片物产丰富的富饶宝地，只要稍加时日，经过几代人的努力，它就能改变莽荒原始的面貌，变成像欧洲大陆一样繁华热闹的乐园。梦想很美好，但现实很残酷。他们所要面对的不仅是莽莽苍苍的荒原、成群结队的野兽，还有严寒、饥饿、疾病，无数的人没有通过考验，大批地死在了这里。

征服新大陆绝非易事，残酷的大自然每分每秒都有可能夺走人的生命。养尊处优的贵族老爷们是绝对不可能踏足这里的，娇娇弱弱、受点刺激就会惊叫着昏倒的伯爵夫人，也绝无可能漂洋过海，受尽舟车劳顿，跑到这片蛮荒之地观光。只有走投无路的人，除了一条命什么都不剩下的人，才会孤注一掷、铤而走险，拼死博得一个未来。还有一些人对旧世界绝望了，不被世俗所容，在欧洲已经失去了立足之地，到新大陆淘金或者是寻找新的信仰，是他们唯一的选择。

新大陆对于欧洲移民者来说，意味着新希望，意味着一个崭新的开始，那里的一切都是全新的。可是对于原住民印第安人来说，没有什么是新鲜的，眼前的一切都是他们再熟悉不过的景象。早在两万年前，他们的祖先便越过白令海峡，来到这里定居。他们世世代代生活在这片土地上，熟悉这里的一草一木、一沙一石，熟悉这里的每一条河流、每一道山谷，熟悉这里的每一片森林、每一种动物。他们对美洲大陆地形了若指掌，对这片古老大陆的自然环境已经非常适应。欧洲人眼里未开发的处女地，在他们看来，已经物尽其用，得到了最好的开发和利用。

印第安人处在原始社会阶段，尚未建立起高度发达的物质文明，对金钱财富毫无概念，所以从来没产生过强烈的贪欲。他们是地地道道的自然之子，对自然界有一种与生俱来的敬畏感，从来就不敢过多的索取。只要能满足日常所需，他们绝不多砍伐一棵树，绝不多猎杀一只动物。他们认为，自然界中所有的生命都是有灵性的，是不容亵渎的。他们把花花草草、飞禽走兽当成自己的兄弟姐妹，只有在万不得已的情况下，才会有限度地掠夺其他生灵的生命。

印第安人的思维方式让来自文明世界的欧洲人无法理解。欧洲人想当然地认为人才是世界的主宰，自然界中的一切都应该归人类任意取用。他们眼中的世界和印第安人看到的完全不一样。看到蓊蓊郁郁的森林，他们首先想到的是取之不竭的木材；看到清凌凌的湖泊和游来游去的鱼虾，他们首先想到的是渔业资源；看到成群结队奔跑的野生动物，他们首先想到的是肉食。新大陆的所有生灵和

物产，被移民者概括成一个抽象的名词——自然资源。

印第安人永远都不可能明白这个词的含义，他们奔跑着追逐野牛的时候，是在享受一种无与伦比的自由，那是一种比飞翔还要快乐的感觉，这种感觉是金钱买不到的，就算把全世界的黄金、钻石堆放在他们的脚下，他们也不愿放弃这种无拘无束、自由自在的生活。

野牛是印第安人衣食的来源，他们用粗硬的野牛皮做衣服、帐篷、马鞍，用野牛毛做毯子，用野牛角做汤匙，用野牛骨做刀具，用野牛胃做盛水的水袋，用野牛的油脂做去污的肥皂和照明的蜡烛。可以说，野牛浑身都是宝，印第安人无论需要什么，都可以从野牛身上获取。但是他们从不滥杀，所以尽管他们世代追逐猎杀野牛，野牛的数量也不见减少。欧洲白人到来以后，不仅野牛遭遇了灭顶之灾，印第安人也遭遇了灭族之灾。

起初，移民者和本土印第安人尚能友好地相处。乘坐"五月花"号来到新大陆的客人受到友好的接待。当他们饿死冻死大半，陷入绝境的时候，善良的印第安人慷慨地献出玉米和各种丰盛的食物，帮助他们渡过难关。印第安人还手把手教会这些远道而来的客人怎么耕作土地，怎么培植作物。那时，白人和印第安人一起围坐在火堆旁，彼此毫无偏见，他们一块儿把酒话桑麻，一起谈笑风生，火光映照着不同肤色的脸，谁都没有因为彼此的巨大差异而感到不愉快。后来因为利用土地的观念不同，双方反目成仇，移民者带着傲慢的眼光居高临下地审视印第安人，认为他们的生产生活方式太落后了，根本不懂得怎样开发资源，坐守巨大的金矿却无动于衷，简直就是浪费，于是决定反客为主、鸠占鹊巢，把印第安人永远地驱逐出去，自己接管这片土地。印第安人看不惯外来者对自然界的疯狂掠夺，每当白人毫无计划地砍伐树木、开辟阡陌、建造房屋、猎杀野牛时，他们都会感到无比恐慌，为了保护自己的家园，他们被迫拿起武器反抗。

欧洲人不仅有能喷射火焰轰隆巨响的火枪、一击毙命的子弹，还配备了锋利的刀剑和坚固的金属铠甲。他们几乎把自己武装到了牙齿，印第安人的弓弩根本伤害不到他们分毫。在厮杀中，移

屠杀印第安人

民者占尽了优势，他们刀砍斧劈毫不费力地砍杀印第安人，用一发又一发的子弹射杀对方。种族大屠杀开始了，大量的印第安人被活活烧死，空气中弥漫着刺鼻的尸臭味，惨叫声不绝于耳，从火堆中逃出来的印第安人立刻被钢剑刺穿，直挺挺地倒在炭火上，直至化为灰烬。

为了更快地灭亡印第安人，移民者开始有计划地屠杀野牛，导致野牛在北美大陆灭绝。一个幸存的印第安人回顾了当时的情形。白人发现了金子，决定把周围的土地据为己有，于是疯狂地猎杀野牛，企图毁掉印第安人赖以生存的根基。成千上万的野牛倒在血泊中，鲜血染红炙热的大地，不久倒在血泊里的，变成了他的族人。在死亡的威胁下，他们被迫迁徙。这位印第安人很想告诉移民者：我们可以让出这片土地，但作为新主人，请你们善待这里的每个生灵，因为它们都是我们的兄弟姐妹。移民者当然不会理会他们的看法，照常杀戮动物，照常砍伐森林，照常推行种族灭绝政策。他们认为印第安人是个糟糕的管理者，辜负了这片富庶的土地，只有这

些劣等人种全部死光，新大陆才能得到充分开发利用，体现出巨大的价值。

当时印第安人分布广泛，人口稠密，总体数量与欧洲人口不相上下，刀剑和子弹不能在短时期内让他们灭亡，但细菌可以。由于新大陆长期与世隔绝，从未接触过外来世界的细菌，那些看不到的病毒就变成了最可怕的生化武器，能够高效率地杀死印第安人。

在暴力和细菌的双重攻击下，印第安人灭亡了，人口减少到290万人，至今他们仍被圈在保留地中，靠开赌场为生。他们不但不再是美洲大陆的主人，甚至连客人都算不上，世世代代过着寄人篱下的生活，需要依靠美国老爷的恩典，才能艰难谋生。美国民众在齐声欢呼："USA! USA! USA!"的时候，从来没想到过印第安人。美国政客激情演讲，宣称美国是个大熔炉时，提到了白人、黑人、拉丁人、亚裔，唯独没有提到印第安人，仿佛印第安人永远消失在历史长河中了，变成了虚无缥缈的传说。原住民被绝大多数美国人彻底遗忘了。或许印第安人的存在，会让他们联想到过去不光彩的历史，所以他们在有意识地回避，或许他们仍然怀有高高在上的优越感，不屑于理会原始落后的印第安人，总之真正关注印第安人的美国人少之又少。

弗吉尼亚——拓荒梦开始的地方

美国的建国史和新大陆的殖民史是分不开的，美国人最初的定居方式就是兴建定居点，开拓殖民地。迄今为止，美国共创建了13

块殖民地，每块殖民地背后都有一个令人难忘的动人故事。比如弗吉尼亚殖民地是冒险家和拓荒者开辟的第一块殖民地，也是大英帝国在广袤的美洲大陆留下的第一个永久性的居民点，先后有两大商业公司进驻，英国国王特地为它颁发了皇家特许状。这块新开垦的殖民地不仅牵动了王室和大商人的心，还吸引了大批的劳动者、军人及形形色色的淘金者。

早期到达弗吉尼亚的殖民者成分比较复杂，其中有个叫加布里埃尔·阿契尔的上尉在很早的时候就发现了这片土地，他带着队员沿着绵长的海岸线对新大陆进行了勘察，详细了解沿岸的地形地貌，一路跋山涉水来到弗吉尼亚，决定在当地建设定居点。他认为那里土壤肥沃、林木茂密，盛产优质木材，非常适合开发。可惜他的建议没有得到足够的重视，建设定居点的建议被搁置。他本人死于一场大饥荒，生命定格在 34 岁。值得庆幸的是，最终定居点还是建成了，取名为詹姆斯敦，如今已经载入史册，他若泉下有知，定然会感到无比欣慰。

初殖民公司的效益颇为不佳，无数的劳工因为自然环境太过恶劣而病死，劳动力损失过半，但仍没有淘到多少财富。在人们普遍被绝望情绪笼罩的时候，一个叫约翰·罗尔夫的探险者踌躇满志地出发了，带着美丽的妻子高高兴兴地前往英属殖民地弗吉尼亚，熟料途中遇到大风暴，航船被摧毁，他和妻子搭乘小船来到百慕大群岛的一座岛屿上。在岛上，他们的女儿出生了。女儿的降生给他们带来无尽的喜悦。他们幻想着有朝一日扬帆远航，到弗吉尼亚开启新生活。可惜命运太过无常，他们躲过了突如其来的风暴，却仍然没有躲开死神，约翰·罗尔夫的妻子和女儿在半途中不幸去世。他擦干泪水，一个人孤零零地抵达了目的地。

为了缓解伤痛，约翰·罗尔夫每天都在忙活着种烟草，有意把自己累到虚脱。经过几年的努力，他培育出好几种优良的烟草品种，这些烟草在英国大受欢迎。因为这份绿色产业，贫弱的弗吉尼亚瞬间发展成为商业贸易中心，吸引了无数殖民者前来投资。约翰·罗尔夫摇身一变成了百万富翁。但约翰·罗尔夫的故事仍然没有结束，他的恋爱经历要比烟草故事更加吸引人。在丧妻丧女多年以后，他邂逅了印第安公主，挽着异族公主的手步入了童话般的婚姻。这段跨越国际和种族的黄昏恋非常被看好，至今仍然为人们津津乐道，迪士尼公司甚至专门为它拍了一部名为《风中奇缘》的动画片，以浪漫清新的方式讲述了白人殖民者和印第安少女荡气回肠的爱情故事。那么真实的历史究竟是怎样的呢？

传说当年英国殖民者和印第安人冲突十分剧烈，不少印第安人死在了白人的刀下和枪口下，印第安人也杀了少量的白人，并俘虏了一些战败者。英国人恼羞成怒，派人绑架了印第安酋长，还扣留了酋长的女儿普卡康蒂，威胁酋长马上释放所有的白人俘虏，否则就会做出伤害他女儿的举动。这场谈判僵持很久，双方不停地讨价还价，无法达成一致意见。充当人质的那段日子里，冰雪聪明的普卡康蒂学会了英语，通过多次交流，改变了她对白人的看法，并认同白人的理念。约翰·罗尔夫爱上了这位美丽的公主，满怀诚意地向她求婚。公主欣然答应了。这次联姻不仅成就了一段美好的姻缘，还为白人和印第安人争取了八年的和平时光，成为人们交口称颂的佳话。

约翰·罗尔夫和印第安公主的婚姻富有强烈的象征意义，它象征着殖民者用文明手段征服了印第安土著，用爱心、宽仁和人格魅力感染了原住民，使之乐于臣服于自己的统治之下。有些人认为，这是弗吉尼亚公司为了美化英国的殖民统治，精心杜撰出来的故事。还有人认为即便约翰·罗尔夫真的迎娶了印第安公主，他们之间的爱情也不会像人们想象中的那样纯粹、浪漫。约翰·罗尔夫是殖民地腰缠万贯的富商，在当地要风得风要雨得雨，自己看上的东西没有得不到的，垂暮之年，他想要娶一个年轻漂亮的异族女子，简直易如反掌。普卡康蒂只是一个可怜的俘虏，一个身不由己的阶下囚，因为青春貌美，她躲过了被糟蹋、被杀戮的厄运，违心嫁给了一个大腹便便、浑身铜臭味的白人男子。

在当时的情况下，她是没有选择的，要么毁灭，要么出嫁。约翰·罗尔夫成了她的救命稻草，成了她最后的依靠，所以危难之际，她放弃了矜持和羞怯，心怀忐忑地投入那个庸俗的老男人的怀抱。在他身上，她不可能得到期盼已久的爱情。年轻时，他穷困潦倒，不知道什么是纸醉金迷，最大的梦想就是让妻子过上好日子，那时他的感情是真挚的、浓烈的，不含一丝杂质。而今他已经变成当地首屈一指的大富翁，再也不是当年那个穷得只剩下感情的小伙子，有了光鲜体面的身份和一辈子挥霍不完的金钱，他相信钱能买来一切，包括爱情，包括少女的初吻，当然也包括美人的一切。

作为一个土生土长的印第安人，普卡康蒂并不了解金钱的价值，也无法探知丈夫的内心世界，他们是生活在两个世界里的人，阴差阳错地走到了一起。她需要的仅仅是男人的庇护，肤色是不重要的，即便是来自敌方阵营也不要紧。而他要的仅仅是美色，聊以慰藉他那颗衰老疲惫的心。

印第安公主如同雨后的春笋一样新鲜，发丝间散发着草木的清香味，清澈的眼波比贝加尔的湖水还要动人，这样的女子怎能不让人心动呢？他早已厌倦搔首弄姿的风情女郎，对裹在烦琐套裙里浑身珠光宝气的贵族妇女，也感到厌烦。普卡康蒂是那么与众不同，他有一千个理由爱上她。可惜人到中年又忽然暴富的他，丧失了爱的能力，他只懂得生意和利益，这场婚姻在他眼里，不过是一场交易罢了。那个母鹿般容易受惊的小公主需要一个大大的庇护伞，渴望过上安稳的生活，他恰好能提供这些，所以当然能轻而易举地得到她。弗吉尼亚公司也希望他能迎娶印第安公主，他们的婚姻是最好的宣传品，标志着两族之间的友好，公司希望这个范例能化解印第安人的仇恨，消除彼此的隔阂，这样，殖民者就能安心开发自然资源，不必担心定居点的安全问题了。

独立战争第一枪

英国和法国的殖民者都想把新大陆这块肥肉含在自己嘴里，不愿让别人染指，不可避免地爆发了冲突，引发了七年战争。这场战争最后以法国落败告终，法国被迫签订条约，把大片殖民地忍痛割让给英国。

虽然取得了胜利，又得到了更多殖民地，英国仍然高兴不起来，连年的战争不仅耗尽国库，还让政府背上巨额的债务。为了解决财务危机，英国把手伸向北美殖民地，开始向殖民地收取印花税。新颁布的法案明确规定书籍报刊纸质文书等印刷品，必须贴上类似于邮票的东西，标注"税资付讫"的字样，违令者以逃税罪论处。此举引起了北美人民的强烈抵制。他们认为既然英国议会里连一个北美殖民地的代表都没有，自己就有十足的理由拒绝纳税。早在中世纪时期，欧洲便形成一条不成文的规矩，即未经纳税人同意，政府不可以巧立名目强行征税。

英国人非常缺钱，急于从殖民地捞油水，无视当地人的反对强行收税。征税官和群众发生了激烈的冲突。愤怒的群众包围了征税官，对其实施了抽象的人格侮辱。征税官全身被涂满柏油，到处沾满羽毛，样子极为狼狈。英国议会听说后大为震惊，被迫做出让步，取消了印花税。北美人民天真地以为，所有的风波都过去了。不久，他们的幻想破灭了。英国人又开始大张旗鼓地征收关税，规定进口的茶叶、玻璃、油漆、铅、纸张、丝织品都要交税。北美人愤慨不已。双方矛盾日趋尖锐化，最终导致波士顿惨案的发生，在那次暴力冲突中共有5人丧生。

1774年9月5日，北美十二块殖民地代表齐聚费城，召开了第一次大陆会议。以塞缪尔·亚当斯、约翰·亚当斯、斯蒂芬·霍普斯为首的激进派，主张武力反抗英国的统治。以乔治·华盛顿为首的温和派主张通过政治途径解决问题。多数代表也赞同回到谈判桌上，同英国政府交涉。少数激进人士开始谋划组建军队、训练民兵。英国当局听说后，决定出兵镇压。马萨诸塞州的总督托马斯·盖奇非常了解北美的情况，知道当地民风剽悍，易激怒，暴动随时都有可能发生，于是决定先下手为强。1775年，马斯·盖奇收到可靠线报，得知波士顿附近的康科德镇有一个秘密军火库，立刻出兵前去摧毁。突袭行动是秘密进行的。为了避免打草惊蛇，马斯·盖奇事先封锁了波士顿。英军借着夜色的掩护悄无声息地朝军火库的方向挺进。

熟料天算不如人算，英军的行动暴露了，两名北美民兵发现了他们的踪迹。民兵不敢耽搁，马上翻身上马，星夜疾驰地赶往各联络据点报信。康科德镇的民兵听说后，马上召集队伍设好了埋伏，等着英军自投罗网。他们耐心地等候了一整夜，直到天色破晓，身着红色军服的英军才隐隐出现在晨雾里。敌军慢慢地走近了包围圈，赭红色军装越发醒目，好似一团团跃动的火焰，又像凝固的鲜血。英军跋涉奔波了一夜，非常疲惫，眼看就要到达目的地，神经立马放松下来。躲在树林里的民兵瞅准时机，忽然蹿了出来，挡住了英军的去路。民兵目光灼灼，双眼喷火，怒吼着叫英国人滚回老家去。

莱克星顿的枪声

英国军官抬头一看，拦路的不过是几个穿着破衣烂衫的贫苦农民，不由得冷笑了一声，然后不动声色地命令士兵，开枪射杀这些不知天高地厚的刁民。英军打响了第一枪，民兵立刻回击。双方展开了激战。8名民兵死在英国人的枪下，其余的四散溃逃。英军打退了民兵武装，直扑康科德镇，挨家挨户搜查，搜索了大半天一无所获。原来民兵早把火药库的武器转移到安全地带。革命者也都躲藏起来。英国军官大感不妙，极令士兵撤退。但为时已晚，英军还没反应过来，就被一排排呼啸而来的子弹射杀。小镇上响起了激烈的枪声。房顶上、草丛中、树林里，到处都有游击战士的身影，战士们敏捷地举枪射击之后，马上躲藏起来，英军不断地被动挨打，一直处在晕头转向的状态，很快就被打得溃不成军。若不是救兵及时赶到，英国军官很有可能会当场命丧。他灰头土脸地逃回波士顿以后，每每想起这次经历，都会感到背脊发凉。

莱克星顿的枪声，拉开了美国独立战争的序幕。这次以少胜多的战役，极大地鼓舞了北美人民。人们意识到，英国虽然军事力量强大，但并非不可战胜。处于弱势的北美人民只要团结起来，同心协力抗敌，就能获得自由。后世把莱克星顿视为"美国自由的摇篮"，还在镇中心建造了一座纪念碑。碑座上立着一尊民兵的铜像，这位民兵头顶草帽，手持钢枪，目光炯炯，既有草莽风范，又有英雄主义气概。纪念碑下刻着几行耐人寻味的铭文："我们要寸步不移地坚守住自己的阵地。敌人开枪以前，我们不要开枪，不能主动挑起战争，但是假如敌人蓄意发动战争，那么，我们就勇敢地迎战吧！"

国父华盛顿——美利坚的精神路标

莱克星顿枪声打响后，英国果断采取行动，出动军队包围了波士顿，大战一触即发，形势忽然变得空前紧张。1775 年 5 月，十三块殖民地的代表聚首费城，召开了第二次大陆会议，商讨如何创建军队，迎战英军。华盛顿被推选为总司令。在美国独立战争中，华盛顿体现出了卓越的领导能力和出色的军事才华，为北美殖民地立下汗马功劳，因此被美国人民尊为国父。

绝大多数定居北美的殖民者都是贫苦出身，华盛顿则不同，他是种植园主，自幼在弗吉尼亚的庄园里长大，拥有一定数量的田产和黑奴，虽然没有受到过太多的教育，却能把种植园打理得井井有条。不过他的志向不是成为一个富有的庄园主，而是想要成就一番事业。他曾经在英法战争中表现明显，凭借赫赫战功，荣膺上校军衔。因为作战经验丰富，他很快在殖民地崭露头角。北美人民把所有的希望都寄托在了他身上。

华盛顿意识到，要想打赢独立战争，必须有一支训练有素、纪律严明的部队，上位伊始便制定了军规，要求每一位参军入伍的士兵都要服役三年，无论出现任何情况，都不可以提前退伍。代表们担心这支铁一样的部队将来可能会被暴君利用，不同意华盛顿的提议，经过多次交涉，才勉强通过了华盛顿提出的方案。

华盛顿画像

战争不是儿戏，分分秒秒都会有人倒下。在兵荒马乱、物资极度匮乏的年代里，为了填饱肚子，有时士兵也会变成土匪，到处烧杀抢掠，犯下累累罪行。美军的条件非常艰苦，尽管如此，华盛顿始终坚持自己的操守，严令禁止士兵向平民征集物资。他始终认为，士兵是在为自由、正义和理想而战，绝不能行不义之事，即使自己挨饿受冻，也不能抢劫缺衣少食的贫苦老百姓。军人要是失去了荣誉感和羞耻心，军队就丧失了存在的意义，那么这场战争也就失去了价值，爱国人士的血就白流了。

独立战争期间，大陆军经受住了严峻的考验，隆冬时节，他们连一件像样的棉衣都没有，军服十分单薄，破破烂烂，到处都是窟窿，根本抵挡不住刺骨的寒风，有的更惨，只有一堆破布条披在身上，赤着脚在雪地里行走，冻得哆哆嗦嗦，牙齿嘎吱作响。行军途中，蹚出了一道道血路，茫茫的雪地上布满了血红脚印，在白雪的映照下，殷红的血迹显得尤为刺眼，后面的士兵见了，隐隐感到一阵心痛。

士兵都很年轻，体格健壮，即便衣衫褴褛、风餐露宿，也不会轻易倒下，但谁也抵挡不了饥饿的折磨。有时一连好几天，他们都吃不到一顿饱饭，几口烤羊肉、一小把栗子下肚，聊胜于无，能帮助大家度过好几个小时。实在饿得发慌，就把少量的面粉泡上水架在煤炭上烘烤，做成硬邦邦的火饼。火饼的口感比石头好不了多少，粗糙得难以下咽，有的人宁愿吃土也不肯吃火饼。

华盛顿知道大陆军吃了不少苦，尽全力为他们争取报酬，但是大陆会议却迟迟不肯给士兵发军饷。有的士兵一连好几年都没有领到一分钱，连回家的盘缠都凑不齐。华盛顿看到这些为祖国独立而拼死作战的战士，受到如此待遇，十分痛心。士兵们所受的委屈他历历在目，不过为了大局出发，他坚持让战士们暂时忍耐一下，消灭敌人有生力量之前，千万不能出现内乱。1783年3月，在军官大会上，他再三提醒广大军人们千万不要打开内乱的闸门。演讲完毕，他颤颤巍巍地掏出一副眼镜，深情地说："为了让我们的国家获得独立和自由，我已经变成一个白发苍苍的老人了，现在眼神也不好了，眼睛也快瞎了。"军官们望着司令星星点点的白发和那副厚厚的老花镜，鼻子不由得一酸，忍不住流下了眼泪。

华盛顿为了美国的独立，确实耗尽了毕生年华，付出了自己的全部，谁又忍心指责他呢？他不是那种纸上谈兵的政客，也不是那种不近人情的官员，而是那种可以与士兵同甘共苦的将领，真正关心士兵切身利益的上司。看在华盛顿的情面上，士兵们暂时吞下苦水，选择忍辱负重。在他的鼓舞和领导下，美军以弱胜强，多次打退敌军，终于获得了最后胜利。当时谁也不会想到这支形同乞丐一般的军队，居然能打垮整齐有序的英国正规军。论军事才干，华盛顿远远比不上驰骋欧洲大陆的拿破仑，他带领的军队和拿破仑的虎狼之师不可同日而语，可就是这支不起眼的军队，最终确实击败了不可一世的英军，这简直就是一个奇迹。

最为难能可贵的是，在全世界都保留君主制的时候，美国抛弃了国王，创立了选举人制度。假如华盛顿是一个野心勃勃的人，假如他想大权在握，拥有同皇帝不相上下的权力，他完全可以如愿。其他议员并不反对君主立宪制，也不反对华盛顿当国王，但华盛顿毅然放弃了坐享国王的机会，决定公平公正地使用权力。他没有去当国王，而是出于公心当了民选总统，在职期间鞠躬尽瘁，致力于为美国人民谋福利，到了晚年选择急流勇退，在荫凉的葡萄架下和无花果树下度过最后的岁月。他的退休生活过得十分愉快，因为他非常享受做平民百姓的生活及乐趣。

华盛顿的可贵之处在于，他有伟人的功绩，却具备平民风范，低调亲和，能够控制自己的欲望，不被权力所惑，不为名利所累，这种优点是许多伟人所不具备的。能力越强、成就越大的人，往往野心越大，权欲越强，普遍不甘于寂寞，只要一有机会，就会不惜一切代价往上爬，从来没想过退出名利场。华盛顿不同，他看透了名利，也看淡了名利，内心获得了平静，因此作出了与世俗中人截然不同的选择，赢得了所有人的尊重。

总统林肯——南北战争中最后一位倒下的烈士

长期以来，美国并存着两种经济制度，北方在大力发展资本主义时，南方却保留着落后的种植园经济。北方认为奴隶制度是长在美国本土上的毒瘤，它严重阻碍了工商业的发展，为了维护北方以及国家的整体利益，西部地区理应实行自由雇佣制度下的资本主义，奴隶制度必须受到遏制，甚至应该被废除。北方还站在道德制高点上强烈谴责南方，毫不隐讳地揭露奴隶制度的罪恶。坚定的废奴主义者林肯上台后，引起了南方奴隶主的恐慌。

林肯坚决要废除奴隶制度，不只是出于利益考虑，更多的是出于良心和道义。在奥尔良的奴隶拍卖市场上，他目睹一批批披枷戴锁的奴隶像牲口一样被捆绑着。买家以娴熟的动作掰开他们的嘴看牙口，拍打他们的胳膊和大腿，查看他们的肌肉是否发达，林肯看到这一幕，感到既恶心又震惊。

林肯步入政坛后，每每回忆起奴隶被公开拍卖的悲惨景象，就感到十分难过。从政以来，他发表了无数次废奴宣言，毫不隐讳地指出，奴隶制是残忍的、罪恶的，完全违背人道主义精神，为了美国的荣光，必须废除这种制度。他的言论让奴隶主感到害怕。虽然林肯一再强调，奴隶制的存废问题，可以通过和平的方式解决，若非迫不得已，他绝不会诉诸武力。奴隶主依旧把林肯视为最大的威胁。因为在他们看来，无论采用什么方式，在多长时间内废除奴隶制度，都是不能容忍的。他们普遍希望奴隶制永远存在下去，永远都不会被终结。这当然是不可能的。北方的政客都在着手策划废奴运动，奴隶制早晚会被连根拔掉。

林肯

南方奴隶主认为只有脱离联邦，才能保住奴隶制度。林肯当选为美国总统后，南卡罗来纳州的奴隶主马上宣布独立，随后强烈要求联邦军队撤出。密西西比州、佛罗里达州、亚拉巴马州、佐治亚州、路易斯安那州、得克萨斯州紧随其后，纷纷宣布脱离联邦。美国被彻底割裂了，内战不可避免地打响了。南方倒行逆施，理应受到讨伐，可是在征讨南方的过程中，北方表现得有些过激，把对奴隶主的仇恨延伸到平民身上，人为地制造了许多灾难和惨案。

有个叫谢尔曼的将领在南下的过程中，号召士兵毁坏农田，焚毁村庄和城镇，拆毁铁路，摧毁基础设施，给南方的环境造成了极大的破坏。军队每到达一个地方，都会放火，离开时，村镇城市化为白地，除了几棵烧焦的树木外，什么都没有留下，老百姓只能冻死饿死。经过一次又一次的破坏，南方出现了大片废墟，流离失所的百姓高达百万。谢尔曼的疯狂行为受到了广泛的指责。因为他的胡作非为，内战的正义性大打折扣。

战争过程中连手无寸铁的平民都不肯放过，这不是北方军队作战的初衷，也不是林肯期望看到的结果。这场战争打得非常残酷，北方死伤惨重，南方沦为废墟，平民暴尸荒野，人们在自相残杀的过程中，逾越了道德底线，干了许多违背良心和道义的丑事。

内战结束后，林肯赦免了南方所有的将领和官兵，并允许他们带走自己的武器和坐骑，回到家乡正常生活。可惜南方的政客不知悔改，仍然在鼓吹奴隶制度，阻挠北方的战后重建方案，林肯迫不得已，决定暗杀南方总统，彻底结束所有的纷乱。由于准备不充分，计划没有成功。南方将官出于报复心理，诱使一名同情奴隶主的演员开枪射杀了林肯。林肯倒在了剧院的座席上，浑身是血，气若游丝。前一分钟他还在津津有味地欣赏话剧，没想到死神会在这样戏剧性的时刻降临。尖锐的枪声被观众的欢呼声和哄笑声所掩盖，谁也没有察觉出异样，等到人们发现总统遇刺时，一切都太晚了。

美国作家惠特曼在讲述这一历史事件时，用饱含深情的笔调表达了自己的沉痛之情，在诗中，他把林肯比喻成美国的船长，回环往复地感叹："倒下来了，冷了，死了。啊，船长，我们的船长！"林肯遇害，美国人沉浸在巨大的悲痛中，但他们选择不去仇恨，因为经过战争的创伤，他们意识到爱比恨更有力量，他们所要做的是把美国建设成一个美丽富强的国家，而不是自相残杀。他们怀揣着伤痛选择了原谅，开始了艰难的战后重建工作。

经济大萧条中的罗斯福

经过一段时间的恢复，美国终于从战后的废墟中崛起了。崛起后的美国做起了大国梦，于是开始积极开疆拓土。政客们把目光瞄准了南部的墨西哥，通过战争手段和勒索威胁，以 1825 万美元的低廉价格，将墨西哥过半的国土买下，版图扩大了 190 公里。不久又以 1500 万美元的白菜价从法国购入 214 万平方公里的土地，将美国的国土扩大了一倍。完成了陆地扩张，美国又开始虎视眈眈地盯着海洋，步步为营地吞并了夏威夷，获得了海上霸权。随后打败了老牌殖民帝国西班牙，把隶属西班牙的多个岛屿收入囊中。

有了辽阔的疆域，丰富的资源，美国发展得顺风顺水。两次世界大战都没有波及美国本土，美国参战较晚，损失最小，在欧洲各国普遍衰落之际，美国异军突起，成为世界强国。战争期间，美国到处兜售军火武器，发了一笔大财，经济增长迅速。总统柯立芝上台后，美国步入繁荣期。柯立芝奉行自由经济和小政府主义，在职期间，没有什么大的作为，但美国工业生产蒸蒸日上，汽车业、电气业、建筑业发展良好，本国形势一片大好。

柯立芝尽情地打瞌睡，美国经济照旧稳步增长，到处都是一幅欣欣向荣的景象。据说柯立芝每天花在睡觉上的时间便超过了11个小时，其余的时间他也没全用在工作上，时不时还要走出白宫，悠哉游哉地看场电影，很少为公务烦心。

任期结束后，这位惜墨如金，连话都懒得说的总统发表了一个简短的声明："我不打算再干这个行当了。"然后光荣退休。下一任总统胡佛，继续延续无为而治的政治方式，结果美国迎来了有史以来最严重的经济危机，1929—1933年，进入了大萧条时期。随着股票的狂跌，大量财富瞬间蒸发，金融市场陷入崩溃，灯红酒绿的商业街忽然凋敝了，紧接着工厂倒闭，农产品价格持续走低，到处都是失业的工人和破产的农民。

人们衣食无着，被迫流落街头，乞丐数量激增。很多有钱的资本家一夜之间变成穷光蛋，在半死不活的状态中艰难度日。形势持续恶化，胡佛仍然不承认美国深陷经济危机，始终冷眼旁观、无动于衷。露宿街头的穷人纷纷涌到垃圾桶前翻捡纸板、木片、纸袋、破毛毯和破铁罐，无师自通地学会了废物回收利用。昔日那些无人问津的废品居然统统变成了宝贝。为了讽刺胡佛，人们把一切象征贫穷的东西都打上了胡佛的标签，于是出现了胡佛村、胡佛毯和胡佛袋。

最后胡佛在一片讨伐声中狼狈下台，精明强干的罗斯福当选为新总统。罗斯福一上任，就采取了大刀阔斧的改革措施。他积极干预经济，采用宏观调控的手段稳住了金融业和工农业，有效减少了失业人口，还建立社会保障制度，尽最大努力保证劳动者的权益。新政刚刚出台，就收到了良好的效果。人们终于在黑暗中看到了一线曙光。这场经济危机，不仅使美国各行各业遭受重创，还波及整个资本主义世界，给全球经济带来了极其恶劣的影响。危机中，最大的受害者是普通的劳动人民，许多人在饥饿、疾病的折磨下，走向了死亡。幸存者沦落成了卑微的乞丐，从早到晚都在乞讨，活得毫无尊严，比行尸走肉更悲惨。

在美国人濒临绝望的时候，罗斯福尽量用自己的乐观精神感染大家，他一边积极着手推广新政，一边用"炉边讲话"的方式和民众互动沟通，鼓励大家振作精神、共渡难关。罗斯福非常重视金融市场的稳定，制定了一系列法规来规范金融活动。他宣誓就职时，美国的银行全部瘫痪，在全国范围内连一家正常营业的银行都找不到，银行家愁苦不堪，民众忧心忡忡。在这种情形下，罗斯福立即督促国会进行立法改革，给有偿还能力的银行颁发许可证，允许其恢复营业。短短几天时间，14771 家银行被救活，迅速恢复了信用。

在整顿银行业的同时，罗斯福又开始着手管控黄金，千方百计地阻止国内的黄金外流。在非常时期，美国政府严格禁止黄金出口，禁止私人储备黄金和黄金证券，禁止美钞兑换黄金，规定公司债务均以黄金偿付。不久，政府出台了一系列措施刺激出口，增发

罗斯福

30亿美元的纸币，美元大幅度贬值，出口量迅速增加。美国很快扭转了对外贸易的劣势。

政府埋单开展社会救济是罗斯福新政最重要的措施之一。当时美国哀鸿遍野、乞丐遍地，政府如果袖手旁观，大量贫民就得活活饿死。出于扶危济困的目的，罗斯福创建了联邦紧急救济署，向全国各地拨发救济金和生活物资。急需救济的人可排队领取。许多濒临死亡的居民靠着免费的救济金渡过了难关。

罗斯福非常清楚，免费发钱发物资只是权宜之计，政府不可能永远养活灾民，当下，最重要的就是为人们提供更多的岗位和就业机会。新政第二年，他开始执行"以工代赈"政策。政府招募了大批青壮年，让他们植树造林、修建道路、营造公园。第一批应招的劳动者数量高达25万人。通过兴建公共工程，大量的劳动力得到了安置。劳动者获得了报酬，能够履行家庭的责任，赡养家人，不再接受救济和施舍，提升了自尊心，对未来充满了希望。

在农业领域，罗斯福制定新规大力限制农产品生产，有效稳定了农产品的价格。政府给农场主、农民发放了一笔补助金，勉励他们继续从事本行业。正所谓物以稀为贵，农产品数量减少后，价格马上出现了反弹。农民、农场主因此受益。

罗斯福的政策违背了资本主义国家所奉行的自由市场经济的理念，政府开始用"无形的手"调控市场，一些思想保守的人为此感到困惑不解。不过因为政策有效，质疑声越来越小，反对声慢慢消失了。正是因为罗斯福的大胆尝试，许多银行家、工厂主、农场主才免于破产，广大贫民才躲过了饥荒，熬过了最难熬的时光，平安渡过了劫难。

第十六章

拉美门户
——哥伦比亚

　　拉美国家哥伦比亚是一个神秘而魔幻的国度，它盛产的咖啡驰名全球，出产的黄金、宝石令人眼花缭乱，走出的美女惊艳整个世界，多姿多彩的狂欢节、富有异域情调的风土人情，从不同的层面和角度展示着拉美文化非同一般的魅力。拉美物产富饶，人民富有创造力，本来应该被打造成天堂一般的地方，可惜由于历史的原因，经济发展缓慢。自新航路开辟以后，拉美成了殖民者掠夺的主要对象，西班牙人抢走了无数的黄金白银，并在拉美各国建立了殖民统治，如果不是拉美民族英雄玻利瓦尔横空出世，赶走了侵略者，拉美国家肯定会经历更多的苦难。哥伦比亚著名文学家马尔克斯采用魔幻现实主义的表现手法，将整个拉美的历史写进了一部鸿篇巨制中，取名为《百年孤独》，淋漓尽致地描绘了拉美国家被奴役被侵略、内战不休的黑暗历程。马尔克斯凭借这部巨著荣膺诺贝尔文学奖，向世界展现了拉美人的文化底蕴及世界观、历史观。

活力四射的混血民族

拉美国家和美国一样，都是移民国家，但血统成分比美国还要复杂。印第安人、白人、黑人、亚洲黄种人，通过不同的排列组合，混成不同的人种，混血之后再混血，一个人身上常常有好几个血统。多数拉美人都不清楚父系基因、母系基因都由哪几种血统组成，他们也不会去深究，别人也从不询问这个剪不断理还乱的问题。

拉美人的面孔是迷人的，年轻的姑娘鼻子秀挺，身材火辣性感，轮廓酷似欧洲人；肌肤细嫩柔滑、五官精致耐看，融合了亚洲人的部分特点，且个个浓眉大眼，很有中东女人的风味。拉美美女如云，混血姑娘风情万种，朱唇轻启，嫣然一笑，便可令人神醉心驰，那么拉美人为何会混入这么多血统呢？若要回答这个问题，还得从拉美的历史说起。

1500—1888 年，欧洲殖民者入侵拉美，开启了长达 300 年的统治，西班牙人、葡萄牙人纷纷入驻，一边大肆掠夺金银等贵金属，一边压榨盘剥拉美人，并把非洲的黑奴源源不断地运送到拉美。不同人种经过通婚混血，形成了新的人种，拉美民族就诞生了。新的拉丁人种在相貌颜值方面融合了不同人种的优点，肤色健康而有光泽，身材凹凸有致，睫毛浓密卷翘，眼睛深邃，鼻梁高挺，看起来十分迷人。以拉美第二人口大国哥伦比亚为例，女子身材挺拔有型，丰腴婀娜，双腿修长，大眼睛长睫毛，行走在街头巷尾，俨然就是一件移动的艺术品。

哥伦比亚曾经是西班牙的殖民地，官方语言为西班牙语，白种人占人口总量的20%，主体为印欧混血人种（白种人和印第安人的后代），约占总人口的60%，其余是黑白混血及印第安人和黑人的混血人种。19世纪初，拉美掀起了轰轰烈烈的民族解放运动，哥伦比亚经过多年的浴血奋战，终于取得了独立，成立了联邦共和国。1886年，正式命名为哥伦比亚共和国。

长期以来，人们对哥伦比亚存在着严重的误解，认为它是一个充斥着毒品、犯罪、治安混乱的可怕国度。其实哥伦比亚也有宁静美丽的一面。许多小镇沿海而建，坐收海天相拥的美景，阳光下的加勒比海折射出一抹诗意的湛蓝，颜色浓得化不开，让人心神荡漾、迷醉不已。郁郁苍苍的亚马孙丛林，雄伟高大的安第斯山脉，唯美壮阔，魅力天成，最大限度地保留着自然界原始的风貌。如火的骄阳造就了哥伦比亚人热情如火的性格，大多数的哥伦比亚人都奔放豪迈、潇洒不羁，较少受约束，所以他们的城市非常有特色。

比如首都波哥大，整座城市虽然不像发达国家的大都市那样繁华喧闹，建筑也不够典雅精致，却有着自己独特的味道，徜徉在街头，到处都能看到色彩艳丽的涂鸦，这在其他国家简直是不敢想象的。现代国家的大多数城市，涂鸦墙少得可怜，任何在公共建筑涂鸦的行为，都被视为违法。人们已经习惯了单调的色彩和整齐划一的风格，忍受不了驳杂纷繁的色彩和元素。哥伦比亚不同，大面积的涂鸦，满大街的斑斓色彩，铺天盖地、风格各异的图画，把城市装点得格外生动活泼，人行其中，就像生活在动话世界里一样，有一种说不出的放松和惬意。

哥伦比亚有自己的传统文化，但由于受到西方殖民者的影响，衣着服饰基本上已经欧化。在正式场合，哥伦比亚男子通常会换上笔

波哥大涂鸦

挺的西装，规规矩矩地打上领带，以绅士形象示人。女性喜欢佩戴挂链，挂链是用漂亮的白色珠子穿成的，样式简单，看起来却十分别致，配着颇具拉丁风情的服饰，别有一番韵味。哥伦比亚女子从小就开始戴挂链，随着年龄的增加，挂链的条数也跟着增加，成年妇女佩戴的挂链可能会超过 100 条。

由于拉美生活节奏很慢，哥伦比亚人基本都是慢性子，无论做什么事情他们都慢条斯理，宴请客人时，即便提供的是简单的家常便饭，也得花费个把小时。主人掌心向下，朝客人摆手，就是召唤客人的意思。哥伦比亚人很好客，与客人见面时常施握手礼，送走客人时也会同在场的每一位握手，待人亲切，礼数非常周到。他们招待客人，从不把孩子赶走，为的是让年幼的孩子耳濡目染，学习待客之道和与人相处的方式。哥伦比亚的餐桌礼仪比较欧化，人们用餐时习惯用刀叉，桌布铺得平平整整，力图在视觉上让人看起来美观。

哥伦比亚的文化是多国文化混合交融的产物，既有印第安民族的文化烙印，又有西方殖民文化的特点，在全球化的浪潮下，又受到美国自由文化和法国浪漫主义的影响，因此愈加精彩纷呈。巴兰基亚狂欢节最能体现哥伦比亚的文化特点。节日盛典上，欧洲传统和非洲文明交相辉映，舞蹈火爆劲辣，音乐悠扬流转，气氛非常活跃，大有一种普天同庆的盛况。人们穿着精心制作的服装载歌载舞，大街上熙熙攘攘，很是热闹。

节目最吸引人的部分当数化装游行。表演者戴着诡异或神秘或精美的面具，在彩车的引导下，穿过滚滚人流，穿过车水马龙的一条条大街，不断向欢呼的人群挥手示意。道路两旁的观众被欢乐的气氛所感染，不约而同地加入了表演队伍，游行的人群越来越壮大，满街都是鼓乐声和喧哗的笑语，似乎整座城市都沸腾了。

狂欢节上，最吸引眼球的表演非昆比亚姆巴舞莫属。妇女头戴鲜花，穿着宽松的大裙子，手执香烛，随着音乐的节拍劲歌热舞，男子一袭白衣白裤，全身素洁，一条红围巾格外夺目，头上的宽大草帽，颇具热带风情，手里挥舞着砍刀，显得雄姿勃发、英武不凡。在动人的乐声中，男女愉快地对舞，别有一番意趣。观赏完粗犷奔放、激情似火的舞蹈，人们便开始互相泼水撒粉，以此嬉乐逗笑。年轻人和小孩子随身带着滑石粉和玉米粉，见人便往脸上、身上到处乱撒，连维持秩序的警察也不肯放过，被袭击的路人瞬间变成了大花脸，但谁都不会生气，灿烂的笑容绽放在每个人脸上，那笑容比盛夏午后的阳光还要温暖、还要明媚。在哥伦比亚，庆祝活动形式多变，节目多姿多彩，节日当天，人们尽情欢闹，快意欢笑，唱唱跳跳彻夜不息。可见拉美是一个欢乐的民族，通过哥伦比亚这个瞭望窗，我们看到的是一个五彩缤纷，充满欢声笑语的世界。

南美解放者玻利瓦尔

在拉美人的心目中，最伟大、最受人崇敬的英雄是玻利瓦尔，是他帮助人民摆脱了西班牙殖民者的奴役，走上了独立自主的道路，是他解放了拉美大陆，让饱受压迫和歧视的拉美人获得了自由和尊严。他是当之无愧的拉美之父，也是哥伦比亚的国父。哥伦比亚光荣解放，玻利瓦尔功不可没。

玻利瓦尔出生于委内瑞拉的一个贵族家庭，自幼父母双亡，是舅舅含辛茹苦地把他养大，家庭教师也曾经给过他必要及时的帮助。21 岁那年，他继承了一大笔财产，成为拉美地区首屈一指的富豪。但他去世前夕却囊空如洗，他的钱财没有花在豪宅、香车、宝马上，也没有花在奢侈的娱乐活动中，而是全部投入解放拉美的伟大事业上，他毕生都在为这个目标而奋斗。

玻利瓦尔年轻时曾远赴欧洲到西班牙留学，正是那段求学的经历，改变了玻利瓦尔一生的命运走向，使他甘愿倾家荡产投身到民族解放运动中。有一天早上玻利瓦尔穿着华美的衣衫骑着高头大马在马德里散步，看起来就像一个风度翩翩的贵公子。一个街头警察看不惯来自落后地区的外国人如此高贵神气和整齐精致的妆容。见了玻利瓦尔一声招呼都不打，便粗暴地呵斥他立即从马背上下来。玻利瓦尔当场愣住了，在家乡，他是地地道道的贵族，无论走到哪里都受人尊敬，可在西班牙，连一个普普通通的街头警察都能对自己指手画脚、大呼小叫，巨大的心理落差令年轻气盛的玻利瓦尔无所适从，他不明白西班牙人有什么资格蔑视拉美人，难道仅仅因为拉美是西班牙的殖民地吗？

玻利瓦尔感到无比气愤，没有乖乖下马。没想到那名粗鲁的警察竟一把把他从马背上拉了下来。这次不愉快的遭遇深深刺激了玻利瓦尔，他悲观地想，既然一个站街的西班牙警察都可以肆意羞辱拉美贵族，那么生活在西班牙殖民地的广大同胞过得又是怎样的生活呢？他们是不是连牛马都不如呢？事后，玻利瓦尔一再告诫自

己，一定要把西班牙殖民者从拉美的土
地上赶出去，并郑重立下誓言：只要拉
美国家一天不解放，他就要奋斗一天，
绝不半途而废。

玻利瓦尔

在玻利瓦尔看来，拉美是一个全新
的人种，既不是印第安人，也不是欧洲
人，而是多个民族的混血。他本人有西
班牙血统，但从未把自己当成西班牙人，
对西班牙的认同度并不高，他和西班牙人征战过 472 次，几乎连战
连捷，可谓战果辉煌，其中最为人们津津乐道的是他翻越安第斯山
脉，奇袭哥伦比亚首都波哥大的军事行动，那次战役，不仅使哥伦
比亚获得了解放，而且成为拉美独立运动的转折点，此后西班牙殖
民者在战场上接连失利，最终被赶回老家，拉美历史翻开了崭新的
一页。

在独立战争陷入僵局时，玻利瓦尔想到一个大胆而又疯狂的军
事计划，带领队伍翻山越岭，直插西班牙防御薄弱的地区——哥伦
比亚。行动发起时，正赶上雨季，士兵们顶着瓢泼大雨，在齐腰深
的积水和湿重的浓雾中艰难行进，每走一步都非常吃力，身体被蚂
蟥和各种蚊虫叮咬得到处都是脓包，局部皮肤血肉模糊，又痛又
痒，痛苦不堪。安第斯山脉一带地势陡峭，荒无人烟，沿途他们几
乎得不到任何帮助。

攀爬过程中充满了危险。由于没有攀爬工具，他们只能徒手抓
住野藤，踩着嶙峋的石头，一点一点往上爬，看到崎岖狭窄的山
路，必须一个一个鱼贯而过，稍不小心就会坠落深渊、粉身碎骨。
高山上空气稀薄，氧气含量少，士兵普遍感到呼吸困难，行至悬崖

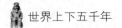

峭壁时，不由得头昏眼花，不少人失足跌入万丈深渊，失去了年轻而又宝贵的生命。当人们历尽艰辛来到安第斯山脚下时，又遇到了新的障碍。前方有三个隘口，玻利瓦尔必须选择一个隘口翻越山脊，完成伟大的突袭计划。

玻利瓦尔沉吟了片刻，选择了海拔最高的一个。他认为敌人一定料想不到拉美人会从那里穿行，自然不会布兵设防。玻利瓦尔赌赢了，一路上他们果然没有遇到什么抵抗。可是自然界就是最强劲的敌人，在登山的半途中，他们耗尽了粮草，体力渐渐透支，身上的衣服湿透了，又冷又饿，举步维艰。为了果腹，他们将战马和驮运辎重的牲畜全部杀掉，找不到柴草，只好强迫自己咽下血淋淋的生肉。茹毛饮血的生活方式令士兵们苦不堪言，更糟糕的是，许多人出现了高山反应，病死在半山腰。

玻利瓦尔率领革命军突袭哥伦比亚时，西班牙人傻眼了，军队惊慌失措，还没来得及迎战，就被革命军击溃。拉美战士把西班牙殖民者打得落花流水，俘虏了好几个指挥官。这次突袭行动以拉美人的大获全胜而告终。玻利瓦尔乘胜出兵波哥大，与西班牙守军展开了鏖战。玻利瓦尔再次取得大捷，成功攻克了波哥大，解放了哥伦比亚。

紧接着玻利瓦尔的大军横扫拉美大陆，哥伦比亚、巴拿马、厄瓜多尔、秘鲁、玻利维亚相继获得解放。他的母国委内瑞拉在哥伦比亚解放之前获得了自由。玻利瓦尔被视为南美的华盛顿，好几个国家都推举他当总统。玻利瓦尔终于实现了自己的梦想，但随即又陷入了深深的迷惘。他在思考究竟要把拉美国家变成怎样的国度才好。

由于深受法国启蒙运动的影响，从内心深处，玻利瓦尔渴望全面废除奴隶制度，让印第安人、黑人、混血儿获得和白人同等的权利。为了践行自己的政治理想，他以身作则，释放了自家庄园里所有的奴隶，宁愿损失巨大的财富，也要让奴隶们获得自由。从政期间，他多次起草宪法，贯彻自由平等的思想。这些举措损害了庄园奴隶主的利益，遭到了强烈的反对。不同地区不同行业的劳动者，有着不同的利益诉求，对他颁布的经济政策也提出了质疑。

在独立解放战争时期，玻利瓦尔致力于团结一切可以团结的力量，依靠个人威望和妥协的智慧，使人们趋向于求同存异，为同一个目标作战。现在殖民者被赶跑了，拉美人要创建一个崭新的世界，他准备用同样的方式解决争端。可事实跟他预想的不一样。他向一派妥协的时候，往往会激发另一个派系的仇恨，结果两头不讨好，玻利瓦尔莫名其妙地成了大众的公敌。玻利瓦尔无比失望，开始怀疑民主制度在拉美大陆推广的可行性，于是决定采用铁腕手段推行自己的政策。他修改了宪法，规定总统可以终身任职，并具有制定继承人的权力。拉美人认为他这是在搞独裁统治，纷纷走上街头声讨他。波哥大的大学生怒气冲天地闯进了当地的最高法院，将他的画像摘下来，抛向了阳台，还言辞凿凿地要求审判他。

玻利瓦尔身败名裂，黯然离开了政坛，辞去了总统职务。临死前饱受病痛折磨，曾想过要到欧洲旅行。为了拉美的独立事业，他散尽了家财，变卖了战马和首饰，勉强凑够了旅费，可惜因为身体抱恙，未能成行，结果死在了一个滨海小城里，去世前夕连连感叹："我要怎么做才能走出困局？"没有人回答他，他本人也没有找到答案，就这样带着满腔的遗憾走了。

魔幻史诗——《百年孤独》

拉美是一片神奇的土地，那里阳光充沛，土质肥沃，到处盛产经济作物，且黄金白银遍地，按常理推断，拉美国家应该很富裕、很发达，然而事实却并非如此。坐在金矿银矿上的穷国比比皆是，存在这种奇异现象是有深刻的历史原因的。以哥伦比亚为例，它虽然是一个咖啡飘香、鲜花遍野的国度，黄金和宝石的产量也很高，但经济发展水平一直比较落后，且饱受内战的困扰。

在哥伦比亚作家马尔克斯的笔下，拉美变成了一个光怪陆离的世界，各种匪夷所思的事情层出不穷，魔幻程度令人大跌眼镜。那么哥伦比亚这个拉美国家究竟是一个怎样的国度呢？它有着怎样鲜为人知的过去，马尔克斯又是用什么视角来审视它的呢？要想弄清这些问题，我们还需从马尔克斯本人入手。

马尔克斯的童年是在外祖父家度过的。外祖父是一个退役军人，年轻时当过上校，为人勇敢，思想激进，曾两度投身于哥伦比亚内战。马尔克斯在《百年孤独》中以浓墨重彩的笔触描写内战，可能与外祖父这段军旅生涯有关，也可能是来自他本人亲眼看见的经历。哥伦比亚内战是在 20 世纪 60 年代打响的，战火持续燃烧了40 多年，仍然没有熄灭，和平似乎遥遥无期。直到 2016 年 8 月，各派力量才签订了终极版本的和平协议，可惜伟大的拉美作家马尔克斯没有见证那个重要的历史时刻，提前两年离开了人世。他若泉下有知，一定会为自己的国家感到高兴的。

哥伦比亚盛产咖啡，种植业很发达，畜牧业发展良好，富人阶层为了广种咖啡，多养动物，极力扩大种植园和养殖场，于是便逼迫农民迁居。对于广大农民来说，土地是他们生存的资本，无论如何他们都不能离开自己的家园。面对富人的步步紧逼，他们只好拿起武器进行武装反击。大家开始自发地

马尔克斯

组织游击队，与富人武装对抗，内战打响了。哥伦比亚瞬间变成了一个战火纷飞的世界，陷入了旷日持久的战争。

后来国内出现了两支游击队反政府武装力量，战斗进入白热化状态。处于弱势的游击队暗暗勾结走私毒品的大毒枭，换来了精良的装备和充足的军饷，解决了经费问题。财政困顿时期，游击队队员还曾采用过绑架勒索、打家劫舍的手段获取大笔资金，名声日益败坏。一些经常受到游击队恐吓威胁的地主，为了保住自己的家产，纷纷建立了地方自卫武装，逐渐参与到内战中。哥伦比亚的形势变得更加动荡和混乱。政府花了数十年的时间打压清剿游击队，收效甚微。这场内战本来是一场反压迫反剥削的斗争，随着游击队变质，广大平民百姓沦为了受害者，他们的人身安全和财产莫名受到侵犯，在战火中不幸丧生和流离失所的人不计其数。

《百年孤独》中的奥雷良诺上校屡次投身于战争，却一辈子也没弄明白自己为何而战，他的矛盾心理充分反映了哥伦比亚人的迷惘状态，内战中的哥伦比亚人自相残杀，谁又能弄清楚战斗的目的呢？在混乱不堪的局势中，人们的荣誉感、使命感、正义感早已被残酷的现实消磨殆尽，早已忘记了作战的初衷。

对马尔克斯创作影响最大的人是他的外祖母。他的外祖母是一

个讲故事高手，满脑子都是妙趣横生的神话故事和引人入胜的鬼怪传说。马尔克斯小时候，外祖母每天都会绘声绘色地给他讲述那些稀奇古怪的故事。在外祖母的熏陶下，马尔克斯的想象力和创作潜能被充分激发出来，在他的内心世界，拉美变成了一个人鬼混杂，到处都有幽灵游荡的奇幻世界。马尔克斯虽然爱幻想，但并不脱离实际，他一直在用冷静客观的眼光看待哥伦比亚，看待整个拉美大陆，所以他的作品才被定性为魔化现实主义而不是单纯的幻想文学。

马尔克斯创作《百年孤独》时文思泉涌，他把整个拉美的历史融入了魔幻世界里，通过马孔多小镇的兴衰映射拉美社会。在他奋笔疾书的那段日子里，家里经济拮据，妻子梅赛德斯整日为衣食操劳，日渐憔悴消瘦，似乎一下子老了好几岁。马尔克斯既内疚又心疼，可他抑制不住创作的欲望，没办法停笔，只好反复安慰妻子说："耐心等着吧，我一定会成功的。"妻子全力支持他，变卖了首饰换取邮费，把厚厚的书稿寄给客居巴黎的拉美作家卡洛斯·富恩特斯。

打开书稿以前，卡洛斯·富恩特斯并不重视同胞的作品，他似乎不相信拉美那片土地上能诞生什么伟大的作家。但看过马尔克斯的《百年孤独》之后，不禁大吃一惊，摆在他面前的那部新鲜出炉的巨著足以和《堂·吉诃德》相媲美。《百年孤独》俨然就是一部魔幻版的拉美史。马尔克斯借助小说人物的视角描述了拉美被殖民被奴役的历史以及动荡纷乱的内战史，反映了拉美社会的现实，笔调虽然压抑，却非常扣人心弦，字里行间流露出作者本人对拉美人的期望，他殷切地希望广大拉美人有朝一日能摆脱孤绝落后的状态，活出全新的精神面貌。

在《百年孤独》中，马孔多人的好奇心和求知欲非常强烈，普普通通的冰块在他们眼里，比晶莹剔透、光芒闪烁的钻石更神奇、更名贵，磁铁、电话、火车等寻常事物，在他们看来，比女巫的神奇扫把都要新鲜有趣。这足以说明拉美社会曾经一度和现代文明社会脱节，外来者带来的一些再平常不过的东西，都会让当地人大惊小怪。对于西方殖民者，拉美人的心态是复杂的，一方面羡慕对方高度发达的文明，另一方面非常痛恨对方对本民族的歧视和欺压。

小说中，马尔克斯毫不客气地揭露了美国联合果品公司对拉美的疯狂掠夺和压榨，并根据真实历史事件再现了 1928 年香蕉大屠杀惨案。官方竭力维护美国人的利益，对橡胶种植园工人的悲惨遭遇置若罔闻，惨案发生以后，希望大事化小小事化了，还到处搜捕杀戮企图罢工的工人。这些故事情节都是现实的折射，因为像血液一样真实，所以才会那么牵动人心。

结尾处，布恩迪亚家族第七代子孙因为是近亲结婚的产物，出现了返祖退化的迹象，长出了怪异的猪尾巴，然后被蚂蚁吃掉了。布恩迪亚家族走向了终结。马孔多小镇被一场突如其来的飓风卷走，彻底销声匿迹，就仿佛不曾存在过一样。布恩迪亚家族唯一由爱情孕育的婴儿为什么会给自身、自己的家族、马孔多带来诅咒和厄运呢？悲剧的根源又是什么呢？马尔克斯为什么会产生这么奇怪的想法呢？

对此马尔克斯曾经发表过自己的看法，他认为绝大多数的拉美人不懂爱情，根本不知道爱情为何物，这正是他们精神空虚、心灵扭曲、家庭关系怪异的根源。《百年孤独》中的男欢女爱，只有赤裸裸的情欲，只有一种说不清道不明的狂热，只有一晌贪欢的渴望，没有琴瑟和鸣的默契，没有心有灵犀一点通的回应，甚至连最基本的情感交流都没有。这正是拉美人的生存状态。

在拉美，身材火热、妖媚丰艳的女郎，高大健硕、一脸阳光的男子，只要四目相对，就会像干柴碰到烈火一样产生奇妙的化学反应，小心翼翼的搭讪、风花雪月的过程统统可以省略掉，双方往往会选择直奔主题。这段艳遇可能只是一段露水情缘，也可能促成一桩婚姻，但彼此之间的喜欢仅仅停留在对肉体的迷恋上，所谓的爱情不过是一种虚无缥缈的存在。马尔克斯显然是不认同这种恋爱观和婚姻观的，所以对它进行了辛辣的批判。在马尔克斯眼里，拉美是落后的、蒙昧的，甚至是愚昧的，《百年孤独》中的小女孩喜欢吃土，总是趁别人不注意从墙壁上抠泥吃。那么拉美人为什么会有这样的表现呢？

马尔克斯已经给了我们答案。西方的殖民统治，造成了拉美经济上的落后，在生产力低下、经济不发达的地区，拉美人长期忍受着贫穷和屈辱，被剥夺了放眼世界、展望未来的机会，只能坐井观天，在一种封闭孤绝的社会环境中苦苦挣扎，所以表现得麻木不仁、愚昧无知。其实每个人都渴望从他人身上获得慰藉，却又拒绝交流，明明精神上感到无比痛苦，却装作毫不介意。这正是拉美人矛盾和纠结的根源。可悲的是，承受着共同苦难的拉美人，并不懂得互相怜惜，为了各自的利益，选择相互残杀，在内战中彼此消耗，把无尽的伤痛和灾难带给千千万万无辜的平民，马尔克斯为此深感痛心。最终他把苦水酿成了美酒，成就了《百年孤独》这部鸿篇巨制。

《百年孤独》一经问世就在文坛引起了轰动，不久即成为畅销全球的伟大作品，1982 年，马尔克斯凭借这部力作荣获诺贝尔文学奖，世界各地掀起了拉美文学热。《百年孤独》虽然很魔幻、很荒诞，但它就像一首荡气回肠的史诗，承载了整个拉美大陆的历史、文化，内容丰富多彩、摄人心魄，文学价值和史学价值极高，值得细品和咂摸。

第十七章

大洋洲上的沧海遗珠

——澳大利亚

　　澳大利亚是孤悬海外的一片大陆，位于大洋洲，版图辽阔，地貌复杂，动植物繁多，在漫长的历史时期，与外界没有什么联系，堪称是现实版的禁闭岛。根据大陆漂移说，澳大利亚在亿万年前就脱离了其他大陆，所以它的物种与其他大洲均不相同，很多像化石一般古老的动植物，在澳大利亚都能找到。从自然条件来看，澳大利亚是古老的，从人文气息来看，澳大利亚是年轻的、朝气蓬勃的，在这片古老的大陆上，直到1788年才建立了一个文明国家。更加令人惊叹的是，这个国家是由英国流放海外的囚犯建立的，囚犯们来到这片蛮荒之地之后，把英国的司法制度、人文理念移植到了这里。如今澳大利亚依旧以英联邦的身份存在着，不过已经取得了完全的自治权。

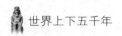
囚犯建立起的文明国家

在浩瀚无垠的太平洋和湛蓝无边的印度洋之间，有一片神奇的大陆，它被誉为"南方之地"，面积是西欧的 1.5 倍，整个大陆只有一个国家——澳大利亚。我们所熟知的澳大利亚，风光绮丽、景色宜人、物种独特，是世界上独一无二的存在。枝叶稀疏的桉树上睡着毛茸茸的考拉，小家伙慵懒地闭着眼睛打盹，惬意地享受着温暖的阳光；如茵的草原上，可爱的袋鼠蹦跳着、奔跑着，样子憨态可掬；广袤的沙漠上，有一种叫鸸鹋的大鸟悠闲地散着步；当然，最吸引人的是鸭嘴兽，它的大嘴和双脚酷似鸭子，躯干和尾巴形似海狸，看起来不伦不类，十分滑稽。鸭嘴兽是卵生哺乳动物，迄今为止，在地球上已经存在 2500 万年了，比我们人类还要古老，堪称哺乳动物的活化石。如今在澳大利亚仍然能看到它的影子。

由于人类在征服自然改造自然的环境中，破坏了地球的生态系统，许多野生动物濒临灭绝，澳大利亚能保留住那么多稀有的野生动物，可见环保工作做得非常到位。澳大利亚人的环保意识，是否意味着他们的综合素质比别国更高一些呢？我们暂且不下定论。很少有人知道澳大利亚是一个由囚犯创立的国家，在建国之前，这片大陆原本是英国的海外监狱，那么这究竟是怎么回事呢？

在漫长的历史时期，澳大利亚都是一座与世隔绝的孤岛，岛上的土著居民世世代代延续着最原始的生活方式，很少受到外来者的打扰。17 世纪初，西班牙航海家托勒斯驾着船只到达澳大地亚附近的海峡，并未对这片大陆产生兴趣。同年，有个叫威廉姆·简士的荷兰人漂洋过海登陆澳大利亚，并未长久逗留。直到18世纪下半叶，英国的库克船长把船泊靠在了东海岸的"危险岬"，在澳大利亚的土地插上了大英帝国的国旗，澳大利亚的历史才发生了转折，它由一块宁静的蛮荒之地，变成了英国流放犯人的地方，逐渐热闹了起来。

1788年1月18日，736名英国囚犯被运送到杰克森港，在澳大利亚开启了崭新的监狱生活。8日后，英国军官在杰克森港创建了第一块殖民地，亚瑟·菲力浦出任第一届总督。1月26日被定为国庆日。在此后的80年里，大英帝国源源不断地将国内的囚犯流放到澳大利亚，共有15.9万名犯人在当地落地生根，他们就是澳大利亚人的祖先。

澳大利亚的祖先虽然都是犯人出身，有过不光彩的履历，但他们未必是坏人。18世纪末期，随着资本主义的发展，英国社会贫富分化越来越严重，富人挥金如土，住在华宅美屋里，

在澳洲建立殖民地

天天大鱼大肉、山珍海味，穷人吃不饱穿不暖，连剩菜剩饭、残羹冷炙都吃不到，头顶没有寸瓦，脚下没有属于自己的尺寸之地，只能漫无目的地流浪。迫于生存的压力，他们纷纷走上了违法犯罪的道路。英国监狱里人满为患。为了缓解本土监狱的压力，英国当局把多余的犯人发配到遥远的澳大利亚。

从英国的不列颠岛到大洋洲的澳大利亚，航程超过千万公里。大英帝国为了减少运输成本，将押送犯人的工作"外包"给私人。英国政府按照人头数给船主支付一定的费用，船主得了佣金之后，负责照顾犯人的饮食起居，并把他们安全地运送到海外监狱。当时没有大型船只，押运犯人的小船都是旧货船改装的，不仅外观简陋，而且性能很差。贪婪的船主为了赚更多的钱，尽可能地在每艘小船上多塞一些犯人，船舱内无比肮脏拥挤，空气污秽不堪。犯人们在波涛汹涌的大海上颠簸，从早到晚呼吸毒疠，很容易感染上传染病。

船主只想牟取暴利，不关心犯人死活。为了降低饮食方面的费用，他们故意让犯人挨饿，有时甚至会断绝犯人的饮食。船上既没有药品，也没配备医生，犯人要么病死，要么活活渴死、饿死，只有体格健壮、耐受力强的人才能侥幸活下来。每次航程，都会有12％的犯人丧命。有一年死亡率达到了37％，先后有158名囚犯死于非命，刷新了历史纪录。英国政府惊呆了，当即决定为每艘远涉重洋、前往澳大利亚监狱的船只配备一名官员，监督船长的行为，并给每位官员发放一只勃朗宁手枪。同时给每艘运送船配备了医生，还对犯人的生活标准做出相关规定。

起初，这些措施收效明显。船主的行为有所收敛，不敢再明目张胆地虐待犯人了。可惜好景不长，有些阴险狡猾的船主开始尝试着贿赂监督自己的官员，愿意合作的许以重金，拒绝同流合污的，直接抛到大海里喂鱼。许多随行官员和医生莫名其妙地失踪了。剩下的官员非常害怕，出于自我保护的需要，伸手接过了船主的赃钱，从此睁一只眼闭一只眼，监督完全失效。犯人受到更加残酷的虐待，死亡率高居不下。

英国政府非常头痛，尝试着用说服教育的方法改变船主。官员们把船主们召集起来，进行集体培训，苦口婆心地教育他们每个人的生命都是宝贵的，不能因为贪图金钱而草菅人命，一定要把犯人平平安安地运送到澳大利亚。犯人们一边劳动一边自省，在开发澳大利亚的过程中，能继续为大英帝国做贡献。船主们只关心利润，毫不理会官员们的说教，继续我行我素，犯人的死亡率仍然很高。

英国政府不再浪费口舌，马上转变了策略，从此不再派官员监督，也不提供药品了，运送船离岸前，不给船主支付任何费用，直到犯人全都健健康康、毫发无损地到达澳大利亚，再给船主支付全额费用。也就是说犯人幸存的人数越多，体质越好，船主赚到的钱就越多。看在金钱的分上，船主不敢怠慢囚犯，每天无微不至地照顾着每个犯人，想方设法给犯人改善伙食，并自觉地配备了医生和药品，生怕犯人消瘦憔悴，或中途病死，因为出现这两类情况，他们将损失不少钱。很快奇迹发生了，犯人的平均死亡率被人为地控制在了1%以下，有的运送船只因为服务太过周道，竟创造了零死亡的纪录。

英国政府设计了好的制度，把唯利是图的奸商变成了遵纪守法的公民，保障了囚犯的根本权益。成功活下来的囚犯对母国感恩戴德，经过不懈的努力，终于在那片陌生的陆地上建立了一个联邦制国家。最初澳大利亚联邦属于英联邦的一部分，归英国管辖。20世纪以后，英国逐步给了澳大利亚自治权，现在澳大利亚虽然仍隶属于英联邦，但已经获得了独立的内政外交权、司法终审权和立法权。换言之，澳大利亚已然是一个能够独立自主的国家了。

如今，澳大利亚不再是流放囚犯的苦寒之地，它变成了一个高度发达的国家。谁能想到这个由囚犯创建的国家，最终居然走向了

民主、繁荣和富强呢？澳大利亚的建国史充分说明，好的制度能使恶人向善，能让一片没有希望的土地长出美丽的花朵，奇迹就是这样诞生的。澳大利亚人虽是囚犯的后代，但他们并不以此为耻，而是发自内心地为祖先感到自豪。因为没有先辈们的付出，就没有澳大利亚的今天。

建筑史中的一朵奇葩——悉尼歌剧院

澳大利亚是一个年轻的国家，历史非常短暂，境内看不到斑驳在光影里的名胜古迹，但仅仅凭借现代化、风格化的建筑，就足以吸引全世界的眼球。造型别致的悉尼歌剧院不仅是澳大利亚的地标，而且已经成了世界性的文化遗产。它与澳大利亚，就像埃菲尔铁塔与法国，自由女神与美国一样，既是一道靓丽的风景线，又是一张不可复制的文化名片。

悉尼歌剧院临水而建，白色的外观与碧蓝的海水交相辉映，制造出了一种奇幻的美感。伊丽莎白女王曾经饱含诗意地说，从碧波荡漾的大海上远眺，悉尼歌剧院就像张满风的白帆，近距离观赏或者从高处鸟瞰，它又像漂浮在水上的乳白色漂亮贝壳，细细观摩，又觉得它更像浓艳瑰丽的热带花朵。臣民们问我，它的形状究竟像什么？我顿时感到任何语言都是苍白无力的，无法作答。这个问题恐怕只有悉尼歌剧院的设计者约恩·伍重能给出完美答案。

约恩·伍重是丹麦人，在着手设计悉尼歌剧院之前其人名不见经传。他毕业于丹麦皇家艺术学院建筑系，曾经接触过丹麦、瑞

典、芬兰等北欧
国家的建筑大师，
从那些泰斗级的
伟大人物身上学
到了不少有用的
东西，但他不满
足于此，希望能
从不同地域、不
同民族的特色建

悉尼歌剧院

筑中找到灵感，于是开始四处游历，足迹遍布中国、日本、印度，
还去过美国、墨西哥和澳大利亚。旅行结束后，他回国待了一段时
间，最后决定前往澳大利亚发展。那年他 38 岁，尚未在建筑界崭
露头角，听说悉尼市要筹建歌剧院，便寄去了一张设计图纸。当时
他和家人客居在海滨小镇上，膝下有一双儿子，不久家里又增添了
一名新成员，第三个儿子降生了。

约恩·伍重设计作品有限，收入勉强能维持一个多口之家的开
销。他很想拿下悉尼歌剧院的项目，用所得的奖金改善全家人的生
活，可是他对悉尼一无所知，只知道它是一座临海城市，除此之
外，大脑一片空白。由于从小在海滨渔村长大，约恩·伍重对周围
的海景和建筑还是比较熟悉的。他努力从记忆里捕捉生动美好的画
面，将所有的细节都画在草图上。他舒服地躺在沙滩上，沐浴着阳
光，吹着海风，不停地在纸上涂涂抹抹，感觉哪个线条不满意，就
擦掉重画。

约恩·伍重寄出那份设计图时，只想碰碰运气，并不指望一定
拿大奖。家人接到祝贺电话后，高兴得连声尖叫了起来。约恩·伍

重仿佛做梦一般，不敢相信这是真的。其实他差点和大奖失之交臂，他寄去的设计稿在初赛阶段就被淘汰了，幸亏设计大师埃利儿·沙里宁独具慧眼，从一堆废纸里找出了那份线条简洁洗练的作品，并耐心说服了其他评委，使所有人认可了他大胆新颖的设计。就这样，初出茅庐的约恩·伍重击败了来自 30 多个国家的 200 多名重量级选手，一举拔得头筹。

约恩·伍重得到了一笔数目可观的奖金，高高兴兴地迁居到了悉尼，以总建筑师的身份主持悉尼歌剧院的施工工作。在原来的构想中，屋顶应该是完美的椭圆形抛物线，由于施工难度太大，他不得不将其改为半球形的设计。他不是一个喜欢妥协的人，无法忍受细节上的任何瑕疵，为了将歌剧院打造得完美无缺，建筑经费超出了预算，一度追加到 980 万澳元。歌剧院几乎成了悉尼市造价最高昂的工程项目，全城哗然。新上任的政府官员和约恩·伍重关系不睦，在财政方面不肯配合歌剧院的建造，工人领不到工资。约恩·伍重顶不住压力，只好黯然辞职，带着妻儿离开了澳大利亚，临行前立下誓言，此生再也不会回到这片伤心之地了。悉尼市民为他感到惋惜，纷纷出言挽留，但民意不能代表政府，悉尼政府没有任何表示，他只好决绝地离开。

新的建筑师完成了悉尼歌剧院的全部筹建工作，造价飙升到上亿美元。1973 年悉尼歌剧院竣工，同年 10 月对大众开放。伊丽莎白二世参加了开幕式，远在异地的约恩·伍重没有收到邀请函，他似乎被人们彻底遗忘了。5 年之后，英国皇家建筑师协会忽然想起了他，满怀诚意地给他颁发了金质奖章，认可了他天才般的创意。约恩·伍重深感安慰，认为这枚迟来的奖章治愈了他多年来的心灵创伤。

悉尼歌剧院外观无可挑剔，美得令人窒息，但内部构造不合理，新接任的设计师在关键环节上出了差错，导致歌剧院的音响效果糟糕到极点，令演奏家们无法忍受。万般无奈之下，澳大利亚政府只好请求约恩·伍重出山，对悉尼歌剧院的内部结构进行修整。约恩·伍重婉言拒绝了，理由是他曾郑重立誓，这辈子永远不会踏足澳大利亚。最后澳大利亚政府退而求其次，让约恩·伍重的儿子接手悉尼歌剧院的整修工作。1999 年，约恩·伍重终于耐不住寂寞，为歌剧院设计了柱廊，伊丽莎白二世非常高兴，公开表扬了他的贡献。后来澳大利亚政府盛情邀请他回到澳大利亚生活，悉尼歌剧院的所有员工在他生日那天恳请他前来参观歌剧院，他都回绝了。

约恩·伍重老了，只想在母国丹麦颐养天年，对于荣誉已经不那么看重了。当全世界的游客都围着悉尼歌剧院啧啧惊叹时，唯独不见约恩·伍重的身影，他到死都没有亲眼看见过自己一手缔造的建筑奇迹。晚年，他曾经提到过当初的设计灵感。他说是家乡海边的那座古色古香的城堡和宏伟壮观的玛雅神庙给了他无穷的灵感，使他产生了一种全新的思路，决定把古典情怀融进现代风格的曲面里，把歌剧院设计成如白色雕塑般圣洁典雅的建筑。设计图纸新鲜出炉后，他发现歌剧院的外观很像剥掉一半皮的橘子，这种说法不胫而走，人们皆以为他的设计灵感仅仅来源于一只橘子，对于那些复杂的构想和歌剧院背后的故事一无所知。

如今悉尼歌剧院已经被评为 20 世纪最有创意、最具标志性的伟大建筑之一，这无疑是对它的设计者最好的褒奖。也许约恩·伍重只有这一个作品闻名于世，但这个作品足以成为永恒。它的存在为悉尼增色不少，并赋予了澳大利亚别样的风情。人们提到澳大利亚，除了鸭嘴兽之外，首先想到的就是悉尼歌剧院，年轻的歌剧院能与进化上千万的古老生物争辉，足见其魅力之所在。